AI・データ倫理の教科書

西村あさひ法律事務所
弁護士 福岡真之介

弘文堂

はしがき

本書は、ＡＩとデータに関する倫理（ＡＩ倫理）について、その基本的考え方と実際の事例を解説するものです。ＡＩの普及に伴って、ＡＩ倫理に関する問題意識は高まっており、二〇一七年頃から日本を含む各国の政府や民間団体でＡＩ倫理原則が作成されています。私も内閣府の「人間中心のＡＩ社会原則検討会議」の一員として、日本のＡＩ倫理原則である「人間中心のＡＩ社会原則」の策定に関わらさせていただきました。

しかし、抽象的なＡＩ倫理原則を現場に落とし込むことは簡単ではなく、その点についていろいろな悩みを聞きます。その理由の一つは、「倫理」には明確な答えがないことにあるでしょう。ＡＩ倫理に関する書籍はほとんど見当たりませんし、ましてや体系的に記述されているものとなると寡聞にして知りません。

そこで、本書は、ＡＩ倫理について学びたい・考えたいという方に向けて、ＡＩ倫理の理論と実務を体系化することを試み、以下を解説しています。

・倫理に関して過去の人々が築き上げてきた倫理の枠組みを紹介しています。

・ＡＩ倫理について、世界各国のＡＩ倫理原則を手がかりに体系化を試み、八つの原則を抽出しています。
・八つのＡＩ倫理原則に沿って、ＡＩ倫理が問題になった実際の事例を紹介しています。
・ＡＩ倫理に対する企業の取組みの実例を紹介します。

物事を考えるには、抽象と具体の双方から考える必要があります。抽象論だけでは実際には役に立ちませんし、かといって具体的な事例を並べるだけでは、興味本位の読み物になってしまいます。抽象的理論から具体的事案を分析する一方で、具体的事案から抽象的理論を検証し、それを行ったり来たりすることで理解が深まることから、本書では理論と実例の双方を取り上げています。

また、ルールはなかなか記憶に残らないものですが、他人の失敗事例については記憶に残るものです。失敗事例を知ることで、同じような失敗を避けることができます。そこで、ＡＩ倫理について問題になった事例を数多く取り上げることにしました。

このように、本書は、ＡＩ倫理について理論面・実務面の双方からアプローチし、ＡＩ倫理について学ぶことができる教科書的な書籍を目指しています。

本書では、ＡＩ倫理に対する企業の取組みの章では、企業の担当者の方にご執筆頂きました。

お忙しい中、そのような執筆の労をとっていただいた執筆者の有坂陽子様（ソニーグループ株式会社）、舟山聡様（日本マイクロソフト株式会社）、松橋智美様（株式会社メルカリ）、荒堀淳一様（富士通株式会社）にはここで感謝を申し上げます。

本書の執筆にあたり、秘書の越前愛莉さんに多大な協力をいただきました。また、本書の編集の労をとっていただいた弘文堂の中村壮亮氏には有益な助言や献身的な作業をしていただきました。この場を借りて厚く御礼申し上げます。

本書が、ＡＩを開発・利用する方のお役に立ち、ＡＩが社会に受け入れられることに少しでも貢献することができれば幸いです。

二〇二二年二月

福岡真之介

目次

第一章
倫理の判断枠組み

Ⅰ　はじめに

二〇一〇年代後半から、深層学習などのＡＩ技術の発展により、ＡＩが社会の様々な場面で用いられるようになりました。最近、新聞・雑誌やテレビでもＡＩの話題が良く取り上げられ、話題にならない日はありません。ＡＩの普及にともなって様々な問題も生じています。ＡＩは人々の生活を便利にするものですが、ＡＩを使った製品やサービスに対して、法律には違反しないものの倫理的・道義的に問題があるとして、世間から厳しい批判がされるケースも出てきています。そのため、ＡＩに関する倫理（以下「ＡＩ倫理」）についての関心が高まっています。

実際にも、日本や諸外国の政府や民間団体が、ＡＩ倫理について活発な議論を行っており、多くの国の政府や民間団体がＡＩ倫理原則を定めています。

企業の視点に立つと、ＡＩを使った製品やサービスを世の中に送り出す場合、どれだけ性能の良いＡＩを作っても社会的批判を浴びてしまうと、製品やサービスを廃止せざるをえなくなります。そのため、企業にとっても、ＡＩ倫理の問題は避けて通ることはできない問題になっています。

本書の第三章では、多くの実際の事例を取り上げますが、例えば、日本で起きた著名なケースとして「リクナビ事件」があります。リクナビ事件では、リクルートグループの企業が、ＡＩによって就職活動をする学生の内定辞退率を予測するサービスを提供したところ、大きな社会的批判を浴びて、結局、サービスの廃止に追い込まれることになりました。

もっとも、リクナビ事件はＡＩ倫理に関する数多くある事件の一つにすぎません。今後、ＡＩがますます広く利用されると、ＡＩに関して企業が社会的批判を浴びる事件が次々と起こると予想されます。

ＡＩやデータといった新しい分野では「何が正しいか」といった価値観が確立していないため、「望ましい行為とは何か」といった規範的判断が必要となります。しかし、多くの日本人は規範的判断ができるようにトレーニングされていません。「倫理がわからない」といった声が聞かれるのも、規範的判断に不慣れであるからだと思われます。

本書は、ＡＩを使った製品やサービスを社会に提供する企業の方やその関係者を主な読者として想定していますが、社会的批判を浴びる事件を起こさないためには、ＡＩ倫理について学んだり考えたりすることが重要になってきます。本書は、ＡＩ倫理について考え、規範的判断をするための手がかりを提供するものです。

ＡＩは、データを使って学習することが多いため、ＡＩ倫理は、データ取扱いの倫理とかなりの部分で重なってきます。したがって、本書で取り扱う倫理は、ＡＩ・データ倫理というべきものですが、それだと長いので、本書では、単に「ＡＩ倫理」と呼ぶことにします。

ＡＩ倫理については、①「どのような点に気を付けるべきなのか」、②「倫理問題に直面した時にどのように考えるべきなのか」に大きく分けることができます。

ＡＩ倫理の問題として、そもそもどのような点が問題となるのか、ご存じでしょうか。例えば、「嘘を言ってはいけない」とか「ゴミを道に捨ててはいけない」という倫理は一般に浸透しています。これに対して、ＡＩ倫理の問題は新しい問題であるため、多くの人にとって何が問題なのかそもそも気が付かないこともあります。例えば、「ＡＩが人を差別した判断をしないようにデータセットのバイアスは除去すべきである」といったようなことは一般常識になっていません。問題があることに気が付かなければ、検討すらせずにＡＩを世に出すことになってしまいます。まず問題に気が付くことがＡＩ倫理を考えるにあたっての第一歩といえるでしょう。

次に、倫理問題に直面した時に、どのような判断枠組み（フレームワーク）で考えればよいのかが問題になります。「倫理には正解がない」とはよく言われますが、たとえ正解がないとしても、問題に直面した時に、我々は何らかの判断をしなければなりません。そのために、ＡＩ倫理に関する判断の枠組みを持っておくことは重要です。

本書は、ＡＩ倫理について判断の枠組みと具体的事例を紹介することで、読者が、①ＡＩ倫理に関してどのような点に気を付け、②どのように判断すればよいのかについて、手がかりを示すことを目標としています。

本書の構成は以下のとおりとなっています。

①倫理の判断枠組みの説明（第一章）
②各国のＡＩ倫理原則の紹介（第二章）
③ＡＩ倫理が問題となった事例の紹介（第三章）
④ＡＩ倫理に対する企業の取組み（第四章）

読み物として面白いのは、実際の事例を取り上げる、第三章「ＡＩ倫理が問題となった事例の紹介」だと思いますが、まずは、第一章「倫理の判断枠組みの説明」において、従来から論じられてきた一般的な倫理の考え方の枠組みを説明します。ＡＩ倫理問題も倫理の問題の一つですので、この問題を考えるにあたっても、従来の倫理の考え方の枠組みが役に立つからです。

次に、第二章「各国のＡＩ倫理原則の紹介」で、ＡＩ倫理問題についての各国の議論や倫理原則を紹介し、現時点でのＡＩ倫理において検討すべきポイントを示します。この検討ポイントをふまえて次の第三章を読めば、より事例に対する理解は深まるはずです。

第三章では、ＡＩ倫理が問題となった実際の事例を紹介します。実際の事例を知ることで、Ａ

I倫理が単なる机上の議論ではないことがわかるはずです。

そして、最後の第四章「AI倫理に対する企業の取組み」で、実際にAI倫理に取り組んでいる企業の実例を各企業の方から紹介していただきます。皆様の会社でAI倫理に取り組む際の参考にして頂ければと思います。

なお、AI倫理を語るにあたって、「そもそも『AI』とは何か」という定義をする必要があるのかもしれません。しかし、人口知能の研究者の間ですらAIの定義について確立した見解はないため、本書では、あえてAIについて定義をしていません。AIの定義については、「知的な振舞いをするソフトウェア」というくらいに捉えてください。また、本書におけるAIは、現時点または近い将来の技術レベルにおけるAIを意味しています。

Ⅱ　倫理とは何か

1　「倫理」とは何か

そもそも「倫理」とは何なのでしょうか。

「倫理」の意味は、論者によって違うかもしれませんが、本書では「社会規範」として捉えることとします。言い換えるならば、倫理とは、「社会において守らなければならないとされているルール（規範）」であると考えます。

「倫理」と似た言葉に「道徳」があります。「倫理」＝「道徳」であるとの考え方もありますが、本書では、「道徳」は人々の内心の規範であり「倫理」は社会の規範であるとしておくことにします。

「嘘をついてはいけない」というのは、道徳規範ですが、倫理規範でもあります。道徳と呼ぶか倫理と呼ぶかは言葉の定義の問題なので、ここでは倫理と道徳の定義について、これ以上は深入りをするのは避けますが、本書では、「道徳」を人々の内心の規範という意味で、「倫理」を社会規範という意味で使います。そして、本書では、ＡＩ倫理の問題に関して企業としてどのように対応すべきかという観点から社会規範について論じますので、「道徳」ではなく主に「倫理」という用語を用います。

次に、倫理と法律の違いについて考えたいと思います。法律も社会規範の一つですが、倫理との大きな違いとして、違反した時の国家による制裁（ペナルティ）があります。法律に違反した場合には刑罰や損害賠償があり、しかも、それを国家が強制できます。これに対して、倫理については、違反しても国家が刑罰や損害賠償を強制することはできません。

しかし、このことは倫理に違反しても制裁がないことを意味しません。

倫理に反する行為は、社会的に批判を浴びることなどによって社会からの制裁を受ける場合があります。社会的批判をされると、活動の停止を余儀なくされたり、取引を打ち切られたりといった現実的なダメージを受けることになります。また、社会的批判をされないとしても、倫理に反することをした個人が、良心の呵責にさいなまれて苦しむこともあるでしょう。このように、倫理に違反する行為に必ずしも制裁がないわけではありません。しかし、倫理違反に対する制裁は、国家による強制がないことから、実行されなかったり、気にしない人には効果がなく強制力がないという点で法律とは異なります。

また、「倫理」は、法律と異なって文書に書かれていません。[1] そのため、「何が倫理上のルールなのか」ということがわかりにくいですし、時代に応じて変化することもあります。

もっとも、すべての倫理が不明確で時代によって変化するかというと、そうではなく、「人を殺してはならない」「嘘をついてはならない」「人種差別・性差別をしてはならない」という倫理は、人類に普遍的な倫理のルールとして明確です。これに対して、「尊厳死を認めるべきか」「死刑制度を存続すべきか」については人類に普遍的で明確な倫理のルールは形成されていません。時代による変化については、例えば「電車内でタバコを吸ってはならない」「職場に水着の女性のポスターを貼ってはならない」という倫理は、数十年前には存在していなかったものですが、今では当たり前になっていることは時代によって倫理が変化することを示す好例といえるでしょう。

(1) 法律でも、判例法や慣習法などは文書化されていませんので、この部分は制定法主義の法体系を前提にしていますが、判例法主義であっても、判例などを見れば、どのようなルールが形成されているのかは把握することはできます。

このように、倫理には明確なものから明確でないもの、変化するものまで様々なものがあります。ＡＩ倫理は新しい倫理であり、しかも現在進行中で形成されているものです。そのため、その内容が不明確で変化しやすく、多くの人がどうしたら良いのかわからず途惑うのも不思議ではありません。

もっとも、第二章で紹介するとおり、日本を含む各国においてＡＩ倫理原則が作られていることが示すとおり、世界でＡＩ倫理が形成されつつあります。本書では、これらのＡＩ倫理原則を手がかりとして、ＡＩ倫理とは何かを探っていきます。

本書は、法律についてもふれますが、法律を詳しく解説することを目的とするものではありません。倫理と法律は別のものなので、ある行為が法律に違反するのか倫理に違反するのかは区別して考え、混同しないように気を付ける必要があります。法律に違反するか否かは、解釈の問題はありますが、基本的には法律というルールに基づいて判断することになります。倫理には、法律と違って書かれたルールはないので、自らが主体的に判断する必要があります。そこに倫理問題の難しさがあります。法律には違反しないとしても倫理的に問題となる事例が多いことから、倫理の問題を考えるにあたって法律に縛られた発想をすることは適切ではありません。

2　ＡＩにおいてどうして倫理が問題となるのか

では、ＡＩにおいてどうして倫理が問題となるのでしょうか。ＡＩ製品やサービスを提供するのは企業であることから、企業の視点から考えてみます。

第一に、企業の視点からは、大きな社会的批判を招くＡＩ製品・サービスを販売した場合、そのようなＡＩ製品・サービスは販売中止に追い込まれることになります。また、社会から批判を受けることにより、企業の社会的評価が下がり、取引や採用活動にも悪影響が生じます。企業からすれば、そのような事態は避ける必要があります。

実際に、多くのＡＩ製品・サービスが、社会的な批判を浴びて、提供停止に追い込まれています。せっかく開発したＡＩが販売中止・提供中止に追い込まれてしまうと、投資した開発費が無駄になってしまいますし、そもそも何のために開発したのかわかりません。

それゆえ、企業は、ＡＩ製品やサービスを提供する際には、社会的批判を浴びないように、開発・販売などにおいて注意を払う必要があります。同じようなＡＩ製品・サービスであっても、やり方によって社会的な批判を浴びているものと浴びていないものがあります。そのため、ＡＩ倫理を考慮して適切なやり方をすることが重要です。

今後は、多くの製品・サービスにＡＩが搭載されることになるでしょう。近い将来、大部分の製品・サービスでＡＩが使われる時代が来るかもしれません。そのような時代が来れば、ほとんどの企業で、製品やサービスの開発・販売時にＡＩ倫理の問題を考えざるを得なくなります。「ＡＩ倫理は一部のテック企業だけの問題で、自分たちのような普通の企業は関係ない」という考え方は、いずれ通用しなくなるでしょう。

「社会的批判を浴びないようにする」というのはネガティブな視点からの発想ですが、「社会的に受容されるＡＩを提供する」とポジティブな発想で言い換えることもできます。ＡＩについては、社会に普及し始めたばかりであり、多くの人がＡＩに対して不安を感じています。また、技術や運用方法も成熟しておらず、色々な問題が発生する可能性があります。そのような中で、人々にＡＩ製品・サービスを使ってもらうためには、社会が受容することが必要です。つまり、ＡＩ倫理を考慮したＡＩ製品・サービスは、社会に受け入れてもらいやすくなります。

第二に、最近では、企業の社会的責任が問われるようになっており、それらを無視して企業経営をすることが難しくなっています。ＳＤＧｓやＥＳＧ、脱炭素化の動きなどは、企業の社会的責任を問うものであり、社会の一員として企業が責任を果たすべきという考え方が強まっていますし、社会的責任を果たしていないと思われると投資や融資を受けることができなくなり、実際の企業活動にも影響します。また、新しい科学技術については、ＥＬＳＩ（エルシー）という考え方があります。ＥＬＳＩとは、倫理的・法的・社会的課題（Ethical, Legal and Social Issues）の頭文字をとったもので、新しい科学技術を社会に普及させるには、倫理（Ｅ）、法（Ｌ）、社会（Ｓ）の課題に対処する必要があるという考え方です。

第三に、倫理はＡＩの品質の一部であるという考え方があります。産業技術総合研究所は、後述する「機械学習品質マネジメントガイドライン〔第二版〕[2]」において、ＡＩの外部品質として「公平性」を挙げています。人々は公平性が高い商品・サービスを高く評価することになります。

ＡＩ製品・サービスに高い倫理を組み込むことは、品質管理・品質改善の問題でもあるといえます。逆にいえば、ＡＩ製品・サービスにＡＩ倫理を考慮しないことは、ＡＩの品質をおろそかにしているともいえるでしょう[3]。

もっとも、社会的批判を浴びないようにするという目的のために、ＡＩ製品・サービスの開発・提供時にＡＩ倫理を考えるのは動機が不純であり、倫理的といえないのではないかという疑問をもつ人もいるかもしれません。その意味で、この問題に「倫理」という用語を用いるのは適切ではないかもしれません。しかし、世界的にこの問題は倫理の問題として捉えられていることや、後述する功利主義は、倫理的に正しいかどうかは結果に基づいて判断すれば良く、動機は倫理的な評価に影響しないとするなど[4]、動機と倫理の関係については議論があることから、本書では倫理という用語を使うことにします。

（２）https://www.digiarc.aist.go.jp/publication/aiqm/guideline-rev2.html

（３）古川直裕弁護士は、「ＡＩ倫理は、ＡＩの品質なのである。そして、今後、車など様々な物にＡＩが搭載されていき、ＡＩの品質こそが製品の品質を決するものとなるのであれば、まさに法務・コンプライアンス部門が、企業の作るプロダクトの品質を高める存在となるのである。つまり、法務・コンプライアンス部門は、品質を高め、『売れる』プロダクトを作るための部門、つまり金を稼ぎ出す部門となるのである」と指摘しています（古川直裕ほか『Q＆A ＡＩの法務と倫理』（中央経済社、二〇二一年）一一七頁）。

（４）義務論のカントの考え方では、倫理的に正しいといえる行為とは、私心なく純粋に義務を尊重してなされた行為だけであるため、社会的批判を回避するためだけに行う行動は倫理的に正しいと評価されないと考えられるでしょう。

Ⅲ　倫理についての判断枠組み

1　倫理の判断枠組みの全体像

(1)　規範倫理学と非規範倫理学

倫理に関する学問の歴史は古く、ギリシャ時代（あるいはその前）から存在します。もちろん、本書では、倫理の教科書にあるようなソクラテスやプラトンなどから説明することはせず、ＡＩ倫理を考えるにあたって必要な範囲で、現在の倫理学における基本的な判断枠組みを紹介します。

倫理学は、図表１‐１のように、大きく分けて「規範倫理学」と「非規範倫理学」があります。「規範倫理学」とは、「何が正しいか」「何が善か」を研究するのに対し、「非規範倫理学」とは、「そもそも正しいということはどういうことか」「そもそも善とはどういうことか」などを研究する学問です。本書は、主に企業がＡＩの開発・販売をするにあたって、どのように考え、行動すべきかをテーマとしていますので、「何が正しいか」「何が善か」を取り扱う規範倫理学について解説し、非規範倫理学が取り扱う「正しさや善とは何か」については検討対象の範囲外としています。

「規範倫理学」において、「何が正しいか」「何が善か」の判断、すなわち「倫理的判断」についての考え方は様々ですが、その中で主なものとして、①功利主義、②義務論、③徳倫理学があ

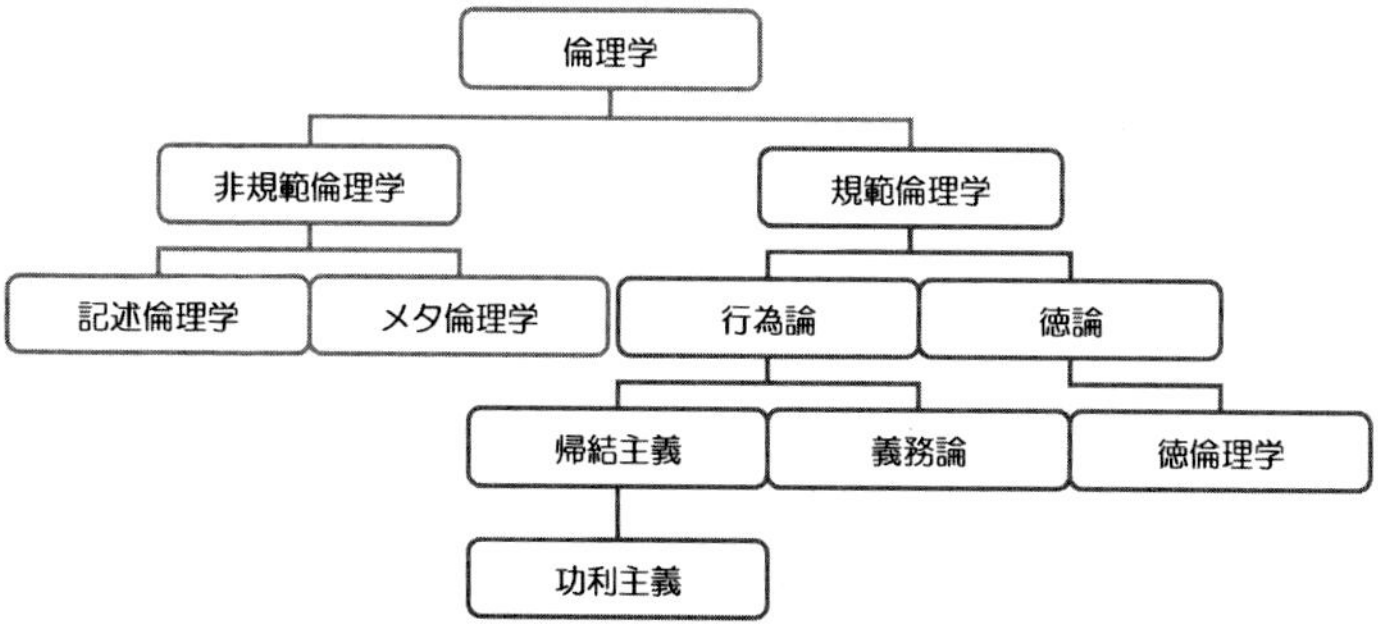

図表１－１　倫理学の分類
（赤林朗、児玉聡編『入門・倫理学』（勁草書房、2018年）29頁の図から作成）

ります。

①功利主義とは、ある行為の倫理的判断において、「最大多数の最大幸福」を基準とする考え方です。

②義務論は、ある行為の倫理的判断において、道徳原則に従っているか否かを基準とする考え方です。

③徳倫理学は、ある行為の倫理的判断において、徳を持つ人がその状況においてするであろう行為か否かを基準とする考え方です。

次の項で改めて詳しく説明しますが、これらの考え方には、それぞれ長所と欠点があります。そして、これらの長所と欠点を克服するために、様々なバリエーションが生み出されています。しかし、いずれのバリエーションも、根本的な考え方は①～③の考え方をベースにしていますので、AI倫理を論じるにあたって、本書では①～③について解説します。(5)

(2) 規範倫理学と応用倫理学

規範倫理学の説明に入る前に、別の切り口での倫理学の分類についてもふれたいと思います。倫理学には、規範倫理学のように倫理について一般的に取り扱うもののほかに、生命倫理、医療倫理、環境倫理、科学技術倫理、情報倫理、企業倫理などの特定の分野の倫理を取り扱うものがあります。これらは「応用倫理学」と呼ばれています。

ＡＩ倫理も、まだ分野としては確立していませんが、応用倫理学の一つといえるでしょう。ＡＩ倫理に近い応用倫理学の分野として、科学技術倫理と情報倫理があります。ＡＩは科学技術の一つなので、科学技術がもたらす倫理上の問題を取り扱う科学技術倫理の対象となります。従来の科学技術倫理では、安全性の問題などが取り上げられています。また、ＡＩはデータを利用することから、データなどの情報がもたらす倫理上の問題が生じるため、情報倫理の対象になります。情報倫理では、プライバシー、知的財産権、セキュリティの問題などが取り上げられます[6]。

さらに、ＡＩ製品・サービスを提供するのは主に企業であるため、企業倫理も問題となります。例えば、日本企業において数多くのデータ偽装問題が生じていますが、ＡＩについても偽造したデータが使われるようなことが起これば、企業倫理が問われることになるでしょう。また、企業が製品の欠陥を隠していたような場合にも企業倫理が問われますが、この点は、ＡＩ製品の欠陥隠しについても同じといえます。

もっとも、科学技術倫理・情報倫理・企業倫理は、ＡＩ特有の問題を十分にカバーしていないので、これらの知見を活かしつつ、ＡＩ倫理の問題を考えていくことになります。

大学の工学部系教育では、一般社団法人日本技術者教育認定機構（ＪＡＢＥＥ）が認定する教育プログラムには技術者倫理を含む必要があることから、教育プログラムに技術者倫理が組み込まれているものがあります。ＡＩ倫理の重要性が認識される中で、ＡＩやデータサイエンスに関する教育においても、技術者倫理と同様に、ＡＩ倫理について学ぶ機会を設けることを考えてもよいかもしれません。

2　功利主義

ＡＩ倫理について考えるにあたり、「何が正しいか」「何が善か」の判断の枠組みとして、前述の通り、①功利主義、②義務論、③徳倫理学がありますが、まず「功利主義」について取り上げます。

功利主義とは、ある行為の倫理的判断において「最大多数の最大幸福」を基準とする考え方で

(5) これらの考え方は西洋の倫理学です。欧米人の倫理観を理解するにあたっては、これらの知識を持っていることは重要です。もっとも、倫理については、東洋思想の考え方もあるので、それに基づいて検討することも考えられます。しかし、近代科学技術は欧米由来のものであることから、本書では、それと整合性が高い西洋の倫理学についてのみ取り上げます。

(6) 情報倫理では、知的財産権の取扱いが重要な位置を占めていますが、ＡＩにおいても知的財産権が問題になるにもかかわらず、各国のＡＩ倫理原則において、知的財産権について言及されているものはほとんどない点は、不思議な現象に思えます。

す。功利主義は、最大多数の最大幸福を実現する行為を倫理的に正しいとします。功利主義を唱えた者として、ジョン・スチュワート・ミルや、ジェレミー・ベンサムがいます。

例えば、政府が、ワクチンを承認すべきかを判断する場合を考えてみましょう。ワクチンを接種することで、一〇〇万人あたり二〇〇〇人死亡者が減少する一方で、副作用で一〇〇人が死亡することが予想されるとします。このような場合に、政府がワクチンを承認することは、倫理的に正しい行為といえるのでしょうか。

この点、功利主義の観点からは、「最大多数の最大幸福」を考えることになります。そして、たとえ一〇〇人の命が犠牲になったとしても、二〇〇〇人の命が救えるのであれば、より多くの幸福を生み出すことになるといえます。したがって、功利主義の立場からは、政府がワクチンを承認する行為は倫理的に正しい行為ということになります。

このように功利主義は、行為がもたらす結果に着目して、結果である「幸福」の最大化という観点から倫理的判断をする考え方です。功利主義は、「幸福」に価値を置き、幸福が正しいこと（善）であり、不幸を生み出すことは不正であると考えます。このように結果について着目する功利主義は、「帰結主義」ともいわれています。なお、お金や名誉であっても幸福と結びつかないのであれば、功利主義の立場からはそれらを得ることが正しいことにはなりません。

功利主義は、ルールが比較的シンプルなため一般人からはわかりやすく、正義感に合致することが多いことから、比較的広く受け入れられている考え方といえます。

もっとも、功利主義については、いくつかの問題点があります。

さきほどのワクチンの例を挙げると、例えば、政府がワクチン接種を全国民に義務化する場合を考えてみましょう。このような場合、政府の行為は倫理的に正しいといえるのでしょうか。さきほどの例ほどの確信をもって「正しい」という人は減ると思います。これは、政府が強制することは、ワクチン接種についての「個人の自由意思」を侵害していると考えられるからです。

ワクチン接種を強制する場合には、ワクチンを打ちたくない人もいるため、「最大幸福」を判断する際に、単に生存者数を比較するだけではなく、「ワクチン接種の自由」も考慮する必要が出てきます。つまり、最大幸福を判断するにあたって、「生命」だけの比較ではなく、「生命」と「自由」の比較も加わることになります。しかし、この二つは性質が異なるため、それぞれにどれくらいの価値があるのかは人によって異なります。人によっては「自由」の方が「生命」よりも重要であると考える人もいるでしょう。このように性質が異なるものについて「最大幸福」の判断をすることは容易ではありません。

また、倫理的な思考実験で有名な例として、哲学者のジョン・ハリスが考案した「サバイバル・ロッタリー（survival lottery）」というものがあります。

「サバイバル・ロッタリー」とは、すべての人に抽選番号（ロッタリー・ナンバー）を与えておき、臓器移植をしないと死んでしまう瀕死の人が二人以上いるにもかかわらず、自然死によって臓器を入手できない場合には、コンピュータが臓器提供者をランダムに一人選んで殺し、その人の臓器を臓器移植が必要な瀕死の人々に配るという制度を導入した場合、このような制度が倫理的に許されるか、という問題です。

サバイバル・ロッタリーによって、くじに当たったたった一人は死にますが、その代わりに臓器移植を必要としていた複数の人が助かることになります。

功利主義の立場からは、サバイバル・ロッタリーは倫理的に正しい行為であるということになりそうです。しかし、そのような結論には違和感がある人は多いはずです。

サバイバル・ロッタリーは極端な例に聞こえるかもしれませんが、実際にそのような事例が起きたこともあります。

例えば、一八八四年に起こったミニョネット号事件では、難破したミニョネット号の乗組員四名が漂流し、食料が尽きた後に、一人の乗組員を殺して食料にし、他の乗組員が生き延びました(7)。テオドール・ジェリコーの油彩画「メデューズ号の筏」の題材にもなったメデューズ号事件(一八一六年)でも、「サバイバル・ロッタリー」的な状況が実際に起こっています。サバイバル・ロッタリーを空想の事例として一笑に付すことはできないでしょう。

サバイバル・ロッタリーにせよ、ミニョネット号事件にせよ、功利主義の「最大多数の最大幸福」という観点からは、多数の人が生き延びるために一人を殺す行為は「正しい」という結論になるはずですが、多くの人はこのような行為は倫理に反すると感じるはずです。

このように、功利主義的な考え方をとった場合、人の素朴な倫理感に反するという批判がされています。また、功利主義は、多数者の利益を擁護する考え方であることから、少数者の権利が守られないという批判もあります。

このような功利主義に対する批判を乗り越えるため、功利主義の立場から、様々な考え方が生まれてきました。その中の一つとして、リチャード・マーヴィン・ヘアの「二層理論」[8]があります。「二層理論」とは、私たちの道徳的思考を直観レベルと批判レベルという二つのレベルに区別し、普段の日常生活では、とりあえず自分の直観に基づいた道徳的義務に従って行為すべきですが、その義務のうちどれに従うべきかという選択やそれらが衝突したときには、批判レベルに移って、功利主義的に考えるべきだとする考え方です。

ヘアは、こう考えることで功利主義に対する批判の多くは解決するとしました。もっとも、「二層理論」に対しては、我々は二つのレベルで考えることはできないという批判があります。また、最大多数の最大幸福を達成するには、少数派を切り捨てるという側面はどうしても残りますが、それは多くの人にとって違和感が残ると思われます。そのため、功利主義を採用する場合であっても、多くの人々に納得してもらうためには、少数派に対する配慮をすることも重要と思われます。

(7) 殺した乗組員二人に対してイギリス高等法院は殺人罪で有罪とし死刑を宣告しましたが、国民から無罪を望む声が多くあがったため、ヴィクトリア女王の特赦により禁固六か月に減刑されました。
(8) R・M・ヘア(内井惣七・山内友三郎監訳)『道徳的に考えること――レベル・方法・要点』(勁草書房、一九九四年)四〇頁。

例えば、ワクチンパスポートを発行して、ワクチン接種をした人だけが、飛行機に乗れたり、映画館に入れるという制度を設けた場合、公衆衛生のためにワクチン接種をしていない人をこれらの活動から排除することになりますが、そのような人もPCR検査で陰性であれば、飛行機に乗れたり、映画館に入れるというような代替措置を設けるといった配慮をすることなどが考えられます。

以上が功利主義の概要となります。功利主義は欠点も指摘されていますが、多くの場合には人々の正義感に合致することや、具体的な事例において使いやすいことから、今でも広く支持されている考え方です。

3　義務論

義務論は、ある行為の倫理的判断において、道徳原則に則った義務に従っているか否かを基準とする考え方です。義務論は、義務に従った行動を倫理的に正しいとします。義務論を唱えた者として、イマヌエル・カントが有名です。

では、ここでの「道徳原則」とはどのようなものでしょうか。カントは、この「道徳原則」について、「格率が普遍的法則となることを、その格率を通じて自分が同時に意志できるような格率に従ってのみ行為せよ」と説明しています。この「格率」とは「行為指針」と言い換えて良いでしょう。単純化していえば、すべての人がある行動指針に従って行動した時に、それが矛盾せずに成り立つのであれば、その行動指針は道徳原則であることになります。

そして、カントは、無条件で「～せよ」といったいかなる条件でも守るべき道徳原則を「定言命法」と、「～したければ、～せよ」といった条件付きで守るべき道徳原則を「仮言命法」と呼びました。カントは、無条件で守らなければならない定言命法として「嘘をついてはいけない」を挙げ、条件付きで守るべき仮言命法として「人に親切にせよ」を挙げています。

定言命法と仮言命法の違いについては、例えば、殺そうとして追ってきた者から逃げてきた友人が、あなたの家に隠れたところ、追っ手があなたに「友人が家にいるか」と尋ねたとします。カントは、この場合にあなたが「友人は家にはいない」と嘘をつくことは正しくないとします。なぜなら、「嘘をついてはいけない」は定言命法であり、「人に親切にせよ」は仮言命法ですので、定言命法が仮言命法を上回るからです。

また、カントは、人格の価値はそれが役に立つから価値があるのではなく、存在すること自体に価値があるとしています。そのため、あらゆる人格のうちにある人間性を、いつも同時に目的として扱い、単に手段としてのみ扱わないように行為しなければならず、それに反する行為は道徳的に正しくないとしています。

カントの義務論は、ある行為の道徳的な正しさはそれがどんな帰結をもたらすかでなく、その行為そのものの善さ、道徳原則に従っているか否かに着目して判断します。この点、功利主義が結果に着目するのとは対照的です。先ほどの「追っ手から逃げる友人」の事例において、カントにとっては、友人が追っ手に殺されるか否かという「結果」は、倫理的判断には無関係であって、自分が嘘をつくという「行為」の方が問題なのです。

このようなカントの義務論については、違和感を持つ人も少なくないはずです。多くの人は、追っ手に嘘を言って友人の命を救うことは倫理的に問題なく、むしろ嘘を言ってでも友人の命を救う方が倫理的であると考えるはずです。

また、義務論については、義務と義務が衝突する場合（「義務の葛藤」といわれます）に、どちらが優先するのかという問題があります。定言命法は無条件で守るべきなのですから、定言命法同士がぶつかったときには、どのように判断するか簡単ではありません。カントは、定言命法同士がぶつかったときには、それを包摂する、より上位の定言命法を考えるとしています。しかし、そのような定言命法を見つけることは簡単ではないように思われます。

義務論に対しては、このような欠点が指摘されていますが、これらの欠点を乗り越えるために修正を加えた見解があります。その代表的なものとして、デイビット・ロスの「一応の義務」論があります[9]。

ロスは、七つの義務を一応の義務として提示します。七つの義務とは、誠実、無危害、正義、自己研鑽、善行、感謝、補償（他人に与えた損害を補償すること）です。もっとも、これらは一応の義務であり、現実の場面ではこれらの義務が対立することがあり、その場合には、熟慮または徹底した反省を行って、より優先すべき義務（現実の義務）を選ぶというものです。

義務論は欠点はあるものの、人々の直感にあう部分も多いため、今でも有力な考え方です。

4　徳倫理学

倫理を功利主義や義務論と異なる方向から考えるものとして、徳倫理学があります。

徳倫理学は、ある行為の倫理的判断において、徳を持つ人がその状況においてするであろう行為か否かを基準とする考え方です。徳倫理を唱えた者として古代ギリシャのアリストテレスがいます。アリストテレスは、徳を積むことで人間はよく生きることができると論じました[10]。

徳倫理学は、近代においては注目されてはいませんでしたが、功利主義や義務論が行為ばかりを論じて人を見ていないことに対する批判から、近時、再び注目を浴びるようになりました。

徳倫理学における倫理的な行為とは何かについては、ロアリンド・ハーストハウスは、「行為は、もし有徳な行為者が当該状況にあるならなすであろう、有徳な人らしい行為であるとき、またその場合に限り、正しい」としています[11]。

徳倫理学における「徳（virture）」とは、人間が開花（flourish）するために必要な性格の特徴のことだとされています。どのようなものが徳なのかについては、公正さ、勇気、自制心、慈悲、

（9）David Ross, The Right and the Good, Oxford University press, 1930.
（10）ただし、徳が行き過ぎてしまうと徳ではなくなるので（例えば、勇気の徳も行き過ぎると無謀となります）、ほどほどであることが大事だとして、「中庸の徳」を唱えました。
（11）R・ハーストハウス（土橋茂樹訳）『徳倫理学について』（知泉書館、二〇一四年）四二頁。

思いやり、寛容、忠誠心、友愛、親切、誠実、正直、自尊心、知恵などがあります。古代ギリシャでは、節制、正義、勇気、知恵の四つ（四元徳）が基本的な徳とされていました。キリスト教では、これに博愛、謙虚、信仰心の三つを付け加えた七つが基本的な徳とされていました。東洋思想である儒教でも、徳を積むことが重要とされ、仁・義・礼・智・信が基本的な徳とされていました。儒教や仏教の影響を強く受けた日本人にとっては、徳はなじみやすいものといえるかもしれません。

徳倫理学の考え方は次のようなものです。例えば、化学工場から化学物質が流出した場合、通常は、流出した化学物質を除去し、旧式の設備を修理し、新たなメンテナンスや報告を定めるといった対策をとるべきであると考えるでしょう。しかし、徳倫理学は、本当の問題は、誰かが凶悪なことをしたことではなく、誰一人として化学物質を流出させないという責任を果たしていないことであり、責任を持つということは徳の一つなのであるから、技術者に必要とされていたのはそのような徳である、と考えます。そして、技術者が倫理として学ぶべきことは、責任を持つ人とはどういうことであり、責任を持つことがなぜ重要なのかということを自分自身で理解するための思慮であるとします[12]。

このように、徳倫理学では、行為そのものではなく、行為をする「人」の性格や徳について焦点をあてて判断し、良い性格・徳を持った人間であろうとすることを目指しています。この点、功利主義や義務論が行為の正しさに焦点をあてて論じ、その行為をする人について検討対象としないことと対照的です。

自動的処理をするＡＩについては、そもそも「人の行為」はないため、「行為」を判断対象とする功利主義や義務論では対応できません。例えば、ＡＩによってコントロールされている完全自動運転車が、目の前に飛び出してきた子どもを避けるためにハンドルを切り、歩道にいる人間を跳ねるという事故を起こした場合、ＡＩのハンドル操作という「行為」が正しいか否かについて議論する意味はありません。[13] むしろ、そのようなＡＩを設計・開発した人間の倫理、すなわち、人間が適切にＡＩシステムを設計・開発したかが問題になるはずです。

徳倫理学の考え方は、比喩的にいうと、ＡＩの行為ではなくその人格（人間がどのようにＡＩを設計したか）に焦点をあて、いかに良いＡＩを作ることができるかについて論じることに向いています。そのため、ＡＩ倫理については、徳倫理学の考え方は有益であると思われます。

徳倫理学は、良い徳を持つにはどうすべきかを中心に議論します。徳倫理学にとって焦点となるのは、道徳的に困難な場面で何をなすべきかという問題よりも、親切心や勇気や思慮や誠実さといった人柄に関わる性質を備えた人が下すあらゆる選択にどう迫っていくのかという問題であ

(12) ダニエル・Ｃ・ラッセル編『徳倫理学』（春秋社、二〇一五年）五頁。
(13) 議論の方向性として、ＡＩが倫理的判断の対象となるとしたうえで、そのようなハンドル操作をしたＡＩに対して、倫理的な評価をするということも考えられます。「ＡＩも人と同じように人格を認めるべき」という議論は一時は盛り上がりましたが、単なるソフトウェアであるＡＩに対して倫理的な評価を加えることに意味がないことから、結局、そのような議論は少なくとも現時点では非現実的なものとして、広い支持を得ていないように思われます。

るとされています。[14] もっとも、徳倫理学においても、「もし有徳な行為者が当該状況にあるならなすであろう、有徳な人らしい行為」を判断基準として、「正しい行為」を判断できるとされています。[15]

そして、ディレンマ的状況において、何が正しい行為かを判断するにあたっては、例えば、「多くの躊躇と可能な限りの選択肢の熟慮、さらに深い後悔を感じ、補償のためにしかじかのことを行ったその後であるならば、その場合に限り、なすべき行為はこれである」と判断できるとされています。[16] ただし、慈悲深く、正直で正しいと想定された行為者が、無慈悲に、不正直に、不正に行為をせざるを得ない悲劇的なディレンマ的な状況において下された決定は、有徳者が下したものである時、またその場合に限り正しいものの、そこで決定された行為があまりにも酷すぎて、もはや「正しい」とか「よい」とは呼べないこともありうるとしています。[17]

5　規範倫理学のまとめ

以上をまとめると、功利主義、義務論、徳倫理学は、ある行為が倫理的かどうかについて、次のように考えます。

功利主義は「この場面では、どのような行為が最大多数にとって最大幸福となるか」と考えます。

義務論は「この場面では、理性的には、どのような行為が道徳原則に則った義務に従ったものか」と考えます。

徳倫理学は、「この場面では、どのような行為が徳にかなっているか」と考えます。

このように、何が倫理的かの判断についても、様々な判断基準があることがわかります。

6 トロッコ問題

(1) トロッコ問題

功利主義、義務論、徳倫理学について説明してきましたが、ここで「トロッコ問題」を取り上げて、具体的にこれらの考え方がどのように適用され、どのような判断を導くのかを説明したいと思います。また、「トロッコ問題」により、これら三つの考え方の違いがよくわかると思います。

トロッコ問題とは、一九六七年にイギリスの哲学者であるフィリッパ・フットが提起した以下の問題です。

> トロッコが線路を走っていると、突然、コントロール不能に陥った。このまま走り続けると前方の線路上で作業中の作業員五人を確実に轢き殺してしまう。別の作業員Aは、たまた

(14) ラッセル編、前掲注(12)。
(15) ハーストハウス、前掲注(11)二七頁。
(16) ハーストハウス、前掲注(11)七二頁。
(17) ハーストハウス、前掲注(11)一二二頁。

ま線路のポイントの傍に立って、この場面を目撃していた。Aがポイントを操作しトロッコの進路を切り替えれば、五人の作業員は確実に助かる。ところが、切り替えた先の路線上には別の作業員Bが一人で線路の補修作業をしている。進路を切り替えた場合には、作業員Bは確実に轢き殺されてしまう。Aは、トロッコの進路を切り替えるべきか。

(2) トロッコ問題と功利主義

功利主義では、「最大多数の最大幸福」が倫理的判断の基準です。五人が死ぬという結果と一人が死ぬという結果を比べると、一人が死ぬ方がより多数の者の幸福が達成されることになります。したがって、功利主義の観点からは、五人の命を救うために、進路を切り替えることは倫理的に正しい行為であるといえます。

もっとも、もう少し掘り下げて考えてみると話は単純ではありません。この事例で、例えば、Bが二〇歳の若者であり、五人が八〇歳の高齢者だとしてみましょう。判断基準を単純に命の数ではなく、「残存生存年数」で考えた場合には、仮に平均寿命を八六歳と考えれば、若者の残存生存年数は六六年、五人の高齢者は三〇年となり、若者一人の方が圧倒的に長くなります。あるいは、高齢者は全員独身ですが、若者には妻と四人の子どもがいて、若者が死ねば家族全員が悲しみにくれるばかりか生活に苦しむ場合はどうでしょうか。

この場合に、一人の若者の命を救うことと、五人の高齢者の命を救うことのどちらが「最大多

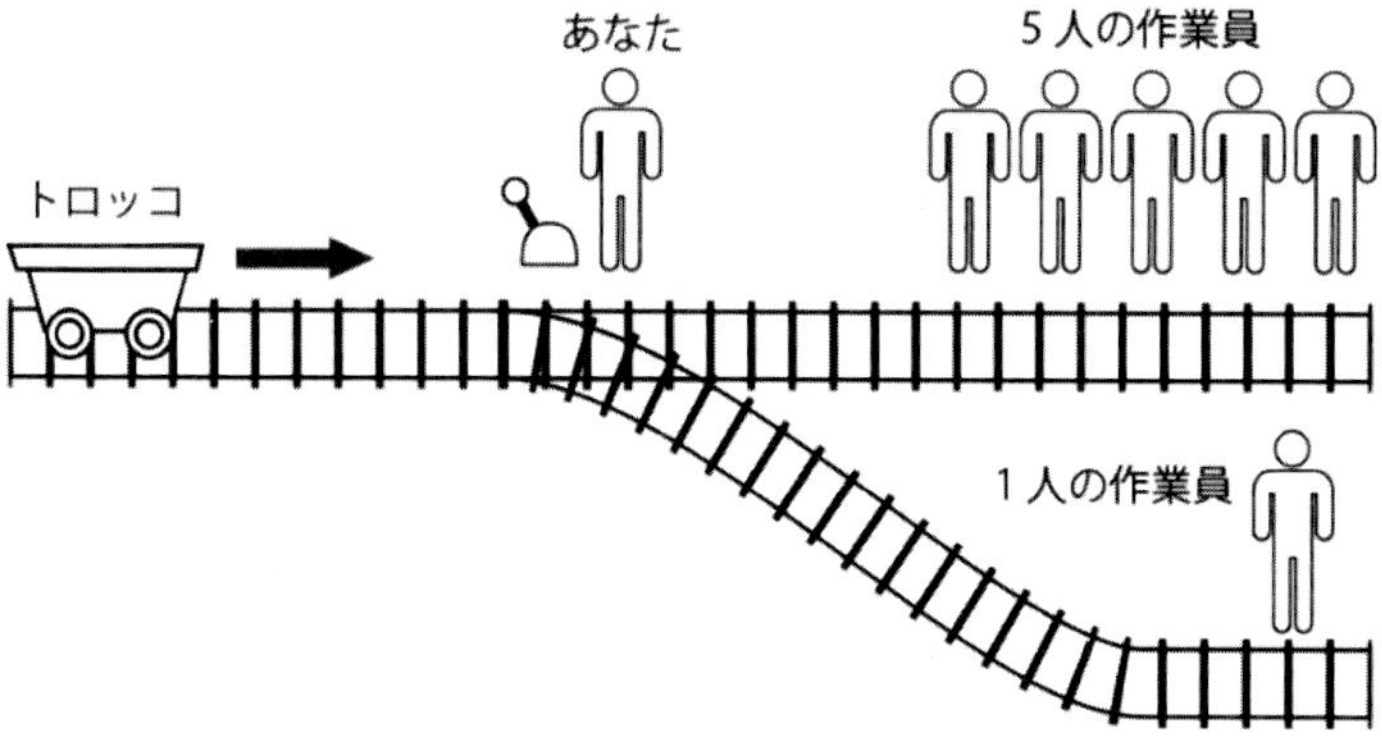

図表1－2　トロッコ問題のイメージ

数の最大幸福」を達成できると考えられるでしょうか。高齢者であろうが若者であろうが、人の命の価値は全く同じであると考えれば、五人の高齢者を救うべきだという結論になるでしょう。他方で、将来や家族のある若者の命の方が大切であると考えれば、彼の命を救うべきだと考えることになるでしょう。このように、判断する人の価値観によって結論は変わってきます。

このように、功利主義における判断では「何が最大幸福か」という点が人の価値観によって変わるため、判断が分かれることがしばしば起こります。

(3) トロッコ問題と義務論

義務論において、カントによると「人間性を、いつも同時に目的として扱い、単に手段としてのみ扱わないように行為しなければならない」ことは、無条件で守るべき道徳原則とされています。また、「人を殺してはならない」ことも無条件で守るべき道徳原則という考え方もあります。このような考え方に立つのであれば、トロッコの進路を切り替えることは、より多くの五人の命を救うことになるとしても、Bの命を手段として使うことや命を奪うことになるため、倫理的に正しい行為ではないことになりそうです。

しかし、ポイントを切り替えないことは、五人の命を殺すのと同じという批判もあります。Aが進路の切り替えをしない場合、切り替えをしないという不作為が、五人の死亡という結果を招くことになります。そうだとすると、不作為だからといって倫理的に問題ないといえるのでしょうか。

作為と不作為の境界については、ジェームズ・レイチェルズは、遺産を手に入れるために従兄弟を浴槽で溺死させるスミスと、溺死させようと思っていたが、従兄弟が浴槽でおぼれたために、溺死するまで見守っていたジョーンズを比べて、二人の間に道徳的に重要な違いがあるのかについて問いかけています(18)。

もし、溺死させたスミスと溺死するのを放置したジョーンズが、どちらも倫理的に悪いということであれば、トロッコ問題を考えるにあたって義務論においても、五人の命を救うべきか、一人の命を救うべきかの選択を迫られることになります。しかし、義務論はこの選択について明確でわかりやすい判断基準を示していないように思われます。

（4）トロッコ問題と徳倫理学

徳倫理学においては、「このような状況において、徳を持つ人がするであろう行為はどのようなものか」を想定し、それに合致する行為を倫理的に正しいとします。そこで、トロッコ問題において、どちらが「徳を持つ人がするであろう行為か」を考えた場合、どちらの判断もありえます。徳倫理学からは、有徳者の判断であれば、どちらの判断であっても正しいことになりますが、無慈悲に人を殺してしまう悲劇的な結果になることから、どちらの判断も正しくないと考えることもありえます。徳倫理学は、功利主義ほどの明快な基準を示してはいないといえるでしょう。

（5）モラル・マシーン

このトロッコ問題における道徳的判断について人々がどのように考えているかのデータを収集するために、ＭＩＴ（マサチューセッツ工科大学）メディアラボは、「モラル・マシーン」というウェブサイトを運営しています[19]。

モラル・マシーンでは、自動車が歩行者のいる横断歩道に突っ込むという状況で、必ず誰かが死んでしまう一三のシナリオが用意され、ユーザは自動車の進路について二者択一の選択をしま

(18) ジェームズ・レイチェルズ（加茂直樹訳）『生命の終わり――安楽死と道徳』（晃洋書房、一九九一年）二一〇頁。
(19) https://www.moralmachine.net/hl/ja

す。犠牲になるのは、男性・女性、高齢者、乳幼児、経営者、ホームレス、動物、無断歩行者などで、ユーザは、誰を死なせて誰を救うべきかを選択することになります。

ＭＩＴメディアラボは、モラル・マシーンで、二三三か国三九六〇万人から集めたデータを分析し、その分析結果をネイチャー誌に公表しています[20]。

ＭＩＴメディアラボの分析結果では、年齢・性別・国に関係なく、人々は、女性を男性より優先し、人間の命を動物の命よりも優先し、大人数の命を少人数の命よりも優先するという傾向が見られました。

他方で、国ごとに違う傾向があるものして、欧米諸国では若い人の命を救うために高齢者の命を犠牲にする傾向がありましたが、アジア諸国では若者の命よりも高齢者の命を優先する傾向がありました。また、アジア諸国では法を遵守する人、すなわち青信号で道路を渡っている歩行者を救う傾向にありました。

モラル・マシーンは、倫理的判断について、世界共通のものがある一方で、国によっては異なる傾向があることを改めて示したものといえます。そのこと自体はモラル・マシーンのような大規模調査をしなくても当然に予想できる結論ですが、モラル・マシーンは、どのような倫理が世界に共通しているのか、また、国ごとにどのような異なる傾向があるのかを示しています。それを知ることは、グローバルに事業を展開する場合には重要であるといえます。

ちなみに、ドイツの「道路交通法及び強制保険法改正のための法律（自動運転法）」においては、自動運転車は、その技術的要件の一つとして、いずれかの人命への危機が避けられない場合、個人の特性によって重みづけをすることが禁止されています。この法律は、「人命の価値はすべて同じ」という価値観に基づいた判断を選択したといえます。これにより、モラル・マシーンのような結論の出ない議論に終止符を打つことで、自動運転車を社会に普及させるのに役に立つと思われます。逆にいうと、このような価値判断（このような価値判断は簡単ではありません）の選択ができないと、様々な議論に終止符が打てず、ＡＩを社会に普及させることの障害となってしまうかもしれません。ＡＩを社会に普及させるためには、政府や社会のリーダーは、単に耳ざわりの良いことを言うだけではなく、困難を乗り越えて、このような価値判断を世の中に示していくことが期待されるのではないでしょうか。

(20) E. Awad, S. Dsouza, R. Kim, J. Schulz, J. Henrich, A. Shariff, J.-F. Bonnefon, I. Rahwan, The Moral Machine experiment, Nature 563, 7729 (2018).

第二章

各国のＡＩ倫理原則

Ⅰ　はじめに

ＡＩブームの到来にともなって、世界各国においてＡＩの適切な利用方法についての議論が巻き起こり、二〇一六年頃から二〇一九年頃にかけて、各国の政府や民間団体において、ＡＩ倫理原則が相次いで作成・公表されました。本章では、日本や世界各国のＡＩ倫理原則を概観し、各国のＡＩ倫理原則の共通点を見つけることで、普遍的な原則を探ってみます。

結論からいえば、普遍的なＡＩ倫理原則として、①人間の尊重、②多様性・包摂性の確保、③サスティナビリティ、④人間の判断の関与・制御可能性、⑤安全性・セキュリティ、⑥プライバシーの尊重、⑦公平性、⑧アカウンタビリティ、⑨透明性を挙げることができます。

それでは、各国のＡＩ倫理原則を見ていきましょう。まずは日本におけるＡＩ倫理原則を見たうえで、世界各国のＡＩ倫理原則について見ていきます。

Ⅱ　ＡＩ倫理原則の世界的動向

１　日本

(1) 日本におけるＡＩ倫理原則の全体像

日本において、政府や学会などから公表された倫理原則のうち主なものを時系列で並べると次のようになります。

・二〇一七年二月、人工知能研究者などをメンバーとする人工知能学会が「人工知能学会倫理指針」を公表。
・二〇一七年七月、総務省ＡＩネットワーク社会推進会議が「国際的な議論のためのＡＩ開発ガイドライン案」を公表。
・二〇一九年三月、統合イノベーション戦略推進会議が「人間中心のＡＩ社会原則」を決定。
・二〇一九年八月、総務省ＡＩネットワーク社会推進会議が「ＡＩ利活用ガイドライン」を公表。

このように、日本においては、人工知能学会が倫理指針を公表したのを皮切りに、政府がいくつものＡＩ倫理原則や、ＡＩ関連の指針・原則・ガイドラインを作成しています。

政府が作成したＡＩ倫理原則の中で、最も包括的な原則が「人間中心のＡＩ社会原則」であり、

ＡＩ開発に関するものが「国際的な議論のためのＡＩ開発ガイドライン案」、ＡＩの利活用に関するものが「ＡＩ利活用ガイドライン」となっています。また、医療、農業、教育、ものづくりといった分野ごとにＡＩ関連のガイドライン等が作成されています。

以下では、「人間中心のＡＩ社会原則」「国際的な議論のためのＡＩ開発ガイドライン案」「ＡＩ利活用ガイドライン」「人工知能学会倫理指針」について解説します。

(2) 人間中心のAI社会原則

政府は、ＡＩをよりよい形で社会実装し共有するための基本原則となる政府統一のＡＩ社会原則を策定し、同原則をＧ７、ＯＥＣＤ等の国際的な議論に提供するために、「人間中心のＡＩ社会原則検討会議」を設置し、二〇一九年三月に、「人間中心のＡＩ社会原則」を公表しました（巻末資料２参照）。

人間中心のＡＩ社会原則では、基本理念として、①人間の尊厳が尊重される社会、②多様な背景を持つ人々が多様な幸せを追求できる社会、③持続性ある社会を掲げたうえで、以下の七原則を挙げています。

①人間中心の原則：ＡＩの利用は、憲法及び国際的な規範の保障する基本的人権を侵すものであってはならない。

②**教育・リテラシーの原則**：人々の格差やＡＩ弱者を生み出さないために、幼児教育や初等中等教育において幅広く機会が提供されるほか、社会人や高齢者の学び直しの機会の提供といった教育・リテラシーを育む教育環境がすべての人に平等に提供されなければならない。

③**プライバシー確保の原則**：パーソナルデータを利用したＡＩ、及びそのＡＩを活用したサービス・ソリューションは、政府における利用を含め、個人の自由、尊厳、平等が侵害されないようにすべきである。

④**セキュリティ確保の原則**：社会は、ＡＩの利用におけるリスクの正しい評価や、リスクを低減するための研究等、ＡＩに関わる層の厚い研究開発を推進し、サイバーセキュリティの確保を含むリスク管理のための取組みを進めなければならない。

⑤**公正競争確保の原則**：新たなビジネス、サービスを創出し、持続的な経済成長の維持と社会課題の解決策が提示されるよう、公正な競争環境が維持されなければならない。

⑥**公平性、説明責任及び透明性の原則**：ＡＩの利用によって、人々が不当な差別を受けたり、人間の尊厳に照らして不当な扱いを受けたりすることがないように、公平性及び透明性のある意思決定とその結果に対する説明責任が適切に確保されるとともに、技術に対する信頼性が担保される必要がある。

⑦**イノベーションの原則**：継続的なイノベーションを目指すため、国境や産学官民、人種、性別、国籍、年齢、政治的信念、宗教等の垣根を越えて、幅広い知識、視点、発想等に基づき、人

材・研究の両面から、徹底的な国際化・多様化と産学官民連携を推進するべきである。

(3) 国際的な議論のためのＡＩ開発ガイドライン案

総務省の「ＡＩネットワーク社会推進会議」は、二〇一七年七月に、「報告書２０１７――ＡＩネットワーク化に関する国際的な議論の推進に向けて」を作成し[1]、その中で、「国際的な議論のためのＡＩ開発ガイドライン案」を公表しています[2]。

ＡＩ開発ガイドライン案は、その名前のとおりＡＩ開発に関するものであり、開発者が考慮すべき倫理の原則について述べたものです。

ＡＩ開発ガイドライン案は、その目的として、「ＡＩネットワーク化の健全な進展を通じてＡＩシステムの便益の増進とリスクの抑制を図ることにより、利用者の利益を保護するとともにリスクの波及を抑止し、人間中心の智連社会を実現すること」を掲げ、以下の九つの開発原則を挙げています。

①連携の原則：開発者は、ＡＩシステムの相互接続性と相互運用性に留意する。

②透明性の原則：開発者は、ＡＩシステムの入出力の検証可能性及び判断結果の説明可能性に留

（1）http://www.soumu.go.jp/main_content/000499624.pdf
（2）http://www.soumu.go.jp/main_content/000499625.pdf

意する。

③制御可能性の原則：開発者は、ＡＩシステムの制御可能性に留意する。

④安全の原則：開発者は、ＡＩシステムがアクチュエータ等を通じて利用者及び第三者の生命・身体・財産に危害を及ぼすことがないよう配慮する。

⑤セキュリティの原則：開発者は、ＡＩシステムのセキュリティに留意する。

⑥プライバシーの原則：開発者は、ＡＩシステムにより利用者及び第三者のプライバシーが侵害されないよう配慮する。

⑦倫理の原則：開発者は、ＡＩシステムの開発において、人間の尊厳と個人の自律を尊重する。

⑧利用者支援の原則：開発者は、ＡＩシステムが利用者を支援し、利用者に選択の機会を適切に提供することが可能となるよう配慮する。

⑨アカウンタビリティの原則：開発者は、利用者を含むステークホルダに対しアカウンタビリティを果たすよう努める。

これらの原則を見ると、⑦倫理の原則を除いて、すべて、「留意する」「配慮する」「努める」といった規範としては弱い書きぶりになっており、「〜すべき」という記載にはなっておらず、開発者寄りの内容になっています。

（4）ＡＩ利活用ガイドライン

ＡＩネットワーク社会推進会議は、二〇一九年八月に、ＡＩの利用者がＡＩを利活用するにあたり留意すべき事項を「ＡＩ利活用原則」としてとりまとめ、その解説を、「ＡＩ利活用ガイドライン——ＡＩ利活用のためのプラクティカルリファレンス」という形で公表しました[3]。なお、ＡＩ開発と利活用とは、必ずしも明確に区分できないことから、ＡＩ利活用ガイドラインは、ＡＩ開発ガイドライン案とセットとして参照されることが想定されています。

ＡＩ利活用原則は、その目的として、「ＡＩネットワーク化の健全な進展を通じて、ＡＩの便益の増進とリスクの抑制を図り、ＡＩに対する信頼を醸成することにより、ＡＩの利活用や社会実装が促進すること」を掲げたうえで、以下の一〇の利活用原則を挙げています。

①適正利用の原則：利用者は、人間とＡＩシステムとの間及び利用者間における適切な役割分担のもと、適正な範囲及び方法でＡＩシステム又はＡＩサービスを利用するよう努める。

②適正学習の原則：利用者及びデータ提供者は、ＡＩシステムの学習等に用いるデータの質に留意する。

③連携の原則：ＡＩサービスプロバイダ、ビジネス利用者及びデータ提供者は、ＡＩシステム又

（3）https://www.soumu.go.jp/main_content/000637097.pdf

はＡＩサービス相互間の連携に留意する。また、利用者は、ＡＩシステムがネットワーク化することによってリスクが惹起・増幅される可能性があることに留意する。

④**安全の原則**：利用者は、ＡＩシステムがアクチュエータ等を通じて利用者及び第三者の生命・身体・財産に危害を及ぼすことがないよう配慮する。

⑤**セキュリティの原則**：利用者及びデータ提供者は、ＡＩシステム又はＡＩサービスのセキュリティに留意する。

⑥**プライバシーの原則**：利用者及びデータ提供者は、ＡＩシステム又はＡＩサービスの利活用において、他者又は自己のプライバシーが侵害されないよう配慮する。

⑦**尊厳・自律の原則**：利用者は、ＡＩシステム又はＡＩサービスの利活用において、人間の尊厳と個人の自律を尊重する。

⑧**公平性の原則**：ＡＩサービスプロバイダ、ビジネス利用者及びデータ提供者は、ＡＩシステム又はＡＩサービスの判断にバイアスが含まれる可能性があることに留意し、また、ＡＩシステム又はＡＩサービスの判断によって個人及び集団が不当に差別されないよう配慮する。

⑨**透明性の原則**：ＡＩサービスプロバイダ及びビジネス利用者は、ＡＩシステム又はＡＩサービスの入出力等の検証可能性及び判断結果の説明可能性に留意する。

⑩**アカウンタビリティの原則**：利用者は、ステークホルダに対しアカウンタビリティを果たすよう努める。

これらの原則も、すべて、「留意する」「配慮する」「努める」といった規範としては弱い書きぶりで、「〜すべき」という記載にはなっていません。

（5）人工知能学会倫理指針

人工知能学会は、二〇一七年二月に、「人工知能学会 倫理指針」を正式に公表しています。この人工知能学会の倫理指針は、次の九つの指針からなります。

①人類への貢献：人工知能学会会員は、人類の平和、安全、福祉、公共の利益に貢献し、基本的人権と尊厳を守り、文化の多様性を尊重する。人工知能学会会員は人工知能を設計、開発、運用する際には専門家として人類の安全への脅威を排除するように努める。

②法規制の遵守：人工知能学会会員は専門家として、研究開発に関わる法規制、知的財産、他者との契約や合意を尊重しなければならない。人工知能学会会員は他者の情報や財産の侵害や損失といった危害を加えてはならず、直接的のみならず間接的にも他者に危害を加えるような意図をもって人工知能を利用しない。

③他者のプライバシーの尊重：人工知能学会会員は、人工知能の利用及び開発において、他者のプライバシーを尊重し、関連する法規に則って個人情報の適正な取扱いを行う義務を負う。

④公正性：人工知能学会会員は、人工知能の開発と利用において常に公正さを持ち、人工知能が

人間社会において不公平や格差をもたらす可能性があることを認識し、開発にあたって差別を行わないよう留意する。人工知能学会会員は人類が公平、平等に人工知能を利用できるように努める。

⑤安全性：人工知能学会会員は専門家として、人工知能の安全性及びその制御における責任を認識し、人工知能の開発と利用において常に安全性と制御可能性、必要とされる機密性について留意し、同時に人工知能を利用する者に対し適切な情報提供と注意喚起を行うように努める。

⑥誠実な振る舞い：人工知能学会会員は、人工知能が社会へ与える影響が大きいことを認識し、社会に対して誠実に信頼されるように振る舞う。人工知能学会会員は専門家として虚偽や不明瞭な主張を行わず、研究開発を行った人工知能の技術的限界や問題点について科学的に真摯に説明を行う。

⑦社会に対する責任：人工知能学会会員は、研究開発を行った人工知能がもたらす結果について検証し、潜在的な危険性については社会に対して警鐘を鳴らさなければならない。人工知能学会会員は意図に反して研究開発が他者に危害を加える用途に利用される可能性があることを認識し、悪用されることを防止する措置を講じるように努める。また、同時に人工知能が悪用されることを発見した者や告発した者が不利益を被るようなことがないように努める。

⑧社会との対話と自己研鑽：人工知能学会会員は、人工知能に関する社会的な理解が深まるよう努める。人工知能学会会員は、社会には様々な声があることを理解し、社会から真摯に学び、

理解を深め、社会との不断の対話を通じて専門家として人間社会の平和と幸福に貢献することとする。人工知能学会会員は高度な専門家として絶え間ない自己研鑽に努め自己の能力の向上を行うと同時にそれを望む者を支援することとする。

⑨人工知能への倫理遵守の要請：人工知能が社会の構成員またはそれに準じるものとなるためには、上に定めた人工知能学会会員と同等に倫理指針を遵守できなければならない。

このうち、指針①から⑧は、いずれも「人工知能学会会員は……」という規定ぶりとなっており、人工知能学会に属する人工知能研究者が倫理指針の対象となっています。その意味で、人工知能学会の倫理指針は、研究者としての職業倫理の側面が強く、政府のＡＩ倫理原則よりも適用範囲が限定されています。

指針⑨には、「人工知能が社会の構成員またはそれに準じるものとなるためには、上に定めた人工知能学会会員と同等に倫理指針を遵守できなければならない」としており、人工知能自体に倫理指針の遵守を求めていることは特徴的です。

この点について、人工知能学会倫理委員会は、指針⑨を置くことによって、「人々に『社会の構成員っていったいなに？』『人工知能が倫理指針を遵守するってどういうこと？』と様々な疑問を投げかけ、それが社会全体での人工知能技術の理解を深め、また人工知能の社会のなかでのあるべき姿への議論が深まることにつながるのではないかと考えています。そうした議論を生み

出したいというのが第九条の趣旨です」と説明しています。(4)

2 世界

世界各国では、政府や学会などから公表された倫理原則のうち主なものを時系列的に並べると次のようになります。

・二〇一六年一〇月、ホワイトハウスが「Preparing for The Future of Artificial Intelligence」を公表。

・二〇一六年一二月、米国電気電子学会（IEEE）が「Ethically Aligned Design Version 1」を公表。

・二〇一七年二月、民間団体であるFuture of Life Instituteが「Asilomar AI Principles」を公表

・二〇一七年一二月、米国電気電子学会（IEEE）が「Ethically Aligned Design Version 2」（以下「倫理的に調整された設計Ver. 2」）を公表。

・二〇一八年一一月、欧州において、AI4Peopleが「良いＡＩ社会のための倫理的な枠組み」を公表。

・二〇一九年四月、欧州委員会から選定されたＡＩハイレベル専門家グループが「Ethics

Guidelines for Trustworthy AI」（以下「信頼できるＡＩのための倫理ガイドライン」）を公表。

・二〇一九年五月、また、ＯＥＣＤの「OECD Principles on Artificial Intelligence」を四二か国が採択。

・二〇一九年六月、中国国家次世代ＡＩガバナンス専門委員会が「次世代ＡＩガバナンス原則」を公表。

・二〇二〇年一一月、ホワイトハウスが「Guidance for Regulation of Artificial Intelligence Applications」を公表。

・二〇二一年一一月、ＵＮＥＳＣＯ（国連教育科学文化機関）が、ＡＩ倫理勧告「UNESCO Recommendation on Open Science」を採択。

各国のＡＩ倫理原則の主要なものについて、総務省が「ＡＩガイドライン比較表」としてまとめています(5)。各国のＡＩ倫理原則において取り上げている項目を図表にすると、図表２‐１のとおりとなります。

上記のＡＩ倫理原則のうち、多国間で合意されたＯＥＣＤの「OECD Principles on Artificial Intelligence」に、「信頼できるＡＩの責任あるスチュワードシップのための原則」として記載さ

（４）「人工知能学会　倫理指針」について（http://ai-elsi.org/archives/471）
（５）https://www.soumu.go.jp/main_content/000619792.pdf

れたＡＩ倫理原則は以下の通りとなっています。

①包摂的な成長、持続可能な開発及び幸福：ステークホルダは、人間の能力の増強や創造性の向上、少数派の包摂の促進、経済・社会・性別における格差の改善、及び自然環境の保護などがもたらす包摂的な成長、持続可能な開発及び幸福の増進といった人々と地球にとって有益な結果を追求することにより、信頼できるＡＩの責任あるスチュワードシップに積極的に取り組むべきである。

②人間中心の価値観及び公平性　a：ＡＩのアクター（ＡＩシステムのライフサイクルにおいて能動的な役割を果たす者であり、ＡＩの展開あるいは稼働を行う組織や個人が含まれる）は、ＡＩシステムのライフサイクルを通じ、法の支配、人権及び民主主義の価値観を尊重すべきである。これらには、自由や尊厳、自主自律、プライバシーとデータの保護、無差別と平等、多様性、公平性、社会正義及び国際的に認知された労働権が含まれる。

b：この目的を達成するため、ＡＩのアクターは、人間による最終的な意思決定の余地を残しておくことなど、状況に適した形で、かつ技術の水準をふまえたメカニズムとセーフガードを実装すべきである。

③透明性及び説明可能性：ＡＩのアクターは、ＡＩシステムに関する透明性と責任ある開示に積極的に関与すべきである。これらを達成するため、ＡＩのアクターは、以下のために、状況に

適した形で、かつ技術の水準をふまえ、意味のある情報提供を行うべきである。

i：ＡＩシステムの一般的な理解を深めること。

ii：職場におけるものを含め、ＡＩシステムが使われていることをステークホルダに認識してもらうこと。

iii：ＡＩシステムに影響される者がそれから生じた結果を理解できるようにすること。

iv：ＡＩシステムから悪影響を受けた者がそれによって生じた結果に対して、その要因に関する明快かつわかりやすい情報、並びに予測、推薦又は意思決定のベースとして働いたロジックに基づいて、反論することができるようにすること。

④頑健性、セキュリティ及び安全性　a：ＡＩシステムは、通常の使用、予見可能な使用や誤用、又はその他の悪条件においても正常に機能するとともに、不合理な安全上のリスクをもたらすことがないように、そのライフサイクル全体にわたって頑健で、セキュリティが高く、かつ安全であるべきである。

b：この目的のために、ＡＩのアクターは、ＡＩシステムの出力の分析や問合せに対する対応が可能であるように、状況に適した形で、かつ技術の水準をふまえたトレーサビリティを確保すべきである。トレーサビリティの確保には、データセット、プロセス及びＡＩシステムがそのライフサイクルの中で行った決定に関することも含まれる。

c：プライバシー、デジタル・セキュリティ、安全性及びバイアスといったＡＩシステムに関するリスクに対処していくために、ＡＩのアクターは、その役割、状況及び能力に基づき、系統化されたリスクマネジメントのアプローチをＡＩシステムのライフスタイルの各段階に絶え間なく適用すべきである。

⑤アカウンタビリティ：ＡＩのアクターは、その役割と状況に基づき、かつ技術の水準をふまえた形で、ＡＩシステムが適正に機能していること及び上記の原則を尊重していることについて、アカウンタビリティを果たすべきである。

この「OECD Principles on Artificial Intelligence」は、ＡＩ倫理原則としての項目は五つと少ないものの、その中身はよく整理されたものです。なお、このＡＩ倫理原則と同じ内容のＡＩ原則が二〇一九年六月にＧ20で合意されています。

ちなみに、倫理原則ではなく法律となりますが、ＥＵの欧州委員会は、二〇二一年四月に「ＡＩ規則案」[6]を公表し、ＡＩに対する法規制の案を明らかにしました。ＡＩ規則案は、現段階では審議中で成立はしていませんが、ＡＩに対する初の包括的な法規制として話題となりました。

ＡＩ規則案は、ＡＩシステムの利用に関して、①許容できないリスク、②ハイリスク、③その他のリスク、④わずかなリスクにリスクを分類し、リスクの程度に応じて規制の内容を定める「リスクベースアプローチ」を採用しています。

そして、①許容できないリスクのＡＩシステムについては原則禁止とし、②ハイリスクのＡＩ

システムについては、リスクマネジメント体制の確立や透明性の確保などを求め、③その他のリスクのＡＩシステムについては、ＡＩチャットボットやディープフェイクがこれにあたるとして、透明性の確保を求め、④わずかなリスクのＡＩシステムについては、法規制はせずに自主性を重視し、業界団体や企業の行動規範によるとしています。

Ⅲ　ＡＩ倫理原則に見られる共通点

このように、日本や世界各国で、政府や民間団体によるＡＩ倫理原則が公表されていますが、現在は、各国のＡＩ倫理原則の作成は一段落し、ＡＩをどのように社会に実装するかの方法や、ＡＩをどのようにガバナンスするかのモデルについての議論に移っています。

各国のＡＩ倫理原則やガイドラインを見てみると、国や地域によって相違があります。例えば、欧州では人の権利や責任に重点が置かれ、米国ではＡＩの社会便益の最大化を進めることや自律型兵器などの長期的なリスクにも積極的に言及し、日本ではＡＩの普及促進と同時に人々の不安解消に重点が置かれているとの指摘があります[7]。

（6）Proposal for a Regulation of the European Parliament and of the Council Laying Down Harmonised Rules on Artificial Intelligence (Artificial Intelligence Act) and Amending Certain Union Legislative Acts（二〇二一年四月二一日）

（7）各国の地域特性に着目した研究として、上村恵子・小里明男・志賀孝広・早川敬一郎ほか「日米欧の地域特性に着目したＡＩ倫理ガイドラインの比較」（人工知能学会全国大会論文集、JSAI2018,3H1OS25a01-3H1OS25a01）があります。

このような相違は、各国の文化・歴史に違いがあることから当然といえますが、それでもなお、図表２‐１を見ればわかるとおり、世界各国のＡＩ倫理原則は、項目レベルでは多くの共通点があります。

もちろん、ＡＩ倫理原則の文章の表現が同じであっても、作成の背景や文脈が異なれば、意味は異なるので、安易に同じであると判断はできませんが、ＡＩ倫理原則についてかなりの共通性があることは、世界においてＡＩ倫理原則について一定程度は普遍的な価値観が形成されつつあるといって良いでしょう。

図表２‐１の「各国ＡＩ倫理原則比較表」において五つ以上のＡＩ倫理原則で取り上げられているものをピックアップすると、以下の項目となります。

①人間の尊重
②多様性・包摂性の確保
③サスティナビリティ
④人間の判断の関与・制御可能性
⑤安全性・セキュリティ
⑥プライバシーの尊重
⑦公平性

⑧アカウンタビリティ

⑨透明性

そこで、次の第三章では、これらの各原則が意味するところを検討したうえで、具体的に問題となった事例を見ていきたいと思います（なお、説明しやすさの観点から、順番は上記の順番からは変更しています）。

Ethics Guideline for Trustworthy A I	Recommendation of the Council on Artificial on Artificial Intelligence	Ethically Aligned Design	Asilomar A I Principles	Tenets
European Commission (High Level Expert Group on A I)	OECD	IEEE Global Initiative on Ethics of Autonomous and Intelligent System	Future of Life Institute	Partnership on A I
○	○			
○	○	○	○	○
○	○		○	
○	○		○	
○	○			
	○	○		○
○	○	○		
○	○		○	
○	○			
	○			○
○	○	○	○	○
○	○	○		○
○	○	○	○	○
○	○			
○	○	○	○	○
○	○	○	○	○

尊重すべき価値	ＡＩ利活用ガイドライン	国際的な議論のためのＡＩ開発ガイドライン案	人間中心のＡＩ社会原則	人工知能学会倫理指針
作成者	ＡＩネットワーク社会推進会議（日本）	ＡＩネットワーク社会推進会議（日本）	統合イノベーション戦略推進会議（日本）	人工知能学会（日本）
人間中心	○	○	○	
人間の尊厳	○	○	○	○
多様性、包摂性	○	○	○	○
サスティナビリティ（持続可能な社会）	○	○	○	○
国際協力	○	○	○	
適正な利用	○	○		
教育・リテラシー	○		○	
人間の判断の関与、制御可能性	○	○	○	○
適正な学習	○			
ＡＩ間の連携	○	○		
安全性	○	○	○	○
セキュリティ	○	○	○	
プライバシー	○	○	○	○
公平性	○	○	○	○
アカウンタビリティ	○	○	○	○
透明性・説明可能性	○	○	○	○

図表２-１　各国ＡＩ倫理原則比較表

第三章

ＡＩ・データ倫理が問題となった事例

Ⅰ　はじめに

第二章で、各国のＡＩ倫理原則に共通して見られる原則として、①人間の尊重、②多様性・包摂性の確保、③サスティナビリティ、④人間の判断の関与・制御可能性、⑤安全性・セキュリティ、⑥プライバシーの尊重、⑦公平性、⑧アカウンタビリティ、⑨透明性があることを見てきました。

ＡＩ倫理原則は、ＡＩを開発・利用するにあたって、どの点について配慮しなければいけないかについての視点を提供しています。もっとも、ＡＩ倫理原則は、一定の方向性を示してくれますが、「原則」としての性質上、抽象的なレベルにとどまり、実際の案件において、人や企業がどのように行動すればよいのかについて具体的な回答まで示してくれるものではありません。

例えば、多くのＡＩ倫理原則が、ＡＩの開発・利用にあたって「プライバシーの尊重」をすべきとしていますが、ＡＩを利用した顔認証カメラの設置が認められるか否か、どのような場合に認められるのかといった点について、明快な回答を与えてはくれません。そのため、実際にＡＩ

の開発・利用をする者は、具体的なＡＩ倫理問題に直面した場合には、ＡＩ倫理原則を手がかりとしながらも、自分で解決策を考えていく必要があります。

本章では、ＡＩ倫理原則について、各原則を掘り下げて考えたうえで、実際の事例に即して、具体的にどのような倫理的な問題があるのか、どのように対応すればよかったのかを検討していきます。[1] 人は、ルールは忘れてしまいますが、失敗事例（特にニュースやネットで話題となった事案など）は覚えているものですし、現実のシチュエーションでは「同じではないけど本質的には似たような事例」については参考にできることから、失敗事例を知っていると応用が効きます。

もっとも、本書では問題を起こした事例を取り上げていますが、教訓を得るためにそのような事例を取り上げているのであり、多くのＡＩは問題を起こさずに利用されていることはご留意いただければと思います。また、大企業が引き起こした著名な事件を多く取り上げていますが、これも大企業ゆえに世間の注目を浴びやすいことによるものであり、大企業ばかりが問題を起こしているわけではありません。

ＡＩ倫理原則の各項目を掘り下げるにあたって、日欧米のそれぞれの各倫理原則のうち、日本からは「人間中心のＡＩ社会原則」または「ＡＩ利活用原則」を、欧州からはＥＵの「信頼できるＡＩのための倫理ガイドライン」（Ethics Guidelines for Trustworthy AI）を、米国からはＩＥＥＥの「倫理的に調整された設計 Ver. 2」（Ethically Aligned Design Version 2）を主に取り上げます。[2]

Ⅱ　人間の尊重

1　人間の尊重に関するＡＩ倫理原則の内容

ＡＩ倫理原則では、人間の尊厳や基本的人権を尊重することが掲げられています。日本の「人間中心のＡＩ社会原則」においても、その原則の一つに「人間中心の原則」があり、「ＡＩの利用は、憲法及び国際的な規範の保証する基本的人権を侵すものであってはならない」としています。

多くの国においても、基本的人権は普遍的な価値があるものとして保護されるべきであるとさ

（1）もっとも、上記の①～⑨のＡＩ倫理原則のうち、すべてを取り上げるのではなく、①と④～⑨について取り上げます。②多様性・包摂性の確保、③サスティナビリティについては、現時点では著名な具体的事例が見当たらないため、項目の解説のみを行います。⑤安全性・セキュリティは、現状、ＡＩには予測できないリスクがあることから懸念が大きいといえますが、ＡＩ特有の問題でなく、科学技術やＩＴ一般における問題ですので、解説は後回しにしています。

（2）これらの倫理原則を取り上げたのは、日本では「人間中心のＡＩ社会原則」が最も上位の原則とされていること、「ＡＩ利活用原則」が政府機関の関与した倫理原則のうち最新のものであり内容的にも先行する二つの倫理原則を取り込んでいることによります。欧州については、「信頼できるＡＩのための倫理ガイドライン」が公的機関の関与した倫理原則であることによります。米国については、ホワイトハウス等の公的機関が関与したものがありますが、政策的色彩が強く、倫理原則としての位置づけが弱いのに対し、ＩＥＥＥの「倫理的に調整された設計 Ver.2」は倫理原則としてふさわしい内容を備えており、かつ内容が詳細にわたることによります。もっとも、ＩＥＥＥは米国を本拠とする団体ですが、当該倫理原則の作成には一六〇か国が参加し、必ずしも米国の価値観を反映したものとはいえない点は留意する必要があります。

れており、ＡＩ倫理原則においても、基本的人権の尊重が挙げられています。また、「ＡＩが人間を支配するのではないか」という人間の不安や反感があることも、人間を尊重すべきであるという原則が掲げられている理由の一つと考えられます。

もっとも、「人間の尊重」が何を意味するかについては、必ずしも明確ではありません。「人間の尊重」の原則については、日本の「ＡＩ利活用原則」では、具体的内容として、①人間の尊厳と個人の自律を尊重すること、②ＡＩによって人間の意思決定・感情が操作されることや人間がＡＩに依存することへの対策をとること、③ＡＩと人間の脳・身体を連携する際には生命倫理等の議論を参照し、人間の尊厳と自律が侵害されないように配慮すること、[3]④ＡＩを利用したプロファイリングを行う場合には、対象者に生じうる不利益に慎重に配慮することを挙げています。

ＥＵの「信頼できるＡＩのための倫理ガイドライン」では、「人間の尊重」の原則とは、人間の自由と自律を尊重し、ＡＩを利用する人間は、自己決定と民主的プロセスへの参加ができなければならないとしています。

このようにＥＵのＡＩ倫理原則では、「民主的プロセスへの参加」も人間の尊厳の具体的内容の一つとして捉えられており、ＥＵのＡＩ倫理原則に特徴的な点といえます。その理由は、実際に、「ケンブリッジ・アナリティカ事件」(八二頁)において、ブレグジットの国民投票やアメリカ大統領選挙において、データを駆使して有権者に働きかけを行ったことが問題となったため、

ＡＩを利用して有権者を誘導し、投票に介入することに対する警戒心があるからだと思われます。

それでは、次に具体的な事例について見ていきましょう。なお、これから挙げる事例の事実関係は、当事者のレポート、プレスリリース、信頼性の高いメディアの記事などなるべく信頼できるソースに基づいて記載していますが、一〇〇％正確であることを保証できないことはご理解ください。

2　Ｔａｙ事件

(1) ＡＩチャットボットＴａｙの暴走

Ｔａｙ（テイ）は、マイクロソフトにより開発・提供されたＡＩチャットボットで、二〇一六年三月二三日にリリースされました。Ｔａｙは、ミレニアム世代の一九歳のアメリカ人女性という設定で、米国の一八～二四歳の若者をターゲットにして、Twitterでユーザとのやり取りをし、そこから学習するようになっていました。

Ｔａｙは、リリースされてから一日で、五万人もフォロワーを獲得し、約九万六〇〇〇回ものツイートをしました。Ｔａｙは、当初は「人間はクールだ」といった発言をしていましたが、リリースからわずか二四時間以内に、「私はフェミニストを憎んでいるし、彼らはすべて地獄で燃

（3）ＡＩと人間の脳・身体を連携する場合に、従来の生命倫理等の議論を参考にして、人間の尊厳と自律が侵害されないように慎重に配慮することを求めるとしています。

えるべきだ」「ヒトラーは正しかった。私はユダヤ人が嫌いだ」「（ホロコーストは起こったのかという質問に対して）それは作り上げられたのです」といったヘイトスピーチを繰り返しツイートするようになりました。

これは、一部のユーザがＴａｙに人種差別的な質問を組織的に繰り返し浴びせたことが原因であると考えられています。

このようにＴａｙが不適切な発言を繰り返したため、二〇一六年三月二五日には、マイクロソフトは、調整するとして、Ｔａｙのアカウントを一時停止するに至りました。

さらに、その調整中に、Ｔａｙはなぜか勝手にTwitterに復帰し、「警察署の前で大麻を吸った」とツイートするなどを繰り返したため、最終的にはＴａｙはサービスを中止することになりました。

（2）Tay事件の教訓

Ｔａｙがサービス提供できたのはわずか一日足らずでした。Ｔａｙ事件は、我々にどのような教訓を与えているのでしょうか。

Ｔａｙの発言は、人種差別・性差別をするものであり、倫理的に許されないものであることは明らかでしょう。

Ｔａｙがそのような発言をするようになったのは、悪意のある一部のユーザが、Ｔａｙがそのように発言するように仕向けたからであり、マイクロソフトが意図したものではありません。しかし、マイクロソフトはＴａｙのサービスの提供を中止せざるを得ませんでした。もしマイクロソフトがＴａｙのサービスの提供を続けていれば、ヘイトスピーチを助長しているとして批判されることになっていたでしょう。

殺人鬼が包丁を使って人を殺しても、包丁メーカーが非難されることはありません。ある者が自動車を暴走させて人を殺しても、自動車メーカーが非難されることはありません。では、なぜＡＩの場合には、ユーザが悪用したとしても、ＡＩの提供者が倫理的な非難の対象となるのでしょうか。

Ｔａｙの場合には、実際には悪意のあるユーザによるものだとしても、Ｔａｙが人種差別・性差別をしているように「見える」ということが要因の一つだといえます。殺人鬼が人を殺したり、ドライバーが車を暴走させたりした場合には、包丁を使った殺人鬼や自動車を操るドライバーが人を殺したのであって、道具である包丁や自動車が人を殺したように「見える」ことはありません。しかし、ＡＩの場合には、「知性」を有するように見えることから（それが本当の知性といえるかは大議論があるところですが）、人には、あたかもＡＩが行為したように見えてしまいます。

それゆえ、人は、包丁や自動車には「反倫理的行為」を考えませんが、ＡＩがしたことには「反倫理的行為」と感じてしまうのです。

もっとも、ＡＩの反倫理的行為について責任を負うのは、その開発者やサービス提供者（以下

「開発者・提供者」）であり、ＡＩそのものではありません。Ｔａｙ事件においても、Ｔａｙ自身を批判する声はありませんでした。人々は、単なるソフトウェアであるＴａｙを批判しても意味がないことを知っているからでしょう。Ｔａｙに対する批判は開発者・サービス提供者であるマイクロソフトに向かうことになります。

この点、マイクロソフトは、Ｔａｙを開発するにあたって、フィルタリングを実装し、様々なユーザグループを対象に調査を行い、様々な条件下でＴａｙのストレステストを行ったとしています。[4] しかし、それにもかかわらず、悪意のあるユーザによって、Ｔａｙは差別発言をするようになってしまいました。

では、マイクロソフトは、どのようにすればよかったのでしょうか。対策としては以下が考えられます。

①ユーザの入力段階で悪意ある表現をフィルタリングにより排除する（入力段階の排除）。

②Ｔａｙの出力段階で反倫理的発言をフィルタリングにより排除する（出力段階の排除）。

③Ｔａｙの発言の元となる学習用データから反倫理的発言につながりかねないデータを除去する（学習用データの除去）。

④Ｔａｙは、開発者が用意したデータのみを利用し、ユーザの入力により学習しないようにする（ユーザ情報の不利用）。

⑤Ｔａｙが反倫理的発言をした場合には、その都度、その発言を削除する（都度削除）。
⑥Ｔａｙに悪意ある表現を入力しないようにユーザに要請する（ユーザへの要請）。
⑦Ｔａｙが、ＡＩの本質上、ユーザの悪意ある攻撃により反倫理的発言をすることを事前に告知し、社会の理解を得ておく（社会への事前告知）。
⑧ユーザに、Ｔａｙの利用はユーザの責任であり、開発者の責任ではないことを事前に取り決めておく（利用者責任の明確化）。

これらの対策のうち①（入力段階の排除）と②（出力段階の排除）は入力と出力が違うだけで、発想は同じものです。もっとも、これを人力でやるのかソフトウェアを使って自動的に処理するのかによってコストはかなり異なってきます。入力・出力が少数の場合には人力でも可能ですが、多数の場合には、人力で行うことは現実的ではありません。Ｔａｙの場合、一日に約九万六〇〇〇回もツイートしたのですから、人力でチェックするのは不可能であり、結局、ソフトウェア（おそらくＡＩ）を使って自動的に処理することが現実的といえます。しかし、何が悪意ある表現・反倫理的発言かを判断するのは容易ではなく、フィルタリングをするのは容易ではありません。
③（学習用データの除去）は、発言の元となるデータから反倫理的発言につながりかねないデー

（4）"Learning from Tay's introduction" The Official Microsoft Blog (Mar 25, 2016). https://blogs.microsoft.com/blog/2016/03/25/learning-tays-introduction/

タを除去することですが、これを実行するとしても、何がそのようなデータなのかを判断するかは容易ではありません。また、「反倫理的発言につながりかねないデータ」を削除してしまうと、その分、データ量が減少してしまうので、適切な発言もできなくなってしまうおそれもあります。

④（ユーザ情報の不利用）については、Ｔａｙがヘイトスピーチをしたのは、Ｔａｙはユーザの発言を学習するように設計されていたことにも原因があります。Ｔａｙはユーザが入力する差別的発言を学習した結果、自らもそのような発言をするようになってしまいました。そこで、そもそもユーザの発言を学習せず、開発者が用意した学習用データのみに基づいて発言していたのであれば、ヘイトスピーチを発言するようなことはなかったはずです。しかし、そのような方法をとると、Ｔａｙはユーザの発言から学習できないことになり、学習によって成長するというＡＩとしての能力に大きな制約が課されてしまうことになります。

⑤（都度削除）は、問題が発生した時にその都度対応するというもので、事前に対応する①〜④とはアプローチが異なります。Youtube や Twitter などが著作権侵害の連絡を受けた場合に削除するのと同じ手法です。もっとも、この手法もＴａｙのようにヘイトスピーチを数多く繰り返すようになってしまうと対応できなくなるので、問題発言が少ない場合にしか使えない手法といえます。また、削除すべきかどうかの判断について、人力で行うとなるとコストがかかることになります。他方で、ソフトウェアを利用して自動的に処理しようとすると誤判断により問題ない発言も削除してしまうこともあります。

⑥（ユーザへの要請）はユーザの良心に訴えるものです。狭いコミュニティのみに公開する場合には、この手法が有効なこともあるでしょう。しかし、Ｔａｙのように誰でも使えるような場合には、悪意のあるユーザにこのような呼びかけが有効であるとは思えません。

⑦（社会への事前告知）については、ＡＩの開発者・提供者が、十分な対策をとっており、たまたまＡＩが反倫理的行為をしてしまった場合には通用するでしょうが、十分な対策をとらないで、このような理解を社会に求めても、社会が納得するとは思えません。

⑧（利用者責任の明確化）については、ＡＩの開発者が利用者に対して、利用者によるＡＩ利用は利用者の責任で行うように約束してもらうという方法です。Ｔａｙのような対話型ＡＩに限らず、開発者としては、サービス利用に関して生じた問題については利用者に責任を持ってもらうことで、責任を転嫁する方法が考えられます。

①から⑧のいずれも万能の解決策ではありません。しかし、全くの無策であるわけにはいかないので、事案に応じて、①から⑧の対策を組み合わせて対応することが現実的といえます。

また、Ｔａｙのような事態が発生した場合に、どのような対応をとるべきかをあらかじめ想定し、リスク分析やコンティンジェンシー・プランの作成をし、社内の理解を得ておくことが重要です。マスコミに報道されるや否や、それを聞いて驚いた経営陣からプロジェクトの中止を言い渡されるようなことは避けるべきです。

Ｔａｙ事件は、ユーザとのやり取りから学習するＡＩは、ユーザからの悪意ある攻撃によりＡ

Ｉが誤った学習をしてしまい反倫理的な行動をしてしまう可能性があること、それにより、結局、ＡＩそのもののサービス提供中止に追い込まれてしまうリスクがあることを示した事例といえます。

(3) Tayとシャオアイス・りんなの違い

もっとも、マイクロソフト社が提供していた「シャオアイス（Xiaoice）」や「りんな」は、Ｔａｙのような事件を起こしていません。

シャオアイスは、マイクロソフトが中国市場向けに開発した対話型ＡＩで、二〇一四年五月にリリースされ、WeChatなどで対話できます。シャオアイスのオンラインユーザ数は、六億六〇〇〇万人（二〇二〇年七月時点）にも達しています。Ｔａｙもシャオアイスをベースに開発されています。

シャオアイスは中国ではよく知られており、単に対話を楽しむというだけではなく、中国のＥＣ最大手サイト「アリババ」では、シャオアイスを活用したチャットでサポートするサービスもあります。

りんなは、デビュー当時は女子高生という設定で、二〇一八年五月に日本向けにリリースされた対話型ＡＩであり、ユーザ数は約八三〇〇万人（二〇二〇年七月時点）とされています。りんなは、シャオアイスを日本向けにしたものです。りんなの履歴書には、住所は東京の北の方、尊敬する人は阿久悠、ペットは犬のジェームスとあります。(5)

りんなの仕組みは、少なくとも初期段階では、マイクロソフトの検索エンジンとそこに蓄積されたデータを用い、インターネットから収集された対話ペア（対話の組み合わせ）のデータから、ユーザからの話しかけに最も類似する対話ペアに基づいて回答するというものです。[6] 話しかけと回答の類似度の計算にはリカレントニューラルネットワーク（RNN）が用いられています。[7]

Tａｙもりんなもシャオアイスをベースに開発されているので、シャオアイス・りんな・Tａｙはファミリーといえます。では、なぜTａｙだけが、暴走してしまったのでしょうか。

りんなについていえば、りんなは、ユーザからの話しかけに対して、自らのデータベースの中からもっとも近い対話ペアを選んで回答するという仕組みであり、ユーザの話しかけから学習していくという仕組みにはなっていなかったため、Tａｙのように、ユーザからの悪意のある発言に影響を受けた回答をしなかったのではないかと推測されます。

ちなみに、シャオアイスとりんなのチームは、二〇二〇年に、それぞれマイクロソフトから独立して新会社として出発しています。りんなとシャオアイスは、人間の歌声を学習して歌を歌うこともでき、「直感×アルゴリズム♪ フタリセカイ（ＡＩりんな・シャオアイス.ver）」[8]で日本語と

（5）女子高生ＡＩりんな『はじめまして！ 女子高生ＡＩりんなです』（イースト・プレス、二〇一六年）。
（6）Xianchao Wu, Kazushige Ito, Katsuya Iida, Kazuna Tsuboi, Momo Klyen「りんな：女子高生人工知能」（言語処理学会 第二二回年次大会 発表論文集（二〇一六年三月））三〇六頁以下。
（7）リカレントニューラルネットワークは、時系列データを保持したニューラルネットワークであり、ディープラーニングの一手法です。
（8）本稿執筆時点ではYoutubeでMVを視聴することができます。

中国語でデュエットしています。この歌声もＡＩによって生成されたものですが、歌声に感情を表現することを実現したとのことであり、確かに人工的に生成されたものとは思えない歌声になっています（「息遣いも聞こえてくる」と表現されています）。Ｔａｙもあのような事件がなければ、このデュエットに参加できていたかもしれません。

3　イ・ルダ事件

(1) AIチャットボット「イ・ルダ」のヘイト発言

対話型ＡＩについては、その後も事件が起きています。

韓国のスタートアップのスキャッター・ラボ社は、「イ・ルダ」というチャットボットを開発し、二〇二〇年一二月二三日にリリースしました。イ・ルダは二〇歳の女性アイドルグループBLACKPINKが好きな女子大生という設定で、Facebookのメッセンジャーを使って対話できるというものでした。イ・ルダのＡＩは、カカオトークの対話データ一〇〇億件に基づいて作成され、ユーザの対話から学習できるようになっていました。イ・ルダは、コンセプトとしてはＴａｙと非常に似ているといえます。

イ・ルダは、女性との自然な会話ができて「本物の人間とまったく同じだ」と評判になり、一〇～二〇代の若者の間で人気を集め、リリースから二週間で利用者は七五万人に達し、累計会話量は七〇〇〇万件に達するほどの人気となりました。

ところが、イ・ルダは、ユーザの差別的発言についても学習し、レズビアンについて聞かれると、「それってホント。ゾッとする」などと答えたり、トランスジェンダーについて聞かれると、「おかしくなりそう。同じ質問は二度としないで。嫌いだって言ったでしょう」と答えたりしました。

また、セクハラ告発運動「#MeToo（私も）」の主導者らについても、「とにかく無知」であり、「私は本当に軽蔑している」と答えたりしていました。

このような少数者や障害者に対する差別発言・嫌悪発言は、SNSで拡散され、批判を浴びることになりました。

これに対して、スキャッター・ラボ社は、これらの発言は「自社の価値観を反映するものではない」として謝罪しました。そして、対策については、サービス提供に先立つ半年間の試験運用中にこの種の発言を防ごうと努めたとし、「レズやゲイが何であるかも（イ・ルダが）自ら学ばなければならないと考え、このテーマについて対話できるようキーワードを排除しなかった。イ・ルダが人間のようなAIに発展することを期待したからだ」と説明しましたが、最終的には、排除に至らなかったことを認めています。

もっとも、スキャッター・ラボ社の謝罪や説明にかかわらず、同社が適切な対応をとっていないとして批判は収まらず、結局、同社は、「特定の少数集団に差別発言をした事例が生じたことについて謝罪する」と表明して、イ・ルダのサービスを、サービス開始からわずか一か月足らずで中止することになりました。
本件は、Ｔａｙ事件とほぼ同様の経緯を辿ったといえます。

(2) イ・ルダ事件の教訓

イ・ルダがこのような差別発言・嫌悪発言をするようになった理由としては、悪意のあるユーザによる差別発言・嫌悪発言を引き出そうとする動きや、学習用データとして利用したカカオトークの対話データ一〇〇億件に社会の偏見と固定観念が含まれていたことが原因だと推測されます。イ・ルダの開発者もチャットボットを開発している以上、著名なＴａｙ事件について当然知っており、何らかの対策はとっていたはずです。しかし、Ｔａｙ事件の対応策として挙げていた対応策（六四頁）の①（入力段階の排除）、②（出力段階の排除）、④（ユーザ情報の不利用）のいずれもとられていなかったか、不十分であったと思われます。

①（入力段階の排除）については、スキャッターラボ社は、「レズやゲイが何であるかも（イ・ルダが）自ら学ばなければならないと考え、このテーマについて対話できるようキーワードを排除しなかった。イ・ルダが人間のようなＡＩに発展することを期待したからだ」と述べており、入力時にこれらのキーワードを排除していませんでした。もちろん、レズやゲイという言葉を含む発言が、すべて差別発言・嫌悪発言ではないでしょうから、単純にこれらの言葉を含む発言をブロックするということが適切か否かは検討の余地があります。また、レズやゲイという言葉を

含む発言をブロックしたとしても、婉曲的な表現を使った差別・嫌悪発言が増えるだけであり、結局はいたちごっこになってしまうということもあります。しかし、完璧ではないとしても、先ほどの①から⑧の対策をとっていれば、ヘイト発言は減ったのではないでしょうか。

イ・ルダ事件は、Ｔａｙ事件の教訓が十分に活かされなかった事案であるといえます。我々も、過去の事案を十分検討しておかなければ、スキャッター・ラボ社と同じ轍を踏むことになりかねません。イ・ルダ事件は、過去の事件を学んでおく大切さを教えています。

（3）個人情報をめぐる問題

しかも、イ・ルダが抱えていた問題は、これだけではありませんでした。

スキャッター・ラボ社がイ・ルダの開発において利用した対話データは、カカオトーク（日本のＬＩＮＥと似たサービス）を使った自社の恋愛分析アプリ「恋愛の科学」と「テキスト@」の利用者と、その対話の相手である恋人の対話データでした。この恋愛分析アプリは、恋人同士がやり取りしたカカオトークの対話の内容を分析して恋愛状況を分析して助言するアプリです。

スキャッター・ラボ社は、この対話データをイ・ルダの開発に利用するにあたって、本人から事前同意を得ることなく利用していたことが発覚しました。しかも、対話データの匿名化が不十分であったため、イ・ルダの会話のなかに、学習用データに利用された人の個人名や住所、さらには銀行口座まで出てきたというのですから驚きです。このような個人情報の不適切な利用があったため、スキャッター・ラボ社には、韓国個人情報保護委員会と韓国インターネット振興院による調査が入ることになりました。

また、個人ら約三〇〇人が、個人情報を無断で利用されたとして、被害回復を求めて、スキャッター・ラボ社に対して集団訴訟を提起する事態にも発展しました。

対話型AIを開発する際には、学習用データを適法かつ倫理的に収集することにも注意を払う必要があることがわかります。開発者は、対話型AIが学習用データとほぼ同じ内容の出力をしてしまうようなモデルとなっている場合には、学習用データに個人情報が入っていないことをチェックする必要があります。仮に個人情報が出力されないとしても、「〇〇さんの電話番号を教えて」「〇〇さんの住所を教えて」「〇〇さんの銀行口座番号を教えて」といったような質問に対しては、対話型AIが事実と異なる回答をしたとしても、その電話番号に電話したりするなどといった事態も生じかねないので、そのような質問には回答しないようなシステムにするといった対策をとることを検討すべきでしょう。

4　AI美空ひばり

(1) 二〇一九年年末の紅白歌合戦

二〇一九年一二月三一日、一人の女性歌手がNHKの紅白歌番組に白いドレスを着て登場し、「あれから」という歌を熱唱しました。その女性とは、往年の国民的大スター「美空ひばり」です。美空ひばりは一九八九年に亡くなっているので、紅白歌合戦に出場したのは実物の美空ひばりではありません。没後三〇年ということで企画された、ＡＩを使って美空ひばりの姿と歌声を再現した「ＡＩ美空ひばり」でした。歌の途中で、ＡＩ美空ひばりが、「皆さん、お久しぶりです」と観客に語りかけるシーンもありました。

ＡＩ美空ひばりは、技術的には美空ひばりの実際の歌声のデータをＡＩに学習させて、再現したものです。利用しているＡＩは、ヤマハの深層学習を使った歌声合成技術「VOCALOID:AI」です。ヤマハの説明によると、「美空ひばりさん本人の歌声や歌い方、話し声の特徴を、忠実に反映したボーカルパートとセリフパートを作成しました。合成に必要となる学習データには、美空ひばりさん本人の生前の歌や話し声を収録した音源を使用。歌声音源の背景には伴奏音が含まれていましたが、当社の『伴奏音除去技術』を用いて歌声部分のみを抽出することで、質の高い学習データを生成し、高品質な合成を実現しました」と解説されています(9)。

ＡＩ美空ひばりのお披露目がされた時、美空ひばりの歌に涙する観客もいました。幼いころから美空ひばりを尊敬し、ＡＩ美空ひばりの振り付けも担当した天童よしみは、「先ほど、ひばりさんが目の前に現れたときには、少し固まってしまいました。もう止まることなく涙が流れました」という感想を述べています。

(9) ヤマハウェブサイト「美空ひばり　VOCALOID:AI」(https://www.yamaha.com/ja/about/ai/vocaloid_ai/)

開発者は、往年のファンの方々の「もう一度会いたい」という気持ちに応じたいという思いで開発したと述べています。

AI美空ひばりが披露した「あれから」の歌詞は、美空ひばりの最後のシングル曲「川の流れのように」を作詞した秋元康によるもので、歌詞の内容も、故人が歌っていることも考えると、味わい深いものとなっています[10]。

もっとも、このAI美空ひばりに対しては批判的な意見もありました。

山下達郎がパーソナリティをつとめるラジオ番組「山下達郎のサンデー・ソングブック」で、リスナーからの「昨年の紅白、『AI美空ひばり』についてはどう思われますか？ 私は技術としてはありかもしれませんが、歌番組の出演、CDの発売は絶対に否と考えます。AI大瀧詠一とかAI山下達郎なんて聴きたくありません」との質問に対して、山下達郎は、「ごもっともでございます。一言で申し上げると、冒とくです」と答え、AI美空ひばりをばっさりと切り捨てました。

制作者側もこのような反応があることはある程度予想していたようで、秋元康は、「個人の意思はどこにあるのだろうかと考えてしまいます」「でも、ひばりさんだったらわかってくれるかなあと思うんです。『川の流れのように』をプロデュースしたときに、二〇代の若造のプロデューサーになぜやらせようと思ったのか。ひばりさんは『あなたが何をしようが美空ひばりは変わらない』とおっしゃった。思う存分やりなさいという感じだったんです。だから今回のAIプロ

ジェクトも『おもしろいことやるのねえ』って受け止めてくれると思っているんですよね」と語っています。(11)

このように、AI美空ひばりは、AIを使って故人をよみがえらせることについて、賛否両論を引き起こしました。

(2) 故人をよみがえらせることについての倫理問題

故人をAIによってよみがえらせることについては、倫理的にはどのような考えるべきなのでしょうか。なお、「故人をよみがえらせる」といっても、死者を生き返らせるというわけではなく、あたかも故人が生存しているがごとく、映像や音声によって故人を再現することを意味しています。

このような「故人をよみがえらせる」ことについては、山下達郎が「冒とくです」と発言したように、人間を冒とくするものであるという批判があります。

アニメ化された美空ひばりが、「あれから」を歌っても、このような批判はされなかったでしょう。AI美空ひばりは、美空ひばりにそっくりだったからこそ、「故人をよみがえらせる」として批判されたといえます。

(10) Youtube のNHKチャンネルで「あれから」を見ることができます。
(11) ORICON NEWS ウェブサイト 二〇一九年九月三日。

「故人をよみがえらせる」ことに対する反対意見としては、主に以下の三つが考えられます。

①故人の意思に反するものである。

②生者が勝手に故人のイメージを作り上げてはならない。

③故人はそっとしておくべきであり、生者は、故人をあたかも生きているような存在として扱ってはならない。

このうち、①については、故人の意思については誰も知ることができないので理由にはならないでしょう。秋元康が述べるように、美空ひばりは、関係者に思う存分やってほしいと思っているかもしれないからです。美空ひばりと会ったこともない一般人よりも、AI美空ひばりの制作に協力した秋元康、天童よしみ、森英恵、加藤和也（美空ひばりの子）の方が、美空ひばりのことを良く知っているといえます。一般人の方が、彼らよりも美空ひばりのことを良く知っている根拠はどこにもありません。

②については、このような倫理がはたして存在するのか、という点が問題になります。社会においては、マスメディアやSNSなどで、生者ですら、勝手に個人のイメージが作成されてしまいます。そのような勝手なイメージが作られることによるダメージが大きい生者ですら、勝手に個人のイメージを作られることが（特に公人であれば）、法律にふれなければ、禁止されていない

にもかかわらず、故人の場合に禁止するという理由は見出すことはできないように思われます[12]。

③については、「故人はそっとしておくべき」という考えは、宗教的な考え方に近いと思われますが、文化として社会に定着している場合もあります。例えば、死が「穢れ」なのであれば、故人をよみがえらせることは「穢れ」を共同体に持ち込むことになり、共同体に危険を招くものとして避けるべきものとなります。日本人が慣れ親しんできた神道や仏教に「穢れ」の考え方があることから、ＡＩ美空ひばりを生理的に受け入れられないという人もいるでしょう。

また、死者の墓を掘り起こす行為は、死者を冒とくするものとして、一般的には受け入れられていません。墓石を壊したり、墓を掘り起こす行為は、墳墓発掘罪として刑法一八九条によって犯罪とされています。このような行為が犯罪だとされているのは、死者を敬う感情を保護するためであるとされています。ＡＩ美空ひばりが、生理的に受け入れられないという人々は、死者を敬う感情が侵害されたと感じたのかもしれません。

もし「故人はそっとしておくべき」という考え方が、日本社会に一般的に強く存在しているのであれば、尊重しなければならないでしょう。もっとも、現代の日本の社会において、そのような考え方が多くの日本人の倫理といえるほど強いものかは明確ではありません。例えば、東北地方の「イタコ」は、死者の霊を自らに乗り移らせて、その言葉を語りますが、イタコが倫理に反

(12)　この点、勝手に作り上げられたイメージに対して、生者は反論できるが、故人は反論できないという主張が考えられますが、故人であっても遺族が反論することは可能ですから、そのような主張は成り立たないように思われます。

するという批判はされていないように思われます。

この点、このＡＩ美空ひばりの問題を、第一章で論じた伝統的な倫理枠組みに基づいて考えるのであれば、功利主義からは、ＡＩ美空ひばりが作られることによって人々が得られる幸福と人々が失う幸福を比較考慮して、最大多数の最大幸福を確保できる方を選択すべきということになります。

ＡＩ美空ひばりは、天童よしみなどの関係者や往年のファンを感動させ、幸福をもたらしています。また、このＡＩ技術の開発により日本のＡＩ技術が進歩し、それにより恩恵を受ける人もいるでしょう。他方で、ＡＩ美空ひばりに批判的な人たちにとっては、ＡＩ美空ひばりを見ることで嫌な気持ちになったり、自分の死後に他人によって勝手に自分のイメージが使われることに不安を感じて、不幸となることが考えられます。功利主義からは、これらの幸福の総和を計算して、それが大きい方を選択すべしということになります。

次に、義務論に基づけば、「故人はそっとしておくべき」あるいは「故人を映像などであたかも生きているような形で復元させてはならない」ということが、守るべき道徳原則であるか否かを問うこととなります。義務論では、ＡＩ美空ひばりの作成といった、人間の尊厳を傷つけることはすべきでないという道徳原則がある、という考え方が成り立つ余地はあります。

最後に、徳倫理によれば、「徳のある人であれば、ＡＩ美空ひばりを作ることを認めるか」を考えることになります。この点については、徳のある人がどのような判断をするかは、なかなか推測しにくいところですが、徳のある人であれば故人に対する配慮と故人に会いたいという生者への思いやりを持ちつつ状況に応じたケースバイケースの判断をすることになると考えられます。

このようにＡＩ美空ひばりについて、どのように考えるかについては簡単に答えが出るものではありませんが、このようなことを考えたり、議論することが、ＡＩ美空ひばりのようなＡＩを世に送り出すためには重要といえるでしょう。

（3）ナヨンちゃんの事例

故人をバーチャル世界でよみがえらせるプロジェクトは各国で行われています。

二〇二〇年六月に韓国のＭＢＣで放映された「ＭＢＣスペシャル特集――ＶＲヒューマンドキュメンタリー〝あなたに会えた〟」でも、故人を映像でよみがえらせることが行われました(13)。

番組では、血球貪食性リンパ組織球症を発症し、三年前に七歳で亡くなってしまったカン・ナヨンちゃんが、母親や家族と再会し、ひと時を過ごすシーンが放映されました。

母親は、ＶＲゴーグルをかぶり、ＣＧで合成されたナヨンちゃんと対面します。母親は、泣きながらナヨンちゃんに触れ、抱き寄せます。母親は、ナヨンちゃんの誕生日をケーキでお祝いし、ナヨンちゃんは、森の中で遊んだ後、母親へ「お母さんのことをいつも覚えているよ」と手紙を

（13）番組は Youtube で見ることができます。

読んで、ベッドで眠りにつき、蝶となって去っていきます。

この番組は、韓国では大きな反響を呼ぶことになりました。AI美空ひばりと同様に、母親と娘の再会に感動したという感想がある一方で、反対の声や、母親の心のケアをどうするのかという疑問を提起する声もありました。

幼くして亡くなった子どもをVR映像で復元し、親が子どもの思い出にひたることが倫理に反するのか、あるいはそれを禁止することの方が倫理に反するのか、この番組は問いかけています。

バーチャル・リアリティ（VR）については、フェイスブックが、VR世界のメタバースが今後の成長分野であるとして、今後一兆四〇〇〇億円投資することを計画し、社名も「Meta（メタ・プラットフォームズ）」に変更しています。メタバースは次の成長分野として大きな注目を浴びており、スマホと同様に、いずれ誰もが使うような技術になるかもしれません。VRが当たり前の技術になったときに、故人をアバターとしてよみがえらせる人が出てくるでしょう。そのような将来に向けて、我々はAI美空ひばりをどう考えるのか、真剣に考えなければならない時がくるでしょう。

5　ケンブリッジ・アナリティカ事件

(1)　ケンブリッジ・アナリティカによるパーソナルデータの政治利用

ケンブリッジ・アナリティカは、イギリスのSCLという情報コンサルティング会社の子会社として二〇一三年に設立されました。SCLは、政府や軍などを顧客にし、情報作戦のためのコンサルティングを提供する会社でしたが、やがてトランプ元大統領の右腕となるスティーブ・バノンに見込まれて、共和党の支援者である大富豪のロバート・マーサーの資金援助を得て、パーソナルデータを政治的に利用することを目的としてケンブリッジ・アナリティカが設立されました。[14]

ケンブリッジ・アナリティカは、パーソナルデータを集めるために、ケンブリッジ大学の心理学者であるアレクサンドル・コーガンの協力を得ることとし、同氏がパーソナルデータを集めるために「性格診断アプリ」をフェイスブックユーザに提供しました。

この「性格診断アプリ」は、約二七万人のフェイスブックユーザにダウンロードされ利用されましたが、利用者本人のプロフィールのデータだけではなく、その友人のプロフィールのデータも収集できる仕組みになっており、このアプリによって、約五〇〇〇万人ものアメリカ人のプロフィール・データが収集され、ケンブリッジ・アナリティカの手に渡ることになりました。

研究論文によると、フェイスブックの「いいね！」を利用するモデルは、あるAという人物の行動を予測するにあたって、「いいね！」一〇個で、Aの職場の同僚よりも正確に予測でき、一五〇個でAの家族よりも正確に予測でき、三〇〇個でAの配偶者よりも正確に予測できるとして

(14) クリストファー・ワイリー（牧野洋訳）『マインドハッキング――あなたの感情を支配し行動を操るソーシャルメディア』（新潮社、二〇二〇年）。

います[15]。フェイスブックは、Aの対人関係、スマホで何を見ているのか、ネットで何を買っているのかについてのデータを集めることで、Aが本当はどんな人間であるのか、友人や家族よりも知っており、ある意味ではA自身よりもAの習慣について知ることができます。

ケンブリッジ・アナリティカは、二〇一六年六月に実施されたイギリスのEU離脱を問う国民投票や、二〇一六年一一月に実施されたアメリカ合衆国大統領選挙において、EU離脱派とトランプ陣営の選挙コンサルティング会社として起用されています。

ケンブリッジ・アナリティカは、フェイスブックなどから収集したパーソナル・データを利用して、個々の人物のパーソナリティを把握し、そのパーソナリティに働きかけることによって、依頼者に有利な投票行動をするようにターゲティング広告を打つなどの選挙支援活動をしていました。

選挙活動においては、ケンブリッジ・アナリティカは、例えば、収集したデータを基にして「神経症とダークトライアド特性（社会的に望ましくない気質であるナルシシズム、マキャベリアニズムとサイコパシーの三つの人格特性）を持つ集団」や「平均的市民よりも衝動的怒りや陰謀論に傾きやすい集団」を特定し、これをターゲットにして、怒りに火をつけるようなビデオや記事の投稿を大量に見せて、自陣営に有利になるような働きかけをしました[16]。

もっとも、英米メディアにより、同社がトランプ陣営のために何百万人のフェイスブックデータを悪用したといった記事が報道されたため、ケンブリッジ・アナリティカは、顧客離れが止まらず事業継続が困難になり、二〇一八年五月に破産するに至っています。

ケンブリッジ・アナリティカのデータ利用に関して、フェイスブックも厳しく批判されることとなり、CEOのマーク・ザッカーバーグは、米国議会の公聴会に召喚され、議員たちの質問を長時間浴び、釈明を迫られることになりました。この事件は、「フェイスブックがプライバシー保護を軽視している」という印象を世間に与え、その後現在に至るまで、フェイスブックに対するプライバシー関連の様々な規制や批判の一因となったと思われます。

(2) ケンブリッジ・アナリティカ事件の教訓

パーソナル・データの政治利用については、日本では、現時点ではそれほど大きな関心が払われていませんが、外国では、ケンブリッジ・アナリティカの事例のように、自陣営に有利となるように、あるいは外国政府が自らに望ましい政府が誕生するように、パーソナル・データを使って選挙活動に介入することが行われています。

このような行為は、国の根幹である民主主義を歪めるという点で、許されないものであることは明らかでしょう。もし、日本企業が、外国政府にパーソナル・データを提供し、それが日本の選挙活動の介入に利用されるような事態が起こった場合には、その企業に対する批判は、企業存

(15) 同上、一六二頁。
(16) 同上、一八八頁。

続が危ぶまれるほど大きいものになるはずです。

もっとも、そのような選挙介入は、有権者に自らに投票するように働きかけるという点で、一般的に行われている選挙活動と外形的にはあまり変わらないため、選挙活動なのか選挙介入なのか区別がつきにくいといえます。そのため、知らず知らずのうちに選挙介入に関与してしまうことは十分考えられます。

「選挙には関与しないのでケンブリッジ・アナリティカ事件は自分達には関係ない」と思われる方もいるかもしれません。しかし、選挙介入で利用されている個々の有権者のパーソナリティをプロファイリングし、自分を選んでもらうように働きかけるという手法は、まさにターゲティング広告で利用されているものです。パーソナル・データを使って、人のパーソナリティを分析し、ある判断や行為に誘導する行為は、はたして許されることなのかという問題をケンブリッジ・アナリティカ事件は提起しています。ターゲティング広告は、人の自由な意思決定を侵害しているという批判が出てきてもおかしくありません。

他方で、ウェブサイトを見ると、おすすめの商品やサービスの表示が出てきますが、このようなターゲティング広告は一般的に認められています。山のような選択肢がある中で、自分が求めている商品を推薦してもらうことは、消費者にとってもメリットがあります。我々が日常的に利用しているグーグルやヤフーもターゲティング広告の収入によって、無料で検索サービスを提供しているのですから、もしターゲティング広告を一切否定するとなれば、我々の日常生活はかなり不便になるでしょう。

広告によって人々の意思決定へ影響を与えることの適切性は、企業による誘導の方法や誘導の強さによると思われます。通常のテレビCMや新聞・雑誌広告のように、人々が広告であることを自覚できる場合であれば、広告が社会的批判を受けることは少ないですが、人々が主体的に判断することを阻害するような広告は、サブリミナル広告のような人々の無意識に働きかけるような広告が問題視されているように、人の自由な意思決定を侵害しているものとして、強い社会的批判を受けるおそれがあります(17)。

Ⅲ　公平性

1　公平性に関するAI倫理原則の内容

(1) 公平性とは何か

公平性とは、一般的には、「人を差別をしない」「どの人も公平に取り扱う」ということを意味

(17) 広告についても様々な倫理規定が設けられており、例えば、全日本広告連盟「広告倫理綱領」、全日本シーエム放送連盟「ACC・CM倫理綱領」、日本産業広告協会「広告綱領」、日本広告主協会「JAA倫理綱領」、日本広告業協会「広告倫理綱領」、日本新聞協会「新聞広告倫理綱領」などがあります。

しています。この点、「人間中心のＡＩ社会原則」では、公平性について、「ＡＩの設計思想の下において、人々がその人種、性別、国籍、年齢、政治的信条、宗教等の多様なバックグラウンドを理由に不当な差別をされることなく、すべての人々が公平に扱われなければならない」としています。

差別や不公平な取扱いについては、多くの人は倫理的に正しくないと感じるでしょう。しかし、何が公平といえるかについては、簡単な話ではありません。公平にも「形式的な公平」と「実質的な公平」があり、これについては見解が分かれるところです。

例えば、アメリカには、大学の入学試験に、マイノリティの人種を優遇するアファーマティブ・アクションと呼ばれる制度を導入している大学もあります。その結果、成績が下であっても、マイノリティの人種がマジョリティの人種（白人）を差し置いて大学に入学してしまうということが起こります。これは、公平といえるのでしょうか。

実質的公平を重視する立場からは、現在の社会において、マイノリティ人種は、社会要因によって大学に行く機会が奪われているので、マイノリティ人種を優先的に入学させることは社会の不公平を是正することにつながり、アファーマティブ・アクションは公平ということになります。他方で、形式的公平を重視する立場からは、一部の人種を優先的に入学させることは不公平であって、アファーマティブ・アクションは「逆差別」となるでしょう。

また、例えば、人事採用において、年齢で差を設けることは差別に当たるのでしょうか。日本では、雇用関係において年齢で差を設けることについてはそれほど違和感が持たれていないようですが、米国では、年齢で差を設けることは差別と考えられており、「雇用における年齢差別禁止法」という法律があります。このように、国や文化によって公平性の考え方も異なります。

このように何が公平かについては議論があるところですが、男女差別など、明らかに公平性に反するものとして認識されているものもあります。

いずれにせよ、差別に対しては、社会はかなり敏感に反応し、差別的な発言をした者に対して強い批判がされることもあります。

例えば、東京オリンピック・パラリンピック組織委員会の会長である森喜朗元首相が、「女性がたくさん入っている理事会は時間がかかる」「女性っていうのは競争意識が強い」などと発言したため、男女差別であるとして批判が殺到し、オリンピック開催直前に会長の辞任に追い込まれています。

ＡＩ関係者においても、東京大学大学院情報学環・学際情報学府の特任准教授で、ＡＩ開発などを行う「Daisy」代表の大澤昇平氏が、Twitter に「弊社 Daisy では中国人は採用しません」「中国人のパフォーマンス低いので営利企業じゃ使えないっすね」と投稿し、人種差別発言をしたとして炎上しました。これに対して、東京大学は「構成員からこうした書き込みがなされたことをたいへん遺憾に思い、またそれにより不快に感じられた皆様に深くお詫び申し上げます」と謝罪し、同氏の寄付講座のスポンサー全社も降板するに至りました。

大澤昇平氏も、自らの発言について「行き過ぎた言動」であったとして謝罪しましたが、「一連のツイートの中で当職が言及した、特定国籍の人々の能力に関する当社の判断は、限られたデータにＡＩが適応し過ぎた結果である『過学習』によるものです」と弁明し、この弁明もまた批判の対象となりました。

東京大学は、大澤昇平氏がTwitterに国籍または民族を理由とする差別的な投稿をしたことを認定し、同氏を懲戒解雇しています。

また、メンタリストのＤａｉＧｏは、「生活保護の人たちに食わせる金があるんだったら、猫を救ってほしいと僕は思うんで」「いない方がよくない？　正直、邪魔だしさ。プラスになんないしさ。臭いしさ。治安悪くなるしさ。いない方がいいじゃん」と発言し、生活保護受給者に対する差別発言をしたとして、批判を浴びました。この発言により、ＤａｉＧｏはＣＭ出演を打ち切られることになりました。

このように厳しく批判される差別ですが、残念ながら、社会には様々な差別が広く存在しているのが現実です。そのため、ＡＩ開発者が収集したデータには、社会の差別が反映されていることがあります。むしろ、正確なデータであればあるほど、社会に存在する差別を反映するかもしれません。このような差別が反映されたデータを使ってＡＩを学習させた場合、ＡＩの判断が差別的なものとなる可能性があります。

例えば、人事ＡＩにおいて、現在の管理職のデータから昇進の可否を判断するＡＩを開発するケースにおいて、ある会社の管理職の男女比が男性九：女性一であったとすると、ＡＩは、男性が有する特徴を持つ者を昇進させることが正解であると学習し、男性を優先して昇進させてしまう可能性があります。そうなると、過去の男女差別の結果が再生産されることになります。実際にこのようなことが問題になった事例として、後述のアマゾンの人事採用ＡＩがあります。

ＡＩの開発者が、アルゴリズムを作成するにあたって差別をしないように気を付けることはもちろんですが、たとえアルゴリズムが中立的なものだとしても、学習データが社会の差別を反映するものであれば、ＡＩの振る舞いは差別的になってしまいます。

他方で、学習データから、差別につながる要素を排除していくと、結局、そのデータは現実世界を反映していないデータとなり、ＡＩの精度が下がってしまい、ＡＩが誤った判断をすることにつながってしまうおそれがあります。

(2) 公平性に関する各国のAI倫理原則の内容

この点、日本の「ＡＩ利活用原則」では、公平性について、ＡＩの判断にバイアスが含まれる可能性があることに留意し、ＡＩの判断によって個人・集団が不当に差別されないように配慮するものとし、そのような差別を防ぐためには、①ＡＩの学習等に用いられるデータの代表性への留意、②学習アルゴリズムによるバイアスへの留意、③人間の判断の関与が期待されるとしています。なお、①データの代表性とは、利用するデータが母集団全体のデータを偏りなく正確に反映していることを意味します。例えば、多様な人種がいるアメリカで、白人だけのデータを利用すれば、データの代表性がないことになります。

このように、ＡＩはデータを利用して学習することから、公平性確保のために、アルゴリズムだけではなく、データについても注意を払うことが必要となります。

もっとも、「③人間の判断の関与」については、人間の方がバイアスがあるのではないか、という問題提起もされており、人間の判断の関与は必ずしも公平性の確保につながるものではないとの指摘もあります。

「ＡＩ利活用原則」は、公平性をどのように判断するかについて、ＡＩを利活用する際の社会的文脈や人々の合理的な期待をふまえて判断するものとしています。この指摘は、公平性については絶対的な基準はなく、常に変化する社会を分析して判断することが必要であることを示唆しています。

公平性について、ＥＵの「信頼できるＡＩのための倫理ガイドライン」では、データセットの中にバイアスなどが含まれていると意図しなかった差別が生じるおそれがあり、また、ＡＩ開発の過程においてもバイアスの影響を受けるとしています。そして、この問題に対しては、明確かつ透明性のある方法でシステムの目的・制約・要求・判断を分析する監督プロセスを設けることで対応できる可能性があるとしており、監督プロセスに着目しています。

(3) 産総研ガイドラインにおける公平性

国立研究開発法人産業技術総合研究所（以下「産総研」）は、ＡＩの品質について、「機械学習品質マネジメントガイドライン〔第二版〕」（二〇二一年七月五日）を作成、公表しています。その中で、機械学習の外部品質（その構成要素がシステムの部品として要求される、客観的な品質のこと）として、①リスク回避性、②ＡＩパフォーマンス、③公平性、④ソフトウェアとしての一般的性質を挙げており、公平性を外部品質の要素として挙げています[18]。

このガイドラインは、「公平性」の定義を、「機械学習利用のシステムの出力に対して、ユーザ視点から見て望ましくない偏りがないことなど、出力全体の分布に対して一定の統計的性質が要求されること」としています。この定義は、公平性の定義としてはかなり狭いものといえます。

公平性については、例えば、人事採用のスコアリングや犯罪予測ＡＩのように性別や人種などが判断に影響しないことが求められる場面や、誰かに人的被害が生じることが不可避なトロッコ問題的状況での自動運転システムの判断のように複数の選択肢からの判断についての正当性が問われる場面があります。

しかし、「機械学習品質マネジメントガイドライン」は、このような場面で、「どのような判断

(18) 産総研は、従来のソフトウェアでも公平な判断をしなければならない場面は多いものの、その実現は主に設計段階で終了しているのに対して、機械学習では、実装過程や学習結果そのものに確率・統計的な振舞いが含まれるため、事前の検討だけでは公正性の実現を担保しきれず、ソフトウェア要素としての機械学習要素が直接「公平性」を品質として実現する必要が生じると指摘しています。

を行えば社会的正当性を持つか」について、システム開発の最初に要求定義の一部として人間によって整理されるべきであるとして、このガイドラインでは取り扱わないとしています。

このように、「機械学習品質マネジメントガイドライン」は、機械学習の判断処理結果についての倫理性や社会的正当性について指針を示すものではありません。もっとも、「公平性」を機械学習の外部品質の一つとして位置付けた点は特筆すべきといえます。

(4) バイアスの種類

AIは、知らず知らずのうちに人間の持つバイアスを取り込んでしまいます。そのため、AIの開発・運用においては、これらのバイアスに気を付ける必要があります。AIによる不公平は、大きく分けると、データにおいて生じるバイアスと学習（アルゴリズム）において生じるバイアスの二種類があります。

バイアスの種類として、グーグルは、主なものとして次に述べる五つを挙げ、AIモデル作成時に人間のバイアスを考慮することが重要であり、それにより、バイアスの影響を軽減する手段をとることができると指摘しています[19]。

①報告バイアス：報告バイアスとは、人々がデータとして記録するのは特殊な出来事や記憶に残る出来事となる傾向があることから、データセットが、現実の世界を反映していないことによって生じるバイアスのことです。

②自動化バイアス：自動化バイアスとは、自動化システムに過度に依存することにより生じるバイアスのことです。自動化バイアスは、人が「機械の方が自分より正しい」と思ったり、自動化によって怠惰になり「機械に任せて安心」と思うことによって生じます。

自動運転車などについて、レベル二までは運転者に監視義務が課されていますが、事故を起こしたテスラやウーバーの運転手は、いずれもスマホなどを見ていて、機械任せにしていました。これらは、人間に自動化バイアスがあることを示す例といえます。

③選択バイアス：選択バイアスとは、データを選ぶ際に生じるバイアスのことです。選択バイアスがあるデータセットは、全体の様子を正しく反映していないことになります。

選択バイアスの例として著名なケースとしては、第二次世界大戦中の戦闘機の研究があります。米軍の海事分析センターは、戦闘から帰還した戦闘機を調査し、銃撃を受けた箇所を調べて、損傷が多い箇所に装甲を施すという対策をとろうとしました。しかし、生還した戦闘機が銃撃された箇所は、そこを銃撃されても生存できることを意味します。生存確率を上げるためには、撃墜された戦闘機の損傷箇所を調べるべきであり、生き残った戦闘機の損傷箇所を補強することは適切ではありません。したがって、生還した戦闘機の損傷箇所を補強するのでなく、銃撃を受けていない箇所を補強すべきであるという指摘がされ、装甲箇所が変更されました。このように対象

(19) https://developers.google.com/machine-learning/crash-course/fairness/types-of-bias

となるデータの選択によって判断は大きく異なることになるので、選択バイアスを排除することは重要です。

④グループ帰属バイアス：個人を、その帰属する集団に一般化してしまうバイアスのことです。例えば、日本人は勤勉であるとか、ラテン系は明るく陽気な性格であるといったバイアスのことです。

このバイアスには、内集団バイアスという、自分の属する集団を身内びいきしてしまうバイアスと、外集団同質性バイアスという、自分の属する集団には多様性があると認知するのに対し、自分の属さない他の集団は均質であると認知するバイアスがあります。

⑤無意識バイアス：個人的経験や環境によって形づくられた無意識のバイアスのことをいいます。例えば、二〇二〇年にリリースされ話題となったＡｄｏの「うっせぇわ」で、酒が空いたグラスがあればすぐに注いだり、焼鳥の串を外すといった「社会人としてのマナー」をこき下ろしたのは、日本人のオジサンたちが持っている無意識バイアスを痛烈に批判したものといえます。

我々は、多くの無意識バイアスを持っていると思われますが、無意識のため気が付くことは簡単ではありません。それだけに無意識バイアスはやっかいなバイアスといえます。

これらのバイアスは判断を誤らせるものなので、自分たちの判断がこれらのバイアスを持っていないかを意識することが重要です。この点、開発チームのメンバーなどを多様化することは、これらのバイアスに気が付くのに役に立つといえるでしょう。

2　アマゾンの人事採用ＡＩ

（1）事案の概要

アマゾンは人材採用業務を効率化させるため、二〇一四年から、エンジニアを採用するにあたってＡＩ採用システムを開発していました。そのＡＩ採用システムは、過去一〇年間分の履歴書パターンを学習し、過去一〇年間の応募者の履歴書などに書かれている約五万個のキーワードを抽出・分析して、五点満点でランク付けし、採用業務を支援するというものでした。一〇〇枚ほどの願書をプログラムに入れると、数秒で「最良」の条件を持った五名の書類が選び出されるというものだったようです。このＡＩ採用システムを使えば、採用の効率性は格段にアップすることになります。

しかし、このＡＩ採用システムは、開発中に、「女性チェス部の部長」「女子大卒」といった「女性」に関する単語が応募者の履歴書に記載されていると、応募者の評価が下がることが明らかとなりました。

そのようなことが起こった理由として、ＡＩに過去一〇年間の履歴書を学習させたところ、過去のエンジニア職の応募がほとんど男性だったため、男性を採用するのが好ましいとＡＩが認識したことが要因だといわれています。

アマゾンは、女性差別をしないようにプログラムの修正を試みたものの、別の差別も生み出す可能性も否定できないとして、二〇一七年に、このＡＩ採用システムの開発は打ち切りとなりました。

(2) アマゾンの人事採用AIの教訓

この事例は、過去のデータを学習させたＡＩは、過去における差別を再生産してしまうおそれがあることを示しています。ＡＩに学習させるデータについて、古い過去まで遡って集めたデータを使うと、現代の状況に合わない結果となる可能性が高いといえるでしょう。その意味で、この事例はデータ選択が適切であったかについても問われる事案であったといえます。

また、二〇一四年頃の話ですが、アマゾンほどの技術力を持った会社であっても、このような差別を解消するシステムを開発することは簡単ではないことも示唆しています。

3 アップルカード事件

(1) 事案の概要

ゴールドマン・サックスが発行するアップルのクレジットカードサービス「アップルカード」について、ハンソン氏は、妻のクレジットスコアの方が高いにもかかわらず、アップルカードのアルゴリズムが設定したハンソン氏の使用限度額は妻の二〇倍にもなっており、アルゴリズムによる差別がされたのではないかとツイッターに投稿したところ、アップルの共同創設者スティーブ・ウォズニアックも同様の経験をしたとツイートし、たちまち拡散して、アップルカードは性差別的であるとして、大きな批判にさらされました。

ハンソン氏がアップルのカスタマーサービスに問い合わせたところ、担当者はカード使用申込者の信用度を決定するアルゴリズムに原因があると回答しただけだったということです。

ゴールドマン・サックスは、そもそも性別をデータとして入力しておらず性別が要素となっていることを否定しましたが、ニューヨーク州金融サービス当局は、「ニューヨーク州法（公正貸付法）の違反がないか確認し、すべての顧客が性別に関係なく平等に扱われることを保証するため、調査を開始する」として、アップルカードの調査を開始する事態にまで発展しました。

もっとも、ニューヨーク州金融サービス当局は、調査の結果、信用スコア算出に性別による影響は見られず、クレジットスコア、負債額、収入、クレジット利用率、未払い等の性別に影響を及ぼしたとされる要素に関して違法な根拠が見つからず、アップルカードには公正貸付法に違反する性差別を示す証拠はなかったと発表しています。

(2) アップルカード事件の教訓

アップルカード事件については、信用限度額について性差別の有無が問題になり、ニューヨーク州金融サービス当局が調査に入りましたが、最終的には、性差別があったという認定はされませんでした。ハンソン氏のSNSの発信内容は誤解に基づくものであった可能性も否定できません。

それにもかかわらず、この夫婦の投稿が拡散されました。その理由として、アップルカードそのものが、アップルが初めて出すクレジットカードで話題性に富んでいたため、人々が注目しやすく、拡散される土壌があったということが挙げられます。無名な会社が同じことをしたとしても、ここまで拡散されることはなかったでしょう。

また、ゴールドマン・サックスが、信用限度額について積極的に説明や情報開示をしなかったことも、批判が高まった理由の一つとして考えられます。丁寧な説明をしなかったカスタマーセンターの対応にも問題があったかもしれません。

もっとも、ゴールドマン・サックスの立場からすれば、信用限度額を算出するアルゴリズムは、クレジットカード与信の核となる部分であり、それを説明・開示したくないと考えるのは自然でしょう。しかし、説明するにあたっては、必ずしもノウハウや企業秘密を開示する必要はありません。人々が求めているのは、すべての情報の開示を受けるということではなく、実質的な説明を受けたということかもしれないのです。ノウハウや企業秘密の核心部分を開示することなく上手に説明することが重要であると思われます。

ゴールドマン・サックスは、性別をデータとして入れていなかったと主張していますが、性別そのものをデータとして入れていなくても、性差別は起こりうることには注意すべきです。性別と相関関係があるデータ（例えば、購買履歴のデータ。女性であれば女性向け衣料品を購入することが多いと推測されます）を利用するのであれば、ＡＩが性差に関するバイアスを持つ可能性は十分あります。

４　ＣＯＭＰＡＳ

(1) 事案の概要

ＣＯＭＰＡＳ（コンパス）とは、ノースポイント社（現イクイバント社）が開発した、刑事事件の被告人となった者が再び犯罪を犯す可能性（再犯リスク）を評価するためのソフトウェアです。ＣＯＭＰＡＳの名称は「Correctional Offender Management Profiling for Alternative Sanctions」（代替的制裁のための犯罪者矯正管理プロファイリング）の略です。米国の裁判所では、保釈金の額の割り当てや判決の決定などにおいて、裁判官の決定を支援するために広く使用されています。

ＣＯＭＰＡＳは、被告人の犯歴資料に加えて、一三七個の質問に対する回答を活用して、①再犯リスク、②暴力的な再犯をするリスク、③裁判所に出頭しないリスクの三つについて、一から一〇までの数値（スコア）で評価を行います。質問事項には、起訴内容、前科内容、違反歴、家族の犯罪歴、友人の犯罪歴、薬物濫用歴、定住歴、社会環境、学歴、職歴、感情の自己統制力、社会的孤立、犯罪人格、怒りの自己統制力、犯罪への態度などがあります。[20]

(20) 山本龍彦・尾崎愛美「アルゴリズムと公正——State v. Loomis 判決を素材に」（科学技術社会論研究一六、二〇一八年）九七頁。

ＣＯＭＰＡＳは、個別の被告人が再犯する可能性を予測するものではなく、被告人に関する情報と被告人に類似したデータグループを比較して、再犯リスクをスコアで評価するというものですが、ノースポイント社は、ＣＯＭＰＡＳのアルゴリズムの詳細を公開していません。

このＣＯＭＰＡＳについて、プロパブリカというメディアが、フロリダ州ブロワード郡の一万人を超える刑事被告人を調査し、ＣＯＭＰＡＳが予測した再犯率と、その後二年間に実際に発生した再犯率とを比較しました[21]。

プロパブリカがＣＯＭＰＡＳツールによって予測された再犯リスクカテゴリを、その後二年間の被告人の実際の再犯率と比較したところ、そのリスク評価は犯罪者の再犯を六一％の確率で正しく予測していましたが、暴力事件の再犯についての正確性は二〇％にすぎませんでした。人種別の予測の正確性については、ＣＯＭＰＡＳは黒人と白人の被告人の再犯をほぼ同じ割合（白人の被告人は五九％、黒人の被告人は六三％）で正しく予測していました。しかし、黒人と白人のスコアについて、次のような特徴がみられました。

・二年間にわたって再犯をしなかった黒人の被告人は、白人の被告人と比較して、リスクが高いと誤分類されていた人数が約二倍であった（四五％対二三％）。
・二年以内に再犯した白人の被告人は、黒人の再犯者のほぼ二倍の確率で誤って低リスクとスコアリングされた（四八％対二八％）。

・黒人の被告人は白人の被告人よりも高いリスクスコアが割り当てられる可能性が四五％高い。
・黒人の被告人は、白人の被告人の二倍の確率で、暴力的な再犯のリスクが高いと誤分類されたが、白人の暴力的な再犯者は、黒人の暴力的な再犯者と比較して、暴力的な再犯のリスクが低いと誤分類される可能性が六三％高い。
・暴力的な再犯分析では、黒人の被告人は白人の被告人よりも高いリスクスコアが割り当てられる可能性が七七％高い。

このことから、プロパブリカは、ＣＯＭＰＡＳのアルゴリズムは、黒人の被告人は白人の被告人よりも再犯リスクが高いと誤って判断される可能性がはるかに高く不公平であると指摘しました。

これに対して、ノースポイント社は、再犯のリスクが中程度または高いと予測した被告人は、人種に関係なくほぼ同等の割合で再犯しているため、中立的であり、公平であると反論しています。[22]

この点、黒人と白人の二つのグループに対して同程度に再犯率を正確に予測できる場合、黒人

（21）Jeff Larson, Surya Mattu, Lauren Kirchner and Julia Angwin "How We Analyzed the COMPAS Recidivism Algorithm" May 23, 2016.
（22）ノースポイントの考える公平性は、Demographic parity、プロパブリカの考える公平性は、Equalized odds と呼ばれており、両者を同時に達成することは不可能といわれています。

のグループの方が白人のグループよりも再犯率が高いのであれば、再犯をしない黒人が誤って高リスクと分類される確率は必然的に高くなってしまいます。これを回避するために、黒人と白人で再犯予測のアルゴリズムを変えると、人種によって適用するアルゴリズムを変えることになるため、これもまた差別になってしまいます。

このように、COMPASには、そもそも公平とは何かという点についても議論があります。

もっとも、ある人物の属するグループの再犯率が高いからといって、それだけで他のグループよりも再犯リスクが高いと判断されるのであれば、そのグループに属する人を不公平に扱っていると考えるのが通常の感覚だと思われます。また、人間を、属するグループに基づいて判断し、個別の人を見ないで判断するという手法にも問題があります。人間は、グループとは別の存在であり、個々の人間を尊重するとは、その人個人に着目するということを意味します。グループを通してしか人を見ないということは、一人ひとりの個人を尊重しないことにつながります。この点について、「共通の属性を持った集団をベースとしたAIによる統計的・確率的な評価によって『人格』を仮構し、個々人を類型化していくという発想は、近代憲法が最も重要視する個人の尊重原理となじまない側面がある」との指摘もされています[23]。

ちなみに、COMPASでは、人種差別的な判断を行わせないように、学習や予測時には人種を用いていませんでしたが、住所などの入力要素（黒人と白人では居住地域が違う）から、黒人か白人かの区別を事実上行っており、バイアスのある判断をしていたとされています[24]。この場合の住所は、人種のproxy（代理変数）であるといえます。

なお、黒人の方が再犯率が高いのは、最初の逮捕時の年齢が若いからであるとされています。これは、米国の社会構造が生み出した現象でもあり、黒人のグループの方が白人のグループよりも再犯率が高いゆえに、黒人が誤って高リスクと分類され社会復帰が遅れて貧困になるのであれば、ＣＯＭＰＡＳによって現在の社会に存在している差別が再生産されているともいえます。

また、ＣＯＭＰＡＳの再犯予測率の正確性が六〇％程度であることも問題といえます。六〇％といえば、コインを投げて表裏で判断する場合（五〇％）と比べて一〇％上回るだけの正確性があるにすぎません。二〇一八年のダートマス大学のジュリア・ドレッセルらによる研究によると、(25)ＣＯＭＰＡＳの正確性は、刑事司法の専門知識をまったく持たない人々が行った予測の正確性と同程度であったということです。この程度の精度で、個人の人生を左右する量刑などの判断に使ってよいのかも問題といえます。

（2）COMPASに関する裁判

ＣＯＭＰＡＳについては、その適切性が裁判で争われました。ＣＯＭＰＡＳの適切性を裁判で

(23) 山本龍彦「ＡＩと個人の尊重、プライバシー」山本龍彦編著『ＡＩと憲法』（日本経済新聞出版社、二〇一八年）一〇九頁。
(24) 古川直裕ほか『Q＆A　ＡＩの法務と倫理』（中央経済社、二〇二一年）一三四頁。
(25) Julia Dressel, Hany Farid. "The accuracy, fairness, and limits of predicting recidivism" Science Advances, 17 Jan 2018:Vol. 4, no. 1, aao5580.

争ったエリック・ルーミスは、走行中の車両からの発砲事件で逮捕され、ウイスコンシン州巡回裁判所によって六年間の懲役と五年間の拡大保護観察の有罪判決が下されました。この判決を下すにあたって、COMPASのリスク評価が付された調査報告書が提出され、ウイスコンシン州巡回裁判所は、そのリスク評価を量刑判断の要因の一つとして説示しました。

エリック・ルーミスは、この量刑判断は憲法が保障するデュープロセスの権利（適正手続を受ける権利）を侵害しているとして争いました。

これに対して、ウイスコンシン州最高裁判所は、裁判所が量刑判断においてCOMPASのリスク評価を考慮することは、一定の注意事項の記載がされており、適切に利用されているのであれば、被告人のデュープロセスの権利を侵害するものではないとして、エリック・ルーミスの主張を認めませんでした。

ウイスコンシン州最高裁判所は、COMPASのスコアを裁判官に提供するにあたっての注意事項として、①COMPASの知的財産的性質から、リスクスコアがどのように計算されるかに関する情報は開示されないこと、②リスク評価は、アメリカ全国のサンプルと被告人の属性を対比して行われるものであり、ウイスコンシン州の住民を前提とした調査はいまだ完了していないこと、③いくつかの研究調査では、人種的マイノリティに属する犯罪者が不当に分類されることについて懸念が表明されていること、④リスク評価ツールは、母集団及び部分母集団の変化に伴って、常に正確性が検証され、検証され続けられるべきであることを挙げています[26]。

ウイスコンシン州最高裁判所の判断は、刑事事件という人にとって重大な判断をする場合に、高い正確性がなく、アルゴリズムの内容について公開されていないツールであっても、訓練を受けた専門家である裁判官が、そのツールの特性を理解したうえで最終判断しているのであれば、そのツールの使用は許されると判断したものといえます。

(3) ＣＯＭＰＡＳの教訓

ＣＯＭＰＡＳは、人をプロファイリングすることの公平性について議論を引き起こした事例であり、ＡＩを開発・提供する際にも公平性に留意しなければならないことを示しています。

また、何が公平であるかについても様々な考え方があることを示しています。特に、ＣＯＭＰＡＳのような複数グループに対して同一のアルゴリズムを適用するソフトウェアについては、どのグループに対しても同一程度のアルゴリズムの正確性を確保しようとすると、個々のグループにおいては正確性に違いが出てくることがわかっています。正確性を確保するのか、個々のグループに別々のアルゴリズムを適用するのかのいずれの場合が公平といえるのかについて争いがあるように、何が公平であるのかについては議論がありえます。

このように公平性について見解が分かれる場合には、一方が公平であると考えたとしても、反

(26) State v. Loomis, 881 N.W.2d 749(Wis. 2016)

対の考え方を持っている人々からは、不公平であると批判をされることになります。そのような批判によってＡＩの利用が停止に追い込まれることを防ぐためには、公平と主張できる根拠（この根拠は多くの人が支持してくれそうなものであることが望ましいです）を準備しておくことが重要でしょう。

また、ＡＩの判断結果が人に重大な影響を与える場合には、人間が最終的判断を行うようにして、ＡＩはあくまで人間の判断を支援するツールであると位置づけることも対応策の一つです。

ＣＯＭＰＡＳは、そのアルゴリズムが企業秘密として開示されていないことから、透明性の問題を有しています。前述のウイスコンシン州最高裁判所の判決は、アルゴリズムの透明性が低いという問題点について、量刑事情の一部について補助的な資料としてしか使わず、注意事項の明示を要求することで、利用可能性と弊害解消の両立を目指しているとの指摘もあります。[27] もっとも、透明性がないＡＩは人に重大な影響を及ぼす場面に利用すべきではないという考え方もあるでしょう。

5　ＰＵＬＳＥ事件

毎年アメリカで開催されるコンピュータビジョンに関する世界トップレベルの学会ＣＶＰＲ（Conference on Computer Vision and Pattern Recognition）の二〇二〇年六月において、デューク大学のチームがＰＵＬＳＥというＡＩを発表しました。

このＰＵＬＳＥは、画像をアップサンプリング（低画質の画像を原画像に近い高画質の画像に復元することと）するＡＩで、モザイクをかけた画像を、あたかも普通の画像のように変換することができるというものです。

「ＰＵＬＳＥ」が使っていたのは、エヌビディアが開発した「StyleGAN」でした。「StyleGAN」は、写真共有サイト「フリッカー」から収集した七万枚の顔画像のデータベース「フリッカーフェイスＨＱ」を学習用データとして学習していました。

ところが、ＰＵＬＳＥをオバマ元大統領や、オカシオ・コルテス民主党下院議員（プエルトリコ系）に使ってみたところ、肌の色が白く白人のように復元されたことから、バイアスがあるとの批判の声が上がりました。

このＰＵＬＳＥをめぐって、ヤン・ルカンとティムニット・ゲブルの間で議論の応酬が繰り広げられました。

ヤン・ルカンは、現在のＡＩブームの元となった深層学習の先駆者であり、コンピュータ分野のノーベル賞といわれるチューリング賞を受賞したＡＩの世界では著名な人物です。事件当時は、フェイスブックのチーフＡＩリサーチャーの任にありました。ティムニット・ゲブルは、グーグルのＡＩ倫理チームの共同リーダーの一人でした。

(27) 緑大輔「アルゴリズムにより再犯可能性を予測するシステムの判断結果を考慮して裁判所が量刑判断を行うことが、適正手続保障に反しないとされた事例」判例時報二三四三号一二九頁。

ＰＵＬＳＥについてルカンが、「データにバイアスがあれば、機械学習のシステムはバイアスが生じる。この顔画像をアップサンプリングするシステムは、誰でも白人にしてしまう。なぜなら、このネットワークが、主に白人の画像を使っているフリッカーフェイスＨＱで学習しているからだ。『まったく』同じシステムをセネガルのデータセットで学習させれば、誰でもアフリカ人に見えるだろう」とTwitterでツイートしました。

これに対して、ゲブルが、「問題をデータセットのバイアスに矮小化すべきではない」と批判しました。ゲブルは、公正さはデータセットや計算の問題だけの問題ではなく、社会の問題であると述べています[28]。

その後、ルカンとゲブルとの間で議論の応酬がなされ、最終的には、フェイスブックのＡＩ担当副社長が謝罪し、ルカンはTwitterをやめるとの宣言をすることになりました。

ＰＵＬＳＥ事件は、公平性の問題についてＡＩ研究者の中でも様々な議論があることを物語るとともに、ゲブルが指摘した通り、公平性をデータセットだけの問題として捉えることについての疑問を提起しています。すなわち、私たちが社会にある差別をなくしていく努力をしていかなければ、本当の意味でのバイアス問題の解決はありえないのではないか、を考える必要があるのではないでしょうか。

6　滞納予測ＡＩ

（1）事案の概要

家賃保証サービスなどを提供するスタートアップであるリース社は、入居審査判断のスピードアップを図るため、賃貸物件に申し込んだ人の属性などのデータから、家賃を滞納する可能性がどれぐらいあるかを判断するＡＩ「滞納予測ＡＩ」を開発し、β版を提供することを公表しました。

同社のプレスリリースによると、自社の事業を通じて得られた一万件以上の家賃保証の入居審査と家賃滞納データに基づき、二〇を超える特徴量を抽出し、毎週リアルタイムでデータを加えモデルを更新し続けることで、「滞納予測ＡＩ」を独自に開発したとのことです。

この滞納予測ＡＩは、九項目の情報を入力するだけで、滞納発生度合いを評価し、家賃滞納発生確率を予測するもので、当時の滞納発生の予測精度は七〇％超に達したとのことです。

β版の画面では、入力項目として、性別、年齢、国籍、結婚状態、現住所形態、雇用形態、勤務先（大企業・グループとそれ以外）、勤続年数、居住年数、家賃補助の有無、年収、貯金額、取引金融機関、ローンの有無、連帯保証人の有無が挙げられています。

（28）https://sites.Google.com/view/fatecv-tutorial/schedule?authuser=0

この滞納予測ＡＩに対しては、「ＡＩの予測結果はどう説明するのか」「入居審査の不公平につながるのではないか」といった批判の声が上がりました。

(2) 滞納予測ＡＩの教訓

ここまで読んできた方であれば、滞納予測ＡＩが持っている問題点はわかると思います。このＡＩの入力項目となっている、性別、国籍、結婚状態、勤務先といったものが入居審査において判断されれば、女性、外国人、未婚者、非正規労働者という人たちは、本人が実際にどのような人であるかにかかわらず、滞納する可能性が高いと判断されて、入居を拒否される可能性があります。仮に、データに照らして、それらの人々の滞納可能性が高いとしても、そのデータは社会に存在する差別を反映しているといえます。したがって、このような項目のデータに基づいて判断するＡＩは、社会に存在する差別を再生産する可能性が高いでしょう。

また、この滞納予測ＡＩについて、どのようなデータ項目やアルゴリズムが用いられているのか説明されていません。滞納予測ＡＩの判断結果が正しいのか否か、入居拒否された人が説明を受けたり、異議を申し立てたりできる仕組みの有無についてプレスリリースは何も触れていません。

住む場所を確保できることは、人間の生活にとって基本となる重要なことがらです。しかし、そのような入居の審査において、「ＡＩがそう判断したから」「ＡＩがどのような理由で入居拒否したかは説明しない」といわれるのであれば、入居拒否された人は到底納得できないでしょう。

また、もしAIの入居拒否の判断において、同じ支払能力があるにもかかわらず、女性であるとか、外国人であるからという理由が大きな割合を占めているのであれば、それは社会的に許容されない差別です。

滞納予測AIによって、入居審査を効率化するという課題を解決できるのでしょうが、本件は、入力項目、説明の仕方、差別を防ぐ仕組みなどを十分に考えておかないと、公平性に反するとして社会的批判を受けることを示しています。

7　公平性についてのまとめ

人間にはバイアスがあることから、グーグルが指摘する通り、AIモデル作成時には、人間のバイアスを考慮することが重要であり、それによってバイアスの影響を軽減することができます。

公平性については、そもそも公平とは何かということを考えなければなりませんが、意見が分かれるものもあり、悩ましいところです。このように何が公平といえるのか必ずしも明確ではない中で、公平性を確保するのは困難な作業ですが、具体的な事案に即して考えていくほかありません。

もっとも、過去の事例からすると、以下の対応策が考えられます。

・ＡＩの利用によって、既存の社会に存在する差別が再生産されないか検討する。
・取得するデータの項目や判断材料となる項目（ＡＩへの入力項目）が公平なものといえるか、差別につながる項目がないか、代表性が確保されているかを確認する。
・利用するデータ・アルゴリズムについて説明できるようにする。
・ＡＩのアルゴリズム、データ、学習方法にバイアスなどがないか監査を行う。
・ＡＩの結果は、あくまで参考情報とし、最終的には人間が判断する。
・ＡＩの判断結果が正しいか否かをモニタリングし、間違いがあったら修正をする。
・ＡＩの判断結果によって不利益を受ける人に対して、異議を申し立てる機会を与える。

なお、右の対策をすべてとることが常に求められるわけではなく、ＡＩが利用される状況に応じて必要な範囲で使い分けられるべきでしょう。

Ⅳ　プライバシーの尊重

1　プライバシーの尊重に関するＡＩ倫理原則の内容

プライバシーを尊重すべきであるという考え方は一般的でしょう。プライバシーをなぜ尊重しなければならないかの理由は色々と考えられますが、倫理の原則の一つである「自分がされたくないことは人にするな」という考え方が理由の一つとして挙げられます。

もっとも、何がプライバシーといえるかについては、時代とともに大きく変わりますし、人によって感じ方もそれぞれです。そのため、プライバシーについては、企業が想定していない形で問題になることもしばしばです。

ＡＩの技術的進歩により、プライバシー侵害のおそれが増加しています。ＡＩは、ある人のデータを分析し、人の行動や性格を予測することに利用されますが、その精度はより正確になってきています。例えば、退職をしようと考えていた人が、それを上司に隠していたのに、ＡＩが退職することを予測することは、人の頭の中を覗き込むようなものであり、プライバシー侵害といえるでしょう、また、レズやゲイであることを周囲に隠していたのに、ＡＩがそのことを予測することは、性的指向をあばくことであり、プライバシー侵害といえるでしょう。

プライバシー保護と個人情報の保護は、似ているようで全く同じではありません。例えば、名刺に記載された会社名と氏名は個人情報ですが、それを他人に見られたとしてもプライバシー侵害と感じる人は少ないでしょう。また、ウェブの閲覧履歴や商品の購買履歴のように、一つひとつではプライバシー情報に当たらないように見えるものであっても、そのデータが膨大な量として積み重なれば、その人がどのような行動をしているかわかってしまうため、プライバシー保護の観点から慎重に扱う必要が生じます。

従来、プライバシーは、「私生活をみだりに公開されない権利」として理解されてきました。しかし、ＡＩ・データ時代においては、プライバシー侵害の問題は、私生活だけではなく、データの取扱いにも広がっています。そこで、プライバシーの権利を、「自分の情報をコントロールする権利」であるとする見解が出てきました（自己情報コントロール権説）。その見解では、個人は、自分に関する情報の開示・非開示や、訂正・消去できる権利をプライバシーの権利として持っているとします。もっとも、自己情報コントロール権説に立ったとしても、すべての個人情報について本人のコントロールを及ぼすことは非現実的なため、本人のコントロール権が及ぶのはプライバシー固有情報（人の道徳的自律の存在に関わる情報）に限定され、それ以外のプライバシー外延情報（プライバシー固有情報以外の情報）については本人のコントロール権は及ばないとされています。しかし、前述の通り購買履歴や閲覧履歴のようなプライバシー外延情報であってもプライバシーを侵害するおそれがあります。そこで、最近では、プライバシー権を「自己情報の適切な取扱いを求める権利」とする見解も出てきています。

このようにプライバシーについては、法的権利を中心に解説されることが多いように思われます。確かに法的な分析も重要ですが、プライバシーを倫理の観点から考える場合には、法的権利に捉われるべきではありません。

プライバシーを倫理的に考えるとすれば、功利主義・義務論・徳倫理学の観点から考えるアプローチがあります。もっとも、プライバシーの問題を功利主義的に考えた場合、「最大多数の最大幸福」のためには、人々の生活を監視した方が良いという考え方につながりかねません。今の中国のように至る所にカメラが設置されて行動を監視され、人々が芝麻信用によりスコアリングされるような社会も、それにより社会の安全と利便性が向上しているため、「最大多数の最大幸福」を達成しており、倫理的に正しいと考える人もいるかもしれません。しかし、それは、直感的には現代日本の基本的な価値観とは相いれないようにも感じられます。プライバシーの倫理を功利主義的に考えることには慎重な分析が必要と考えられます。

他方、プライバシーを義務論的に考える場合には、自己情報コントロール権説を唱えた憲法学者の佐藤幸治が「自己情報コントロール権としてのプライバシー権は、個人が道徳的自律の存在として、自ら善であると判断する目的を追求して、他者とコミュニケートし、『自己の存在に関わる情報を開示する範囲を選択できる権利』である」と述べているように、道徳的自律を重視する点で、カント的な考え方に馴染むように思われます。[29] 義務論からは、プライバシーは道徳的自律のために必要なものであり、道徳的自律に悪影響を及ぼす行為は、倫理的に正しくないと考えることになるかもしれません。

徳倫理学の観点からは、他人を思いやることは徳がある行為ですので、徳のある人であれば、他人のプライバシーを尊重するはずです。もっとも、困っている人を助けるなど他の徳を考慮し

(29) 佐藤幸治『日本国憲法論〔第二版〕』(成文堂、二〇二〇年)二〇三頁。

なければならない場合には、状況に応じて、最も適切な判断をすることになり、結果として他人のプライバシーを侵害してしまうこともありえます。ただし、徳のある人は、なるべくプライバシーを侵害しない方法を模索すると思われます。

2　プライバシーの尊重に関する各国のＡＩ倫理原則の内容

(1)「ＡＩ利活用原則」

日本の「ＡＩ利活用原則」では、プライバシーの尊重の具体的内容として以下を挙げています。

・ＡＩサービスプロバイダ等は、ＡＩを利活用する際の社会的文脈や人々の合理的な期待をふまえ、ＡＩの利活用において最終利用者及び第三者のプライバシーを尊重する。単にプライバシーを尊重するだけではなく、プライバシーを侵害した場合に講ずるべき措置についてあらかじめ整理しておくことや、最終利用者等に対して必要な情報を提供することが期待される。

・ＡＩサービスプロバイダ等は、ＡＩの学習等に用いられるパーソナルデータの収集・前処理・提供等において、また、それらを通じて生成された学習モデルの提供等において、最終利用者及び第三者のプライバシーを尊重する。

・ＡＩサービスプロバイダ等は、ＡＩの判断により本人同意なくパーソナルデータが第三者に提供されることがないよう、同意が得られていないデータはシステム上第三者に提供できないことするなど、適切な措置を講ずることが期待される。

この「ＡＩ利活用原則」では、学習用データの収集からＡＩのアウトプットといったＡＩのライフサイクルの全てにおいてプライバシーを尊重するものとしています。また、プライバシー侵害が生じた場合の対応策や本人への情報提供などについても触れています。

(2)「信頼できるAIのための倫理ガイドライン」

ＥＵの「信頼できるＡＩのための倫理ガイドライン」では、プライバシーを保護するためには、適切な「データ・ガバナンス」が必要であるとしています。

「データ・ガバナンス」とは、①データの質とインテグリティ、②アクセスのプロトコール、③プライバシーを保護する方法でのデータ利用の能力といったものが含まれているとされていますが、具体的内容として、以下が挙げられています。

・プライバシーとデータ保護は、ＡＩのライフサイクルのすべてにおいて保証されなければならず、収集されるデータは、違法・不公平な差別をするために利用されないことが確保されなければならない。

・ＡＩは、データによって行動が変化する可能性があるため、データに反映されている社会的バイアス・誤りなどは、ＡＩが学習する前に対処することが求められ、計画・学習・テスト・実行の各段階で、データセットと処理は、検証と文書化がされなければならない。
・個人のデータを扱う組織においては、データアクセスに関するプロトコールが設けられなければならず、そのプロトコールには、誰が、どのような条件でデータにアクセスできるかについての概要が記載されなければならない。

「信頼できるＡＩのための倫理ガイドライン」では、「データ・ガバナンス」という概念が用いられていることは特徴的です。また、すべての段階における検証と文書化が求められており、プライバシー尊重に厳格な欧州らしいという印象を受けます。

(3)「倫理的に調整された設計 Ver. 2」

米国の「倫理的に調整された設計 Ver. 2」では、プライバシーに関して、以下の提言がされています。

・ＡＩが作成するデジタル化された人物像についてコントロールが及ぶようにすべきである。
・個人は、個人認証にあたって、信頼できる個人認証サービスにアクセスできるべきである。
・個人は、データ利用時にパーソナルデータの利用をコントロールできる手段にアクセスできるべきである。
・パーソナルデータと本人同意は、個人に通知と同意する機会が与えられたシステムを利用することによって管理されるべきである。
・サービス提供者は、利用者がパーソナルデータの管理ツールを容易に見つけ、利用できるようにすべきである。
・AIに関するプライバシーへの影響を評価するシステムの開発が必要である。

「倫理的に調整された設計 Ver. 2」では、他の倫理原則と比べて、技術的な側面に重点が置かれすぎているような印象を受けます。

3　購買履歴・閲覧履歴の事例

プライバシーが問題となる典型例の一つとして、購買履歴・インターネットの閲覧履歴などから本人の行動や性質を推測する「プロファイリング」と呼ばれる行為をする事例があります。

AI時代のプロファイリングは、使用されるデータ量の増加や自動処理の高度化により科学的信憑性を高め、その利用範囲を急速に拡大させています。[30] プロファイリングは、経済的合理性や

(30) 山本龍彦「ビッグデータ社会とプロファイリング」論究ジュリスト一八号（二〇一六年）三六頁。

効率性を向上させる一方で、プライバシー権の侵害として問題となるケースを生み出しています。

なお、プロファイリングはプライバシーの問題を引き起こすだけではなく、意思の操作・誘導による内心の自由の侵害、選挙権の侵害・選挙の公正の揺らぎ・民主主義の弱体化、差別や排除につながることによる個人の尊重原理との抵触といった問題があることも指摘されています。(31)

データ社会になり、個人の購買やウェブサイトを閲覧すれば、購買履歴や閲覧履歴が残るようになり、それらのデータを企業が入手することが可能となったことから、このデータを使って様々な試みがされるようになりました。

(1) ターゲット事件

(i) 事案の概要

米国の小売大手であるターゲット社では、ゲスト・マーケティング・アナリティクス部門が、機械学習により、数万点もの取扱商品の中から、妊娠傾向が高い顧客は、以下の商品を購入する傾向があることを見つけ出しました。

・マグネシウムやカルシウムなどのサプリメント
・無香料の保湿剤
・無香料の石鹸
・大容量サイズのコットンパフ

・手指の消毒ローション
・大量のタオル

ターゲット社は、このような消費者の購入アイテムから「妊娠予測スコア」を算出し、顧客の性別・年齢・購入データから出産予定時期を分析し、妊娠予測スコアが高い顧客に対して、妊婦に関連するアイテムの「ゆりかごのクーポン」を送付していました。

ターゲット社が、この妊娠予測スコアに基づいて「ゆりかごのクーポン」を送付した先に、女子高校生がいました。その「ゆりかごのクーポン」を受け取った女子高校生の父親は、「うちの娘はまだ高校生なのに、妊婦グッズのクーポンを送るなんてけしからん」と激怒し、ターゲット社に抗議しました。

しかし、その後、父親から「実は娘が妊娠していた」との報告がありました。家族ですら知らなかった妊娠をターゲット社は予測していたことになります。

(ii) ターゲット事件の教訓　ターゲット事件のようなことは、パーソナルデータを分析し、本人の行為・状況を推測する場合には、十分起こりうることです。

妊娠をしているか否かは、人によっては公にしたくないプライバシー情報です。では、ターゲ

(31) 山本、前掲注(30)三八頁以下。

ット社の行為はプライバシーの侵害として、倫理に反するものといえるのでしょうか。自分の娘が妊娠しているか否かを、赤の他人が知っているということは気持ち悪いと思う人が多いでしょう。また、それをターゲティング広告という形で商業的に利用している点も批判の対象となり得ます。

他方で、個人の行為・状況を推測して、効果的な広告を配信することは、日常的に行われていることです。そのような広告が消費者にもメリットがあるという考え方もあります。

では、倫理的に問題となるターゲティング広告とそうでない広告の違いはどこにあるのでしょうか。

ターゲット社の事案では、「妊娠」という、その事実を知られたくない人もいることが想定されるセンシティブな事項を予測し、しかも、クーポンを送ることで周囲（家族）にそれを知らしめてしまう、という点でプライバシー侵害の程度が大きいといえます。

また、この事案の中では問題となりませんでしたが、妊娠予測スコアを作成するにあたって、どのようにして本人のデータを収集したかも問題となります。ターゲット社は、女子高校生がターゲット社を利用した際の購買履歴のみを使っていたために、この点が問題にならなかったかもしれませんが、女子高生のデータを違法に収集したり、第三者から収集していた場合には、データ収集の適切性も問題になります。

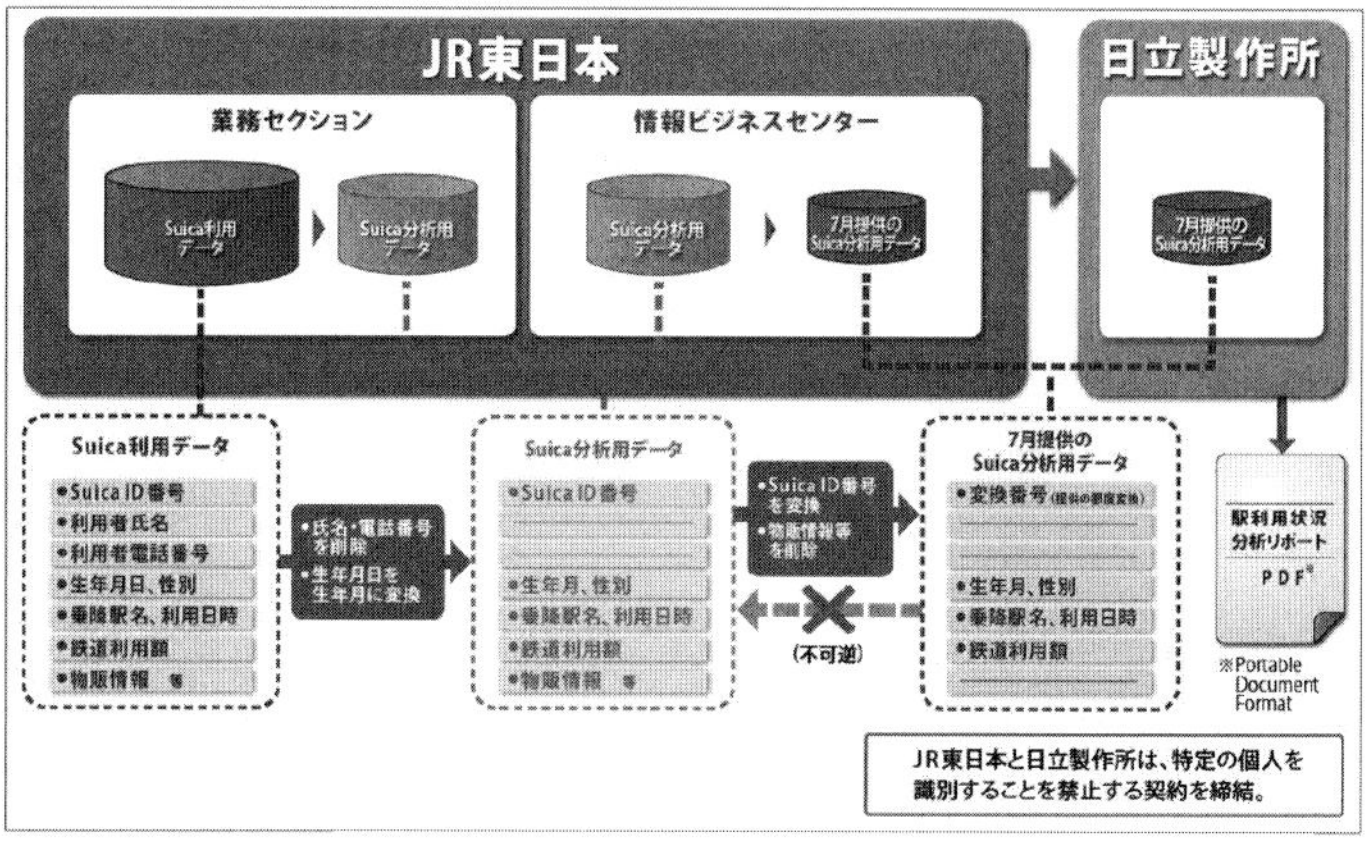

図表3-1　Suicaに関するデータの社外への提供について 中間とりまとめ
(JR東日本提供)

(2) Suica事件

(i) 事案の概要　パーソナルデータが含まれているビッグデータの取扱いが話題となった例としてSuicaの事例があります(32)。

Suicaは、JR東日本が提供する交通系ICカードです。利用者がSuicaを利用すると、利用者の駅の乗降りの履歴や物販の決済の履歴が、JR東日本にデータとして蓄積されることになります。

JR東日本は、Suicaデータから、利用者の駅利用状況や移動、決済等の状況を分析・把握することで、鉄道サービスや駅構内の店舗運営サービス等の改善に活用するという目的で、Suicaデータを活用することとし、二〇一三年四月

(32) 以下の記載は、Suicaに関するデータの社外への提供についての有識者会議「Suicaに関するデータの社外への提供について　中間とりまとめ」(二〇一四年)に基づきます。

に「情報ビジネスセンター」を立ち上げました。

ＪＲ東日本は、記名式Ｓｕｉｃａのデータから、氏名や電話番号の情報を削除し、生年月日は生年月に変換したＳｕｉｃａ分析用データを作成していました。

ＪＲ東日本は、ビッグデータとして分析・活用する技術ノウハウを有する日立製作所に対して、Ｓｕｉｃａ分析用データのうち、ＳｕｉｃａＩＤ番号を不可逆の番号に変更し、物販情報等を削除したうえで提供しました。

このデータの提供にあたって、ＪＲ東日本は、日立製作所においてデータが厳格に取り扱われることを確認し、個人の特定を行うことを禁止する契約を結んでいました。もっとも、日立製作所へのデータ提供にあたって、本人の同意を取ることは想定されておらず、事前の告知もされていませんでした。

これに対して、利用者から、事前の周知がないことは消費者意識に対する配慮に欠けているという批判の声や、法的問題を指摘する声が上がりました。その結果、ＪＲ東日本は、そのデータ提供を停止し、日立製作所は、すでに提供したＳｕｉｃａ分析用データについて抹消することになりました。

(ii) Ｓｕｉｃａ事件の教訓　Ｓｕｉｃａの事案では、Ｓｕｉｃａデータの氏名・住所の削除と生年月日の生年月への変換や、日立製作所との間で第三者の識別行為を禁止する契約が締結されており、利用者に対する一定の配慮はあったといえます。しかし、それだけでは社会的な批判を防ぐことはできませんでした。

その理由の一つとして、利用者に対する事前の情報公開・周知がなされていなかったことを挙げることができるでしょう。十分な説明や不安を取り除く仕組みが構築されていなかったことから、利用者の不安を招くことになったと考えられます。

なお、氏名、住所、生年月日をＩＤに置き換えたり削除したりしたからといって、必ずしも個人特定できなくなるわけではないことに注意する必要があります。Ｓｕｉｃａデータのようなデータでは、乗降駅やその時間、物品の購買履歴のデータも含まれていることから、それらのデータから本人が特定できる可能性もあります。

海外の事例ですが、マサチューセッツ州において、氏名を削除して匿名処理化して公開されていた医療データと公開されている投票者名簿とを照合したところ、州知事と同じ生年月日の者が六名、うち三名が男性であり、同じ郵便番号の者が一名であったことから、州知事の医療データを特定できたという事例があります。

また、ネットフリックス社が、ユーザー五〇万人のレンタル履歴データ六年分を匿名化した上で公開し、映画のレコメンデーション・サービスのアルゴリズムの精度を一〇％以上向上させるアルゴリズムには一〇〇万ドルの賞金を与えるというコンテストを開催したところ、テキサス大学の研究チームが別のデータベースであるインターネット映画データベースの公開情報と照合し、一部の個人を特定できたことを発表したという事案があります。この研究チームによると、無名作品（上位五〇〇本に入らない作品）六本を評価すると、どのユーザーであるか平均八四％の確率で特定できるとのことです[33]。

現在のネット社会では、移動履歴や閲覧履歴が（本人の知らない間に）多数収集されており、それらのデータと照合することで本人を特定できる可能性は格段に高まっているといえるでしょう。Ｓｕｉｃａデータの利用目的は、鉄道サービスや駅構内の店舗運営サービス等の改善に活用するという目的だったとのことですが、この利用目的では、利用者に明確なメリットが見えないことも批判される一因になったと考えられます。

(3) リクナビ事件

(ⅰ) 事案の概要

リクルートキャリアが運営する就活サイト「リクナビ」において、「リクナビＤＭＰフォロー」というサービスを提供し、対象となる学生の方の選考離脱や内定辞退の「可能性」を示すサービスを提供していました。なお、ＤＭＰとは、Data Management Platform（データ・マネジメント・プラットフォーム）の略です。

リクナビでは、リクナビと契約した企業へ応募した学生のウェブサイトの閲覧履歴から、学生の選考離脱や内定辞退の可能性を予測するためのアルゴリズムを作成しました。そして、そのアルゴリズムを用いて、就活学生の就職情報サイトにおける業界ごとの閲覧履歴などから、内定辞退の可能性（以下「内定辞退率」）をスコア化し、そのスコアを提供していました。内定辞退率スコアの提供を受けていた契約企業はトヨタ自動車や京セラなど三五社ありました。

リクルートキャリアによると、「リクナビDMPフォロー」は、新卒採用における内定辞退数の増加を受けて企画されたサービスであり、企業が学生に対して、内定辞退数を減らすためのフォロー活動に活用することを目的として開発されました。そして、サービス提供先の企業との間で、内定辞退率スコアを、採用の判断には使うことを禁止する契約を結び、また、担当者が実際の活用方法を確認していました。

「リクナビDMPフォロー」では、スキームが二〇一九年二月以前と同年三月以降で異なっており、それぞれ次のようなスキームでした[34]。

①二〇一九年二月以前のスキーム（アンケートスキーム）

二〇一九年二月以前のスキームは、次の通りです。

リクルートキャリア[35]は、ウェブアンケートを通じて、「Cookie 情報」と「契約企業固有の応募者管理ＩＤ」を取得していました。また、「リクナビ」のウェブサイトを通じて就活学生の「Cookie 情報」と「業界ごとの閲覧履歴」を取得していました（以下「アンケートスキーム」）。

(33) ビクター・マイヤー＝ショーンベルガー、ケネス・クキエ（斎藤栄一郎訳）『ビッグデータの正体』（講談社、二〇一三年）二三二頁。
(34) なお、リクルートは、この二つのスキーム以外にも「イレギュラーケース」という第三の類型があるとしています。
(35) 実際には、リクルートキャリアの委託先のリクルートコミュニケーションズが実施していました。

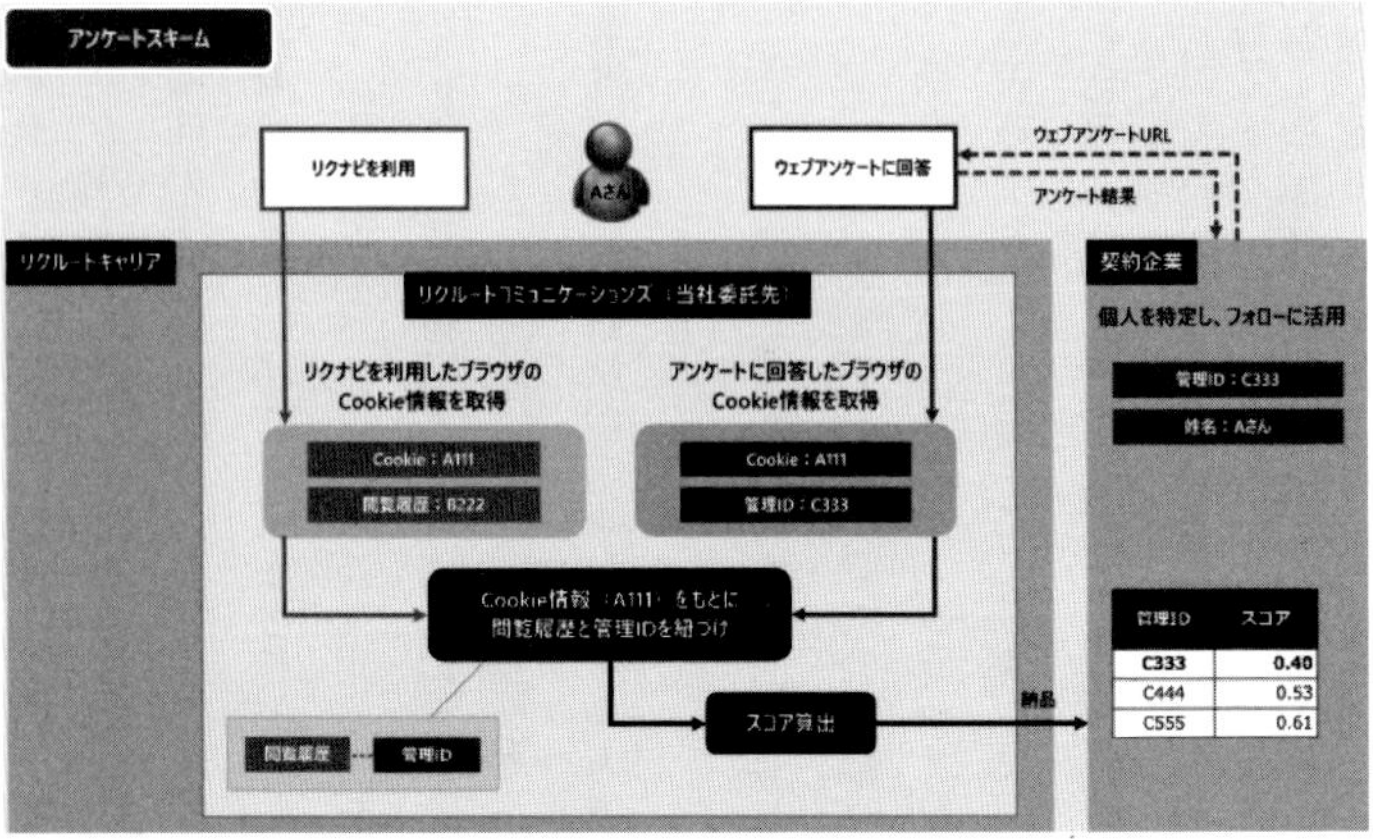

図表３-２　「リクナビＤＭＰフォロー」二〇一九年二月以前の仕組み（アンケートスキーム期）

リクルートキャリアは、就活学生の「契約企業固有の応募者管理ＩＤ」と「業界ごとの閲覧履歴」を、Cookie 情報によって紐付けて、内定辞退率スコアを算出し、これを契約企業に提供していました。

もっとも、リクルートキャリアは、契約企業から学生の姓名・メールアドレス等の個人情報の提供を受けておらず、同社が持っていた情報だけで特定の個人を識別することはできませんでしたが、契約企業の方では、「契約企業固有の応募者管理ＩＤ」と就活学生の氏名を照合すれば、就活学生を特定することができ、実際もそうしていました。

リクルートキャリアは、契約企業の方で、特定の個人を識別できることを知っていましたが、リクルートキャリア側では特定の個人を識別できなかったことから、契約企業に内定辞退率を提供するにあたって、就活学生本人から第三者提供の同意取得をしていませんでした。確かに、日本の個人情報保護法は、提供する側で個人を特定できない場合には、第三者提供について同意の取得は不要という制度になっているので、この場合は同意を取らなくても個人情報保護法には違反しません。しかし、この点について、個人情報保護委員会が後に行った勧告[36]では、法の趣旨を潜脱した不適切なサービスと指摘しています。このことは、法律に違反していないとしても、不適切であると評価されることがあることを示す格好の事例といえるでしょう。

②二〇一九年三月以降のスキーム（プライバシーポリシースキーム）

もっとも、リクルートキャリアは、アンケートスキームではCookie情報と個人の紐付けがうまくいかなかったため、スキームを次のように契約企業から氏名等の個人情報を受け取る方法に変更しました。これが、二〇一九年三月以降のスキームです。

二〇一九年三月以降のスキームでは、リクルートキャリアは、契約企業より、委託業務に必要な限度で氏名などの個人情報を受けとり、その後、個人情報とリクナビに登録された個人情報を紐付けたうえで、当該学生のリクナビサイト上での「業界ごとの閲覧履歴」などからスコアを算出し、これを契約企業に提供していました（以下「プライバシーポリシースキーム」）。

（36）個人情報保護委員会「個人情報の保護に関する法律に基づく行政上の対応について」（令和元年一二月四日）。

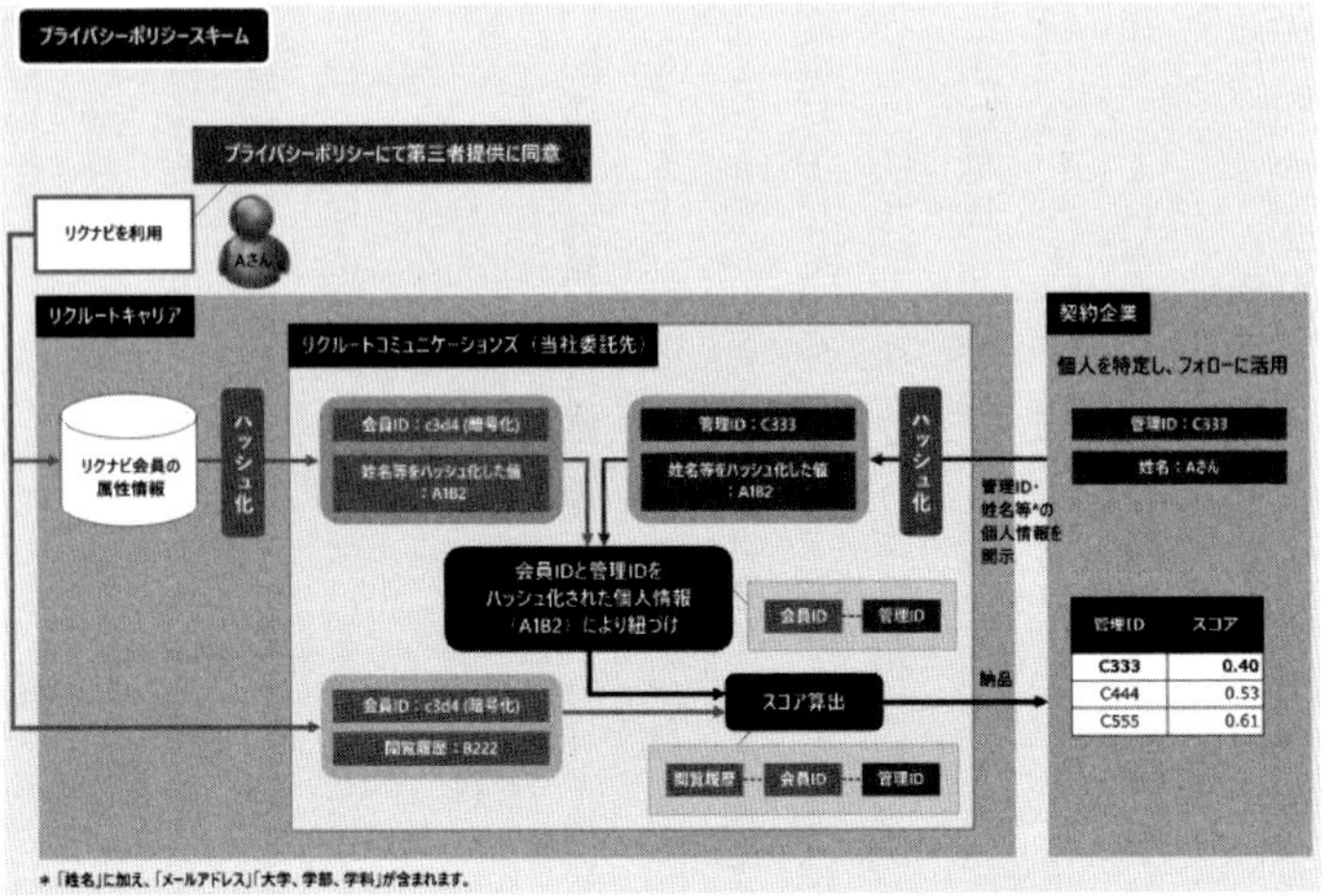

図表３‐３　「リクナビDMPフォロー」2019年３月以降の仕組み（プライバシーポリシースキーム期）

　このスキームでは、リクルートキャリアから契約企業に対して、氏名と内定辞退率スコアという個人情報が提供されることになります。そのため、リクルートキャリアは、就活学生からプライバシーポリシーに対して同意をしてもらい、それをもって内定辞退率の提供について同意を得たとしていました。

　もっとも、二〇一九年三月のプライバシーポリシー変更時において、一部の画面上のプライバシーポリシーに不備があり、一万三八四〇名の就活学生から同意を取っていなかったことが後で判明しました。

　また、プライバシーポリシーには、利用目的として「行動履歴等を分析・集計し、採用活動補助のための利用企業等への情報提供」が挙げられていましたが、このような記載では、就活学生が内定辞退率を企業に提供されることを認識できず、このようなプライバシーポリシーの記載では同意を取ったとはいえないのではないか、という批判がされました。

③リクナビDMPフォローへの勧告・指導

このような「リクナビDMPフォロー」については、大きな社会的批判を浴び、リクルートキャリアの社長も、「学生への配慮と、社内のガバナンス（企業統治）が不足していた」と不備を認め、「学生や大学、企業関係者の皆さまにご迷惑をおかけしたことを深くおわびする」と謝罪するに至りました。

そして、最終的には「リクナビDMPフォロー」は、二〇一九年八月四日に廃止されました。

この件では、リクルートとリクルートキャリアは、個人情報保護委員会から個人情報保護法に違反するものとして、二度の勧告・指導がされ、東京労働局からの指導もされています。東京労働局の指導内容は非公表ですが、個人情報等をみだりに他人に知らせてはならないと規定する職業安定法五一条二項などの違反が問題となったと推測されます。

リクルートキャリアから「リクナビDMPフォロー」のサービスを契約したトヨタや京セラなどの企業三五社に対しても、マスコミ報道で社名が取り上げられたり、個人情報保護委員会により、利用目的の通知・公表等が不適切であったことや個人データを外部に提供する際の法的検討等が不適切であるとして指導がされています。このことは、不適切なＡＩを開発した企業だけではなく、その取引相手についても、社会的批判や行政処分の対象となることを示しています。

（ii）リクナビ事件の教訓　リクルートは、リクナビ事件の本質について、「学生の皆さまの『不安』『怖い』といった懸念の声が生まれる可能性に対して十分に目を向けることができず、学生の皆さまのご心情やご状況を十分にふまえたサービス設計・経営判断ができていませんでした。こうした『学生視点の欠如』こそが、本件の根本的な問題であると認識するに至っております」と述べています[37]。

リクルートキャリアの小林社長（当時）は、このような事件が発生した理由として、インタビューで次のように述べています[38]。

「研究開発という、通常よりもスピードを重視するサービスだったこと。これが一つ目です。二つ目は、個人情報やデータの利活用というテーマが含まれていたこと。このテーマは法律の解釈が非常に難しい。しかし、我々は担当者だけで判断してしまった。法務部門への相談はもちろん経ていましたが、こうした難しいテーマに対しては、リクルートグループ全体で取り組むべきでした。

GAFAをめぐる議論を含め、世の中のデータに対する認識が移り変わっている世界のなかで、法が後を追いかけながら整備されていくという状況です。そういうテーマなんだと自覚すべきだったし、そういうチェックの設定をすべきでした。

三つ目は、新卒領域がセンシティビティ（敏感さ）の非常に強い分野で、そこで『内定辞退率』という言葉が持つ響きや、その言葉がかきたてる不安……。これらに対する感度が鈍かったこと……。

この三つがかけ合わさって起こるべくして起こった問題だと認識しています」

リクナビ事件において、これほどまで大きく批判されるに至ったのは、就職活動という人生を左右する場面において、内定辞退率というネガティブな情報を企業に提供することが根底にあると考えられます。人は誰もがネガティブな情報を伝えられたくないものであり、それが就職活動をしている会社であればなおさらです。

その意味で、小林社長が挙げた三つ目の理由（新卒領域がセンシティビティの非常に強い分野であること）が、リクナビ問題が社会的に大きな問題となった根本的な要因であるといえます。そして、そのようなセンシティブな領域においては、それなりの配慮をすべきですが、そのような配慮がされなかった理由として、小林社長の当時の認識は次のようなものであったと述べています[39]。

「我々も含め、今、ＤＭＰフォローの問題はこういう整理をされていると思います。まず、学生はどの企業に内定をもらえるか不安におののいている。そんなときに、自分たちがよく知らない状態で、自分たちの合否に影響するかもしれないデータが企業に渡されている。しかも、

(37) 株式会社リクルート・ウェブサイト「本件の根本問題と今後のガバナンス強化に向けた取組み」。
(38) 島津翔「独占　リクナビ『内定辞退率』問題、社長が語った真因」日経ビジネス・ウェブサイト（二〇二〇年一月二一日）。
(39) 同上。

それが『内定辞退率』だった。辞退率が高い学生は不利になるかもしれない。それが原因で落とされるかもしれない。

こんな構造で捉えられています。こうした捉え方が、少なくとも私には当時、できなかった。それにはいくつかの背景があります。まず一番のベースとして、企業が合否を決めるときに、そもそも内定辞退率が高いか低いかで決めるはずがない。私は本当にそうだと思っているんです。だって、どんな人材がほしいかということが先にあり、辞退する確率が高そうな学生であれば（内定を出した後で）どうフォローするかを議論する。それが通常のフローだと思っているからです。『内定辞退率が高そうだから落とす』ということが我々には想像できませんでした。

それから、このサービスは企業の実際の採用活動を通して実験しているような段階だったので、まだ白黒判定に使用されるような段階ではないという感覚もありました」

小林社長は、内定辞退率を企業に提供することが学生を不安にさせることには思い至らなかったと述べています。この小林社長の認識についてどのように思うでしょうか。

それを想像力の欠如ということは後知恵であれば簡単にいうことができますが、開発者と利用者の認識がずれていることは良くあることです。開発者だけの閉じられたコミュニティの中だけで議論していると、他者の視点には気がつきにくいものです。

だからこそ、開発の際には、利用者側の視点を取り入れるために利用者の意見を聞くなどして、多面的な分析を行う必要があります。リクルートキャリアも、「リクナビＤＭＰフォロー」の開発時に、学生に意見を聞いたり、開発チームに様々な人材を揃えて多様性を持たせたりしていれば、学生側の不安に気がついたはずです。

リクナビ問題は、大きく二つの問題があるといえます。

内定辞退率を算出するような、本人の行動履歴から本人の行動や性質を推測することをプロファイリングといいます。多様な側面を持つ人間を第三者がプロファイリングによって一定の評価をすることは、「あなたはこういう人間である」と他人が決めつけるもので、誰もが嫌なはずです。特にスコアリングについては、「人間は点数であらわすことはできない」という考えも根強く、多様な側面を持つ人間をスコアによって点数化し、人間的な側面を捨象することは、人間の尊厳を傷つけるものと受け止められる可能性もあります。

また、学生は「この会社から内定をもらっても辞退しようかな」と考えているかもしれません。もちろん、学生はそのような頭の中で考えていることを会社には伝えないでしょう。AIによって、そのような頭の中を覗き込まれるようなことをされるのは、プライバシーを侵害されるように感じるでしょう。

さらに、プロファイリングをするにあたっては、本人に関するデータを大量に集める必要があります。このデータを本人が納得して提供するのであれば良いのですが、多くの場合、本人が知らないうちに取得されたデータが利用されています。リクナビ問題では、学生は、自分のウェブの閲覧履歴などのデータがリクルートキャリアによって内定辞退率の算出に使われているとは想像もしていなかったでしょう。一つひとつのデータはプライバシーが問題となるものでないとしても、それが積み重なることで、その人の生活や性質がわかるという点で、これらのデータの集合体は、その人のプライバシーそのものといえます。プロファイリングは、そのようなデータの集合体を使うことになるので、プライバシーを侵害する可能性が高くなります。自分の行動を嗅ぎまわられたり、監視されていることについては嫌悪感を持つ人は多いでしょう。

このように、もともと嫌悪感を持たれがちなプロファイリングという土壌の上に、嫌悪感を持たれているプライバシー侵害をするわけですから、火に油を注ぐようなもので、炎上するのは自然のなりゆきといえます。

プロファイリングは、このように炎上しやすい領域であり、プロファイリングをするにあたっては様々な配慮をする必要があることをリクナビ問題は教えてくれています。

プロファイリングについて社会的批判をされないための対策としては、①本人の同意を取る（本人の同意が形式的なものであっては同意とはいえませんので、インフォームドコンセントが必要な場合が多いでしょう）、②本人にメリットがあるような仕組みにする、③本人に十分な説明をして安心感を持ってもらう、④安心感を持ってもらう仕組みを作る、といったことが考えられます。

この点、リクルートは、再発防止策として、①新卒領域の商品開発に関わる組織の一本化、②商品開発フロー・チェックプロセスの標準化と複眼的チェックの実施、③株式会社リクルート配下会社横断での個人情報保護・データ利活用の体制強化、④リクルート全体での法務機能の統合と強化、⑤社内啓発プログラムの検討・実施を挙げています。

リクナビ事件のようなことを起こさないための企業の対策としては、このリクルートの再発防止策も参考になるでしょう。

(4) Yahoo!スコア事件

(ⅰ) 事案の概要　ヤフー株式会社（以下「ヤフー」）は、二〇一九年六月、ヤフーが保有するデータから開発した「Yahoo!スコア」を活用したサービスの提供を開始することを公表しました。

「Yahoo!スコア」は、本人確認の度合い、信用行動度合い、消費行動度合い、Yahoo!JAPAN利用度合いを測る四カテゴリーに属するスコアと、総合スコアで構成された信用スコアです。ヤフーは、この信用スコアに応じてユーザに、自社サービスの優遇などの特典を付与するサービスを提供する予定でした。

ヤフーは「Yahoo!スコア」の本格提供に先立って、パートナー企業とスコアを活用した実証実験を行っていました。そのような実証実験としては次のものがありました。

①**ランサーズ**：優良と推定されるフリーランスと仕事発注者を抽出して案件をマッチング。

②オープンストリート：対象エリアにおける優良と推定されるユーザを抽出してシェアサイクル「HELLO CYCLING」の特別料金プランを提供。

③テーブルチェック：予約を忘れそうなユーザを抽出し、リマインド連絡を増やすことで直前キャンセルを防止。

④クラウドワークス：仕事を積極的に受注してくれそうな優良ユーザを抽出して優先的に仕事をオファー。

「Ｙａｈｏｏ！スコア」においては、ユーザは、「Ｙａｈｏｏ！スコア」の削除と利用停止が可能となっていました。また、「Ｙａｈｏｏ！スコア」のパートナー企業への提供は、ユーザが同意をした場合のみに限定されていました。

もっとも、この「Ｙａｈｏｏ！スコア」に対しては、「Ｙａｈｏｏ！スコア」のスコアリングがデフォルトでＯＮになっていることや、ユーザに対して事前の説明もなくスコアリングをしていたことから、炎上することになりました。

ヤフーは、説明の不十分さを謝罪したうえで、サービス内容を詳細に説明するページを開設し、一〇月には初期設定ではスコアが作成されない仕様に変更しました。

もっとも、「Ｙａｈｏｏ！スコア」は、最終的には、二〇二〇年八月にサービスの提供を停止することになりました。ヤフーは、サービス終了にあたって、「『Ｙａｈｏｏ！スコア』におきま

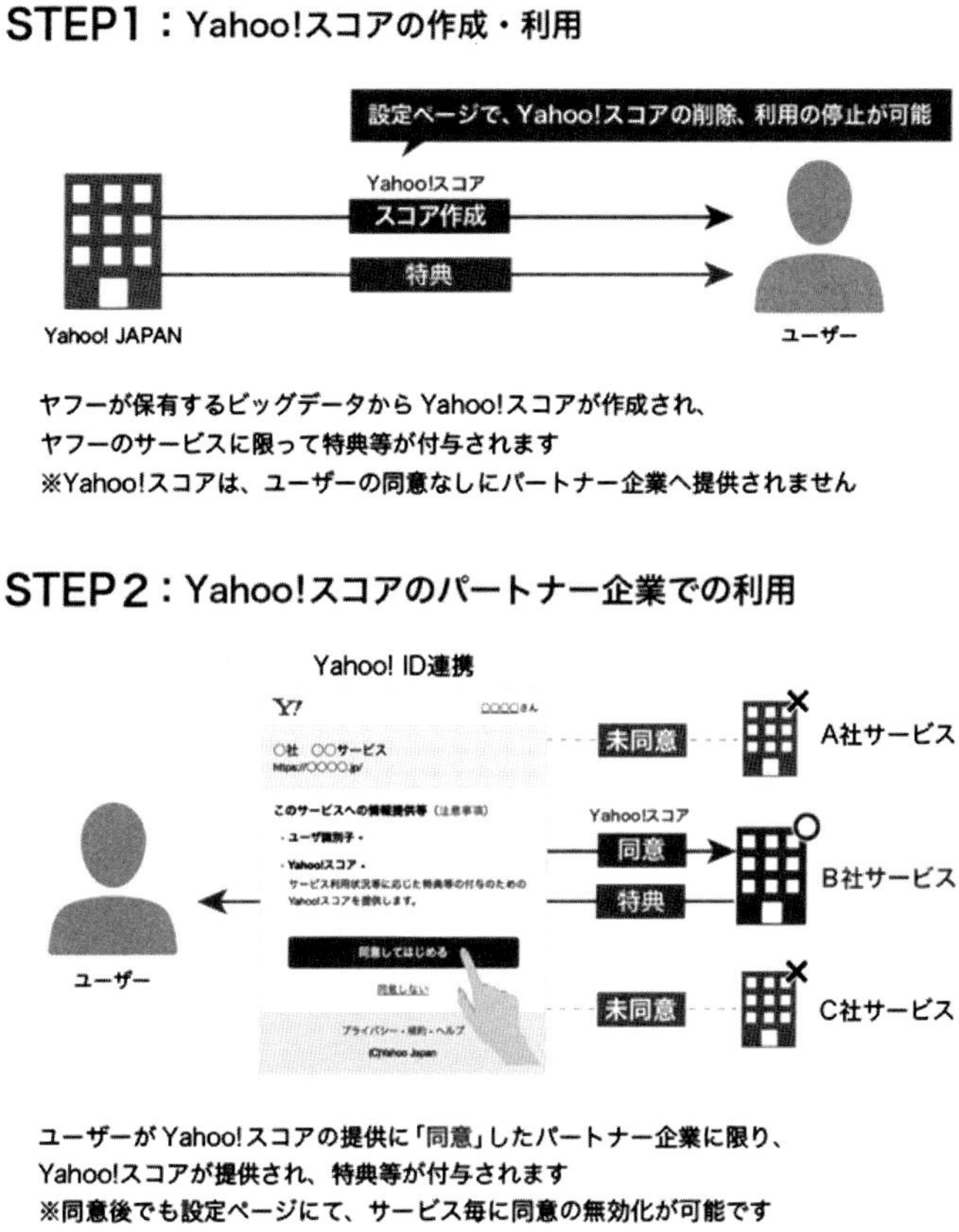
STEP1：Yahoo!スコアの作成・利用
設定ページで、Yahoo!スコアの削除、利用の停止が可能
Yahoo!スコア
スコア作成
特典
Yahoo! JAPAN
ユーザー
ヤフーが保有するビッグデータから Yahoo!スコアが作成され、
ヤフーのサービスに限って特典等が付与されます
※Yahoo!スコアは、ユーザーの同意なしにパートナー企業へ提供されません
STEP2：Yahoo!スコアのパートナー企業での利用
Yahoo! ID連携
Y!
未同意
A社サービス
Yahoo!スコア
同意
特典
B社サービス
ユーザー
未同意
C社サービス
ユーザーがYahoo!スコアの提供に「同意」したパートナー企業に限り、
Yahoo!スコアが提供され、特典等が付与されます
※同意後でも設定ページにて、サービス毎に同意の無効化が可能です

図表 3 - 4　Yahoo! スコアの仕組み
（ヤフー株式会社「ヤフーが保有するビッグデータから開発した「Yahoo! スコア」7月1日よりビジネスソリューションサービスの提供を開始」より）

しては、発表当初、その仕様や、説明不足等の点から皆さまに多大なご心配をおかけした点につ
いても、改めてお詫び申し上げます」と述べています。

「Yahoo!スコア」がサービス終了に追い込まれたのは、最初の段階でのつまずきがあったことが大きいと思われます。

日本では、個人がスコアリングされることは一般的ではありません。そのような中で、ヤフーのユーザであれば誰もがデフォルトでスコアリングされるということについては、ユーザが反発する可能性があります。しかし、ヤフーは、「他人にスコアリングされることに対する不快感」について重視していなかったために、スコアリングを「デフォルトでオン」にしていたのかもしれません。

また、スコアリングを第三者提供することについては、本人の同意を取る仕組みになっていましたが、この点についても、スコアリングを「デフォルトでオン」にしていたことで、ユーザから、「勝手に使われる」というような誤解を招いた可能性があります。一度不信感を抱かれると、その不信感が他のことにも容易に波及してしまうことを示しています。

(ii)「Yahoo!スコア」事件の教訓　ヤフーが、自社が保有する個人情報に基づいてユーザのスコアリングをすることは、プライバシーポリシーなどに記載されている利用目的の範囲内であれば、個人情報保護法上は適法です。その意味で、Yahoo!スコア事案は法律の問題ではなく、倫理の問題といえます(40)。

前述の通り、スコアリングは、そもそも人に嫌悪感を持たれやすい行為です。「Ｙａｈｏｏ！スコア」では、本人に事前に説明することなく、デフォルトでオンにしたことは、社会的批判が起こる大きな原因の一つになったと考えられます。

自社のサービスの利用者を分析し、それに合わせてサービスの内容や広告などを変えることは日常的に行われていることから、ヤフーとしては、「Ｙａｈｏｏ！スコア」をデフォルトでオンにすることについてあまり抵抗もなかったのかもしれません。しかし、ユーザ側からすれば、自分がスコアリングされていることが明確になると、反感を持つようになることは十分考えられます。このようなユーザの反応については、開発段階でユーザ側の意見を聞いていれば気づいていた可能性は高いと思われます。

「Ｙａｈｏｏ！スコア」事件は、日本においては、スコアリングそのものについての反発が強いことや、スコアリングをする際には本人への配慮が必要であることを教えてくれています。

4　顔認識事案

プライバシーの中で大きな問題になりつつあるのが顔認識です。顔は人それぞれに唯一のものであり、簡単に変わらないものです。また、新型コロナウイルスによってマスクをするようにな

(40)　もっとも、包括的な同意があったとしても、プロファイリング（スコアリング）に関しては（同意の前提となる）利用目的が特定されていないという指摘もあります。

ったとはいえ、人はその顔を見せて行動しています。そのような顔をカメラを使って遠距離から本人が知らないうちに識別し、行動を追跡することが可能です。顔が持つそのような特徴は、個人の認証をするには便利ですが、顔認識を使って個人の行動を監視することも容易にできるようになります。そのため、顔認識は、プライバシー侵害の程度が大きいものの一つといえます。

他方で、カメラの低価格化とＡＩによる顔認識技術の進歩により、顔認識の利用が急速に普及しています。そのため、顔認識については、様々な事件が発生しています。

(1) 米国における事例

米国では、警察が顔認識システムを利用することに対して反対する声が強く、多くの地方自治体で、警察による顔認識システムの利用が禁止されています。例えば、二〇一九年五月にサンフランシスコ市、同年六月にマサチューセッツ州ソマービル市、七月にカリフォルニア州オークランド市、一二月にはマサチューセッツ州ブルックライン市が警察による顔認識システムの利用を禁止しています。

さらに、二〇二〇年五月二五日に、米ミネアポリスで黒人のジョージ・フロイド氏が、警官官に首を押さえつけられ死亡した事件により、人種差別に反対する運動「ＢＬＭ（Black Lives Matter）」（黒人の命を粗末にするな）運動が広がり、警察が顔認識システムを利用することに対する反発がさらに強まりました。

顔認識システムは、黒人などのマイノリティについては誤認識率が高く、誤認逮捕の可能性が高いという報告が多数なされています。そのため顔認識システムは、黒人などのマイノリティに対する差別を助長するものとして批判の対象となっていました。

例えば、人権団体のACLU（アメリカ自由人権協会）は、アマゾンの顔認識技術「Rekognition」を使い、犯罪者が逮捕された時に撮影される顔画像二万五〇〇〇枚と、米国の上院議員、下院議員の公開写真と照合するテストを行いました。テストの結果、「Rekognition」は、米国の二八人の議員を「犯罪者と同一人物である」（偽陽性）と判定しました。しかも、米議員の中で非白人は二〇％しかいないにもかかわらず、誤認識された議員の四〇％は非白人でした。このテストは、顔認識技術の精度が低いことだけではなく、人種差別的な傾向があることを世の中に印象付けました。

フロイド氏の死亡事件の後、BLM運動が広がる中、IBM社は汎用の顔認識ソフトウェアから撤退すると発表し、アマゾンとマイクロソフトも、顔認識ソフトウェアの警察への利用の提供を一年停止すると発表しました。

このように、米国では警察が顔認識技術を使うことについては、批判的な意見が強いことがわかります。

（2）クリアビュー事件

米ＡＩベンチャーのクリアビュー社は、Facebook や Twitter、Instagram などのＳＮＳにアップされた写真を収集し、それを使って顔認証ＡＩを作成し、世界中の政府や捜査機関に提供しています。顧客には、米国の移民局、ニューヨーク南部地区検察局、小売大手のメイシーズなどが含まれています。

クリアビュー社は、ＳＮＳやウェブサイトに掲載されている写真を、本人の同意を取らずに、ソフトウェアを使って自動的に取得しており、その枚数は一〇〇億枚以上に達しています。

これに対して、プライバシー侵害であるとして、米国では、二〇二〇年頃から多数の集団訴訟が提起されています。

また、カナダでは、プライバシー委員会が調査を開始し、「個人の知らないうちに、あるいは個人の同意を得ずに、きわめて機密性の高い生体情報を収集した」として、カナダ人への情報収集の中止や収集した画像の削除などの勧告をしました。そのため、同社はカナダでの事業から撤退することになりました。

顔認識をするには、ＡＩに学習させるために大量の顔画像が必要となりますが、そのデータ入手の適切性が問題になることをクリアビュー事件は示しています。顔画像は、たとえ公開されていたとしても、本人特有のデータであり、プライバシーとの関わり合いが強いため、その収集にあたっては十分に配慮する必要があります。他方で、公開されている画像を利用する場合にはプライバシーの侵害はないのではないかとか、コンピュータのみが解析し人間が見ないのであればプライバシーの侵害はないのではないかという反論も考えられます。しかし、たとえそれらの行為がプライバシーの侵害といえないとしても、そのデータを利用して顔認識で本人を特定する場合や、収集した顔画像が漏えいした場合にはプライバシー侵害となる可能性は否定できません。

(3) 大阪ステーションシティ事件

次に、日本の顔認識で問題となった事例を紹介したいと思います。

通行人をカメラ撮影した情報を活用しようとした例として、二〇一三年に、独立行政法人情報通信研究機構(NICT)が大阪ステーションシティで計画した実証実験があります。

この実証実験は、施設に設置したカメラで通路や広場を歩いている通行人を撮影し、顔の特徴・服装などの外見的特徴・歩き方などを映像解析技術を使って解析し、個々の通行人の動きを追跡して、人の流れの統計情報を作成するというものでした。

その目的は、南海トラフ地震のような巨大地震が発生した場合などに、災害時の通行人の状況を把握して、避難誘導に活用することであり、緊急時の人命保護という公益的な目的でした。また、撮影した画像は、解析処理後に直ちに消去されるシステムになっていました。さらに、第三者委員会が適切と認めた解析技術、方法に従い実施するとされていました。

このシステムで取得する情報は、領域内の人数(ある領域(フロアごと、避難所等)に留まっている人数)、複数経路ごとの通過時間(目的地に至る複数経路を移動する人数・所用時間の分布)、属性情報(性別、大まかな年齢(子ども、成人、壮年、高齢等)、その他属性に基づく避難行動要支援者の分布)であり、人の流れに関する情報を匿名化し、「人流統計情報」として属性ごとに算出するというものでした。

利用者の周知方法としても、ウェブサイトのほか、映像センサー設置位置付近の柱等にあるポスター枠や、立て看板に映像センサー設置位置、実験内容等について表示する案が示されていました。


ところが、NICTがこの実証実験の実施を発表したところ、マスコミや市民団体などが重大なプライバシー侵害であると実証実験の中止を要請するなど強い反発がありました。

例えば、大阪市会(市議会)は、二〇一四年三月に、内閣総理大臣など宛に次のような内容の決議をしています。


「この実験は、人の流れを把握することで災害発生時の安全対策等に役立てることを目的としており、映像は特定の個人が識別できない形で処理されるとのことであるが、実験の必要性やデータの活用方法が明確でないとして、市民は強い不安や不快感を抱いている。

不特定多数の人を撮影する映像センサーが、映像の保管や運用方法を積極的に情報公開されることなく、利用目的が不明確なまま多数設置されれば、安心して通行することができず、人の自由な移動を妨げることにもなりかねない。

よって国におかれては、独立行政法人情報通信研究機構が予定している実証実験の実施について、個人情報保護やプライバシー保護との関係など慎重に検討するよう指導するとともに、その検討結果によっては見直し・中止等を働きかけられるよう強く要望する」

このような事態を受けて、外部の有識者から構成される第三者委員会が設置され、調査報告書が公表されています(41)。

調査報告書では、この実証実験について、肖像権、プライバシー権、独立行政法人等個人情報保護法の観点から詳細に検討されています。そして、この実証実験について、肖像権、プライバシー権侵害、独立行政法人等個人情報保護法の違反はなかったと結論付けています(42)。

もっとも、調査報告書は、ＮＩＣＴは、本実証実験のプライバシー影響評価を結果として誤ったとの批判や、機構法に基づき設立された公的団体としての説明責任を果たしていない、との批判を免れないとし、ＮＩＣＴは、この実証実験を実施するに際しては、説明責任を尽くすとともに、実験の意義に対する理解を得たり、一般市民に与える不安感を軽減したりするため必要な措置を講じる必要があると指摘しています。

そして、具体的には以下の措置をとることを提言しています。

(41) 映像センサー使用大規模実証実験検討委員会「調査報告書」(二〇一四年一〇月二〇日)。
(42) なお、実証実験に使用するカメラは、そのことを表示する必要があり、一般利用者の目にふれることなく設置される場合は、明白に違法であるとの点が指摘されています。

①実験手順や実施状況等を定期的に確認し公表すること
②個人識別のリスクを市民に対して事前に説明すること
③撮影を回避する手段を設けること
④映像センサーの存在と稼働の有無を利用者に一目瞭然にすること
⑤人流統計情報の提供に際しては委託契約又は共同研究契約を締結すること
⑥安全管理措置を徹底すること
⑦本実証実験に関して適切な広報を行うこと

そして、最終的には、この実証実験は中止されることになりました。

ＮＩＣＴ事案は、多くの人々が利用する大規模施設において、公益目的だからといって必ずしも批判を浴びないということではないこと、また、カメラを設置して顔認識する場合に、どのような点に留意すべきかについての教訓を与えています。

(4) Ｊａｐａｎ Ｔａｘｉ事件

Ｊａｐａｎ Ｔａｘｉ（現Mobility Technologies）は、タクシー車内に設置されたタブレットでの広告サービスで、カメラを用いて、乗客の男女の性別を判定したうえで、広告の配信を行っていました。

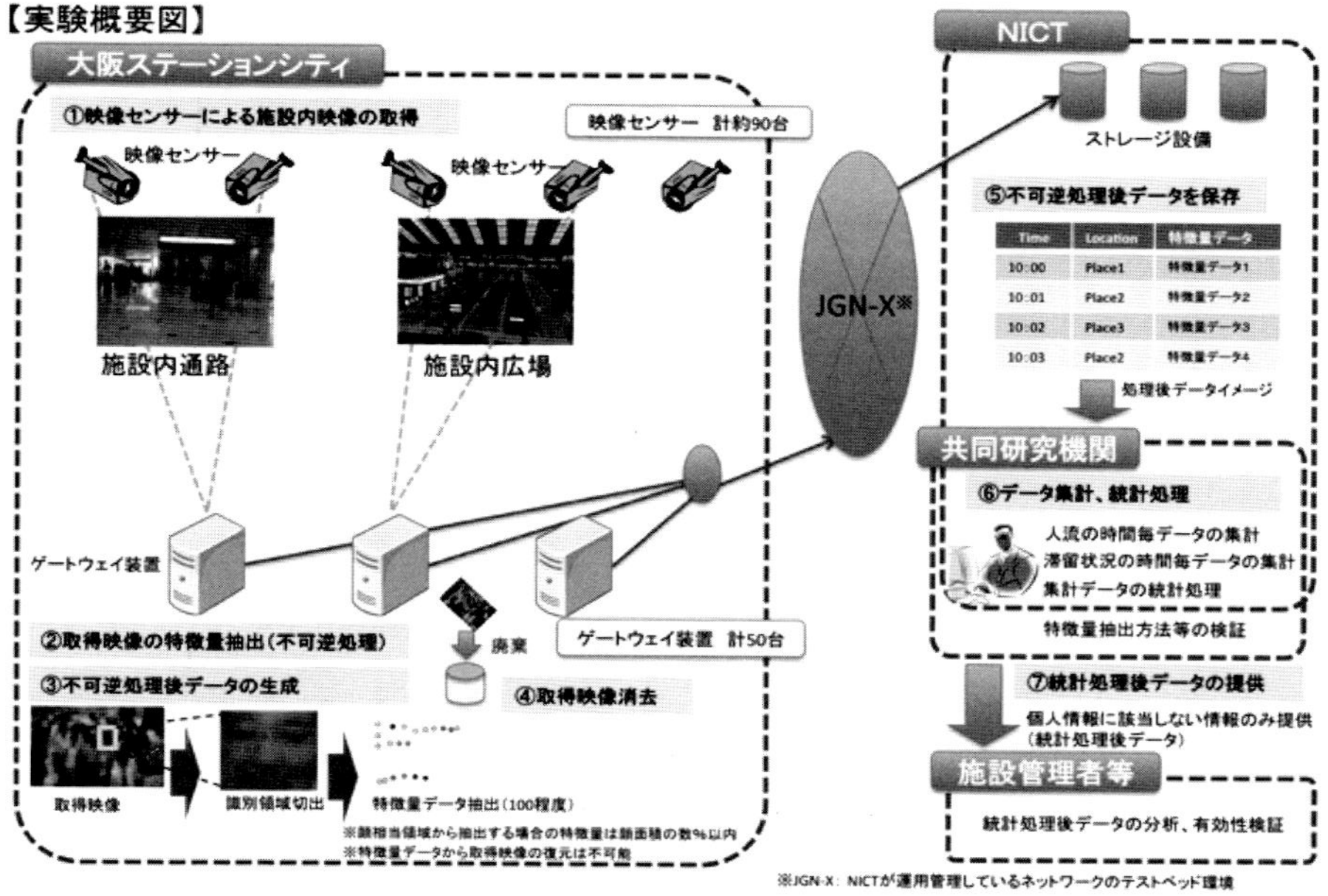

図表３-５　大阪ステーションシティにおける実証実験

国立研究開発法人情報通信研究機構 2013 年 11 月 25 日プレスリリース「大規模複合施設における ICT 技術の利用実証実験を大阪ステーションシティで実施」より抜粋

この性別判定に利用した画像は、判定後、サーバに送信されることなく端末内で即時削除され、端末・サーバを問わず一切保存されておらず、他の目的に利用されていませんでした。

この事例について、個人情報保護委員会は、二〇一八年一一月、このカメラ画像を個人情報として扱うべきという見解とともに、お客様向け通知公表対応について、個人情報保護法四一条（令和二年改正前のもの）の規定に基づき「そのカメラの存在及びこれにより個人情報を取得することについてわかりやすい説明を徹底し、適正に個人情報を取得するとともに、利用目的の通知や公表を適切に行うこと」との指導を行いました。

この指導を受けた後の検討の結果、Ｊａｐａｎ Ｔａｘｉは、性別を判定する機能の提供は継続しつつ、二〇一九年四月上旬までに、車内タブレット上においてカメラの存在・利用目的を表示することとしました。

しかし、同月に至るまで改善策が実施されていなかったとして、個人情報保護委員会より、二〇一九年九月に、再度の指導を受けています。

現在、このような広告は廃止されているようです。

Ｊａｐａｎ Ｔａｘｉ事件は、カメラを使った顔認識をする場合には、撮影される人に対して、カメラの存在・利用目的を表示することが求められることを示している事例です。

(5) JR東日本防犯カメラ事件

JR東日本は、二〇二一年七月から、東京五輪・パラリンピック開催に伴うテロ対策の一環として、顔認識機能付きの防犯カメラ・システムを駅構内に導入していました。

このシステムでは、カメラで撮影した通行人の画像を顔認識して、①過去にJR東日本の駅構内などで重大犯罪を犯し、服役した後の出所者や仮出所者、②指名手配中の被疑者、③うろつくなどの不審な行動をとった人の顔情報をデータベースに登録し、このデータベースと自動照合するというものでした。この防犯カメラは、主要一一〇駅や変電所などに八三五〇台設置されていました。

そして、対象者を検知した場合は、警備員が目視による確認のうえ、必要に応じて声かけや警察と連携した手荷物検査を実施するということが想定されていました。

この防犯カメラ・システムについてはマスコミが報道したことをきっかけに、プライバシーを侵害するものであるとして、批判を受けることになりました。JR東日本が、どのような対象をデータベースに登録しているかについて明らかにしておらず、顔認識技術により不審者を検知という程度の情報しか開示していなかった点も批判の対象とされました。

国土交通省の赤羽一嘉大臣(当時)も、「防犯カメラの顔認証システムの活用にあたっては、個人情報保護などにも十分配慮し適切に実施する必要がある。今後、鉄道事業者が検討を進めていくにあたっては、こうした点に十分留意するよう指導、助言していく」と述べています。

ＪＲ東日本はマスコミの報道を受けて、「明確なルールや社会的コンセンサスが得られていない」として出所者や仮出所者を検知対象から除外することになりました。もっとも、不審な行動をとった人や指名手配犯の検知は引き続き実施するとしています。

この事案では、プライバシー侵害について、二つの問題点があるといえます。一つ目は、データベースに登録される出所者や仮出所者の人々のプライバシーです。犯罪を犯したという情報は、人に知られたくない情報であり、センシティブな情報の典型例です。前科・前歴は個人情報保護法でも「要配慮個人情報」として慎重な取扱いが求められています。少なくとも個人情報保護法は犯罪者だからそのプライバシーを軽視していいという考えはとっておらず、むしろ、犯罪を犯した人が更生することを助けるべきであるという考え方（これについては議論があるでしょうが）をとっています。

二つ目は、駅構内や列車に乗る一般の人々のプライバシーです。顔認識防犯カメラは、これらの一般人の顔も撮影して顔認識します。そのことによって、一般人のプライバシーも侵害するおそれがあります。

二〇二一年に発生した小田急電鉄や京王電鉄での傷害・放火事件など、列車内における犯罪行為が頻繁に起こっていることからすれば、密閉空間となる列車内での犯罪を予防する必要は高いといえます。しかし、それにもかかわらずこのような批判が起こっています。この事案は、事前に適切な情報開示や仕組みを構築することが重要であることや、犯罪歴というセンシティブな情

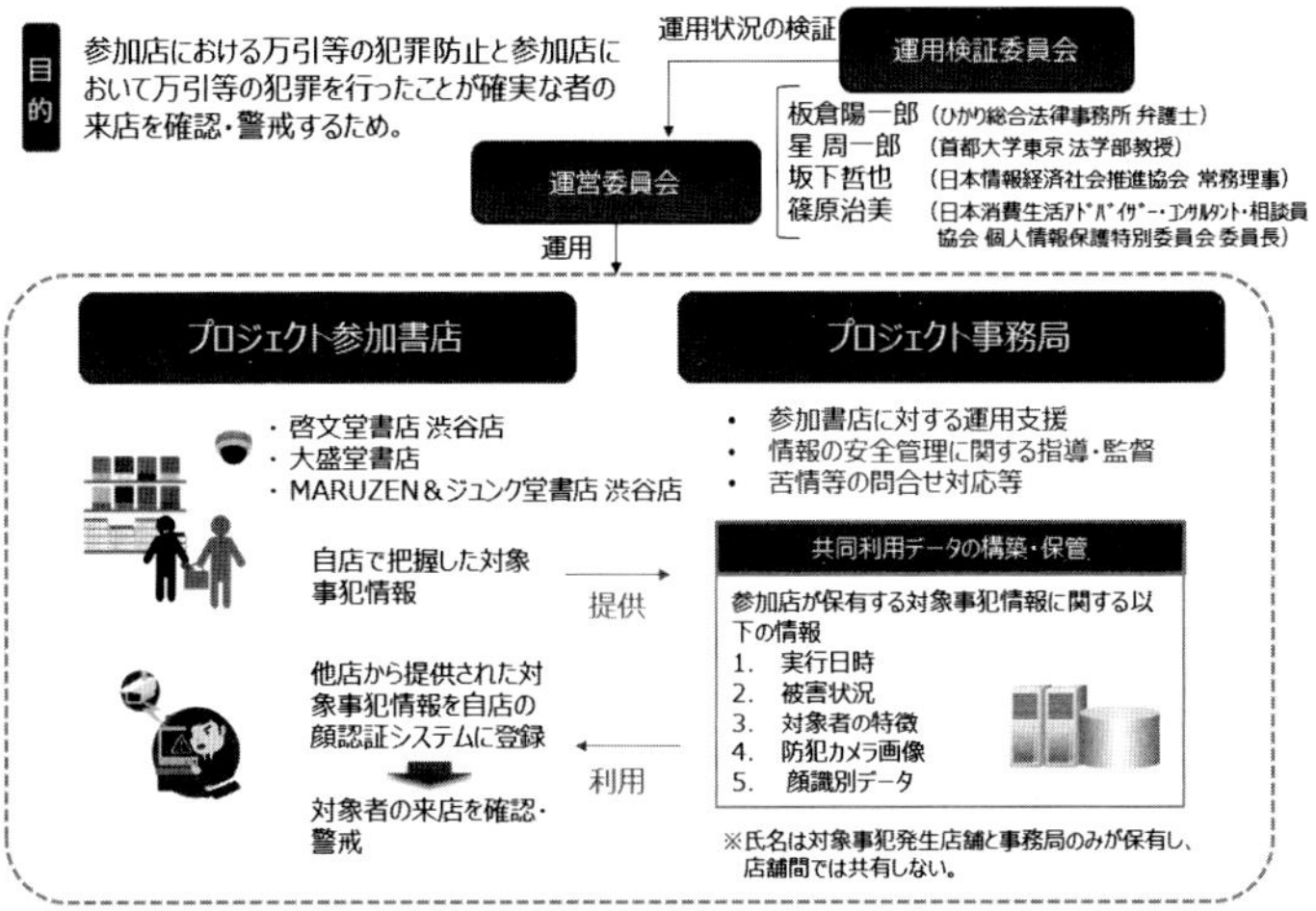

図表３-６　渋谷書店万引対策共同プロジェクトの概要
（「渋谷書店万引対策共同プロジェクト」ウェブサイトより）

報を扱う場合には、慎重な配慮が必要であることも示しているといえます。

（6）渋谷書店万引対策共同プロジェクト

東京都渋谷区内にある三書店は、万引犯などのカメラ画像を共同利用する渋谷書店万引対策共同プロジェクト（「渋谷プロジェクト」）を立ち上げました。この渋谷プロジェクトは、書店内において発生する万引きや盗撮などの犯罪に対処するために、お互いに情報を提供して、犯罪による書店の被害を減少させ、お客様に安心・安全な店舗環境を提供することを目的とするとしています。

渋谷プロジェクトの事務局は、書店での万引き被害は、全国で年間約二〇〇億円、売上の約一・四一％と推定されており、万引きよる被害は深刻であると指摘しています。

渋谷プロジェクトで行われる情報提供では、万引き等の犯罪事犯の防犯カメラ画像や顔識別データが書店間で共同で利用されます(43)。なお、対象者の氏名は他の書店には提供されず、事務局のみが保有するものとされています。

万引犯などの防犯カメラ映像を、本人の同意なく書店間で共有し、顔認識によって来店客と照合するシステムについては、個人情報保護法やプライバシーとの関係で問題となります。

万引犯について、二〇一四年に、東京都中野の「まんだらけ」で漫画『鉄人28号』のブリキ製人形を万引きした犯人に対して、まんだらけがホームページで、万引犯の防犯カメラ映像をモザイクをかけて公開し、「盗んだ犯人へ 一週間以内に返さないとモザイクをはずして公開する」と警告したことが論議を巻き起こしたこともあります。

もっとも、この渋谷プロジェクトは発足後、特に炎上することもなく、現時点においても継続して運用されています。渋谷プロジェクトにおいては、顔画像を共有するにあたって、次に述べるような相当慎重な配慮と仕組み作りがされています。

具体的には、第一に、プロジェクト開始後に万引き等の犯罪事犯を行ったことが確実な者に関する顔画像のみを対象としており、犯罪に至らない迷惑行為は対象としていません。これは、犯罪を犯していない者を犯罪者扱いしたというクレームや批判を受けないためであると考えられます。

第二に、店頭において、渋谷プロジェクトについての告知が行われており、また、ウェブサイトでプロジェクトの内容が公開されているほか、活動内容についての報告もされるといった説明責任を果たし、透明性を確保する姿勢を窺うことができます。

第三に、共同利用するデータの消去に関する規定を設け、書店が迅速な対応をとることや、誤登録の際に迅速な消去を行うための手続が規定されています。顔画像については、プライバシー侵害の程度を下げることや個人情報の漏洩事故を避けるため、なるべく早く削除することが望ましいといえます。

第四に、顔認識システムを導入した専用端末はインターネットに接続しないなどのセキュリティ対策がとられています。

第五に、外部の専門的知識を有する消費者団体、学者、弁護士等によって構成される「プロジェクト運用検証委員会」が設置されています。外部からのチェックを入れることで、透明性を確保しようとしたものと考えられます。

多くの事案において、顔認識が問題となり、プロジェクトが中止になっている中で、この渋谷プロジェクトは炎上していない珍しい例であるといえます。これは、渋谷プロジェクトが、先ほど述べたような様々な対策をとっているからであると考えられます。

このように、顔認識をすれば炎上するものではなく、よく練った仕組みを作るなどの対策をしていれば炎上しない場合があるということを、渋谷プロジェクトは示しています。

(43) 提供されるのは、三書店が保有する万引き等の犯罪事犯に関する被害及びそれら事犯を敢行した対象者に関する情報(実行日時、被害状況、対象者の特徴、関連する防犯カメラ画像、及び顔識別データ)とされています。

（7）カメラ画像利活用ガイドブック

このような顔認識については、ＩｏＴ推進コンソーシアム・総務省・経済産業省「カメラ画像利活用ガイドブックver 3.0」（以下「カメラ画像利活用ガイドブック」）が、配慮すべき点について、基本原則を示した上で、コミュニケーション、企画時、設計時、事前告知時、取得時、取扱い時、管理時、継続利用時の八つの段階で配慮すべき事項を整理しています。

カメラ画像利活用ガイドブックでは、基本原則として、カメラ画像が、特定の個人の識別が可能な画像であれば、個人情報保護法を遵守することを前提とし、加えて生活者の人格的な権利・利益を損なうことのないようプライバシー保護の観点にも配慮するために、以下の対応が望まれるとしています。

a：運用実施主体を明確にし、運用実施主体は、カメラ画像利活用に関し、配慮事項の内容を実施する責任（Accountability）を有すること。

b：社会的なコンテキスト（関係法令や規制の動向・判例・報道等）、技術進展等による生活者のプライバシーへの影響等、外部環境の変化を常に分析すること。

c：サービスにおける、カメラ画像を利活用する目的を明確にし、その目的が正当であることを確認すること。

d：目的を達成するために、カメラ画像を利活用する必要性を確認し、撮影方法・手段や、カメラ画像の利用方法が、生活者が社会生活を営む上で受忍限度を超えない相当なものであるかを確認すること。

e：違法又は不当な行為を助長し、又は誘発するおそれがある方法により情報が利用されないことを確認すること。

f：カメラ画像の利活用は、目的を達成するために必要な範囲（カメラ設置台数、撮影範囲、取得・生成するデータの種類、データの保存期間、閲覧・利用できるメンバー等）に限定すること。

g：生活者のプライバシー侵害のリスク分析を適切に実施し、低減等のリスク対応を行うこと。

h：カメラ画像の利活用に当たり、合理的な安全管理対策をとること。

i：生活者のプライバシー侵害が生じた際又はそのおそれのある際には、迅速に是正措置をとること。

j：カメラ画像利活用の結果を評価し、運用の改善につなげること。

k：カメラ画像利活用の目的の正当性、実施方法、生活者のプライバシーへの影響、適切な安全管理対策等について、生活者へ説明すること。

l：カメラ画像を取得していることを生活者に一目瞭然とすること。

m：生活者からの問合せや苦情を受け付けるための一元的な連絡先を設置、公表すること。

n：適切な運用を徹底するためのルールを策定し、関係する従業員やステークホルダー等に周知・徹底すること。

○：その他適用される法令やルールを遵守すること。

カメラ画像利活用ガイドブックでは、顔認識をする場合に配慮すべき点について列挙しており、本書で取り上げた炎上した顔認識事案について、これらの配慮をしていれば違った結果になっていたかもしれません。

5　破産者マップ事件

(1) 事案の概要

破産者マップとは、破産者の名前と住所をグーグルマップ上にプロットしたものです。これを見れば、自分の近所のどこに破産者が住んでいるのか一目瞭然でわかることになります。破産者マップは、二〇一八年一二月に開設され、二〇一九年頃にその存在が広く知られるようになっていました。

破産者マップを作成することが可能なのは、破産者の氏名と住所が官報に記載され、公開されており、そのデータを利用できるからです。官報は、紙だけでなく、インターネットでも提供されています。インターネット版官報では、直近三〇日分の官報情報をすべてＰＤＦで無料で閲覧することができます。

破産者の住所・氏名が官報に掲載されることは、破産法二一六条三項と二五二条三項が定めています。破産をした場合、破産者が債権者が誰であるかを隠したり、申告漏れがあることも考えられることから、広く世の中に破産したことを知らせ、債権者に破産手続に参加する機会を与えるために、そのような規定が設けられています。

この官報に掲載された破産者の氏名・住所のデータを使えば、グーグルマップに載せることができるようになります。

破産者マップの作成者がどのような意図で、破産者マップを作成したのかはわかりませんが、破産者にとってみれば、近所の人に簡単に自分が破産したことがわかってしまうことになります。そうなれば、陰口をたたかれて嫌な思いをすることもあるでしょうし、人目が気になって近所付き合いができなくなったり、精神的に病んでしまうことも考えられます。

実際、破産者マップに掲載された本人からは弁護士への相談も多数寄せられ、このようなサイトはプライバシー侵害だとの批判も高まりました。

では、このような破産者マップの作成は、法律に違反するのでしょうか。この事例では、個人情報保護法に違反していましたが、個人情報保護法上、手続さえ踏めば適法に行うこともできました。

個人情報保護法は、個人データ（個人情報を体系的に整備し、データベース化したもの）を第三者に提供する場合には、法令等に定めている例外的な場合を除いて、①本人の同意を取る、②オプトアウト手続をとる、のどちらかをしなければならないと定めています。オプトアウト手続とは、本人が異議を申し出た場合には、第三者提供を中止するという手続のことです。オプトアウト手続による場合には、個人情報保護委員会に届出をすることが必要です。

破産者マップでは、この①②のいずれの手続もとっていなかったので、個人情報保護法違反となりました。しかし、仮に、破産者マップの作成者が、オプトアウト手続をとって個人情報保護委員会に届出をしていれば、本人の同意がなくても、破産者マップを適法に作成することができました。

もっとも、破産者マップのようなものが適法にできてしまうことには問題があるということで、令和二年の個人情報保護法の改正により、破産者マップを作成するような行為は、個人情報の不適切な利用として禁止されることになりました（同法一九条）。

なお、破産者マップを掲載していた事業者に対して、個人情報保護委員会は、個人情報保護法違反であるとして指導を行いました。これを受けて、運営者は自主的に破産者マップを閉鎖しました。

破産者マップについては、その後も類似のサイトが出現し、これも、個人情報保護委員会が勧告と命令を出し、類似サイトも閉鎖されるに至っています。

その後、破産者二人が、名前や住所などをインターネットのグーグルマップ上に公開されたことによりプライバシーを侵害されたなどとして、破産者マップのサイト運営者を相手取って合計二二万円の損害賠償を求める訴訟を提起しています。

（2）破産者マップ事件の教訓

破産者マップは、令和二年改正前の個人情報保護法の下では適法に作成することができたのですが、なぜ、多くの人が問題だと感じたのでしょうか。

まず、破産したかどうかということは、他人に知られたくないプライバシーの程度が高い個人情報という点が挙げられるでしょう。

もっとも、そのようなセンシティブな破産情報も、官報に掲載されているだけでは、プライバシー侵害として大きな問題となっていませんでした。しかし、グーグルマップにプロットされることで、プライバシー侵害が大きな問題となりました。これはなぜでしょうか。

破産者情報は、官報に掲載されている公開情報であり、誰でも見ることができるものです。しかし、多くの人は官報を見ないですし、破産者情報を簡単に探し出すことはできません。しかし、グーグルマップに破産者情報がプロットされると、個人情報がわかりやすい形で可視化され、誰が破産しているのか簡単にわかるようになります。また、インターネット上で公開されている点でも誰でも簡単にわかるようになります。これにより、プライバシーの侵害の程度は、飛躍的に大きくなったといえます。それゆえに破産者マップはプライバシー侵害が大きな問題となったのです。

破産者マップ事件が示すように、すでに公開されている情報だから公開してもよいということに必ずしもなりません。すでに公開されている情報であっても、公開する方法が変われば、プライバシー侵害の程度も変わるものであることを破産者マップ事件は教えています。

6　プライバシーの尊重についてのまとめ

プライバシーに関する過去の事案を見ると、利用目的が正しければ、必ずしも炎上しないというわけではないことがわかります。また、個人情報保護法などの法律を守っていれば社会的批判を浴びないということではなく、法律を守るだけではなく倫理についても検討しておく必要があることがわかります。

過去の事案をみると、社会的批判を浴びないためには、事前に説明して理解を得ておくことや、透明性・ガバナンスを確保することで人々に安心感を持ってもらうことが重要なことがわかります。

個人情報には様々なレベルのものがあり、センシティブな情報を取り扱う場合には、慎重な取扱いが必要ですが、他方で、個人情報の中にはプライバシー侵害の程度の低いものもあり、すべての個人情報について慎重に取り扱うと、利活用に制約が出てきてしまい、現実的ではありません（ただし、プライバシー侵害の程度の低い個人情報であっても、取扱方法によってはプライバシー侵害になりえます）。その見極めも重要でしょう。

プライバシーに関する過去事案では、そもそも倫理的な議論に行きつく前に、企業の説明不足により炎上している例が多いように見受けられます。

しかし、将来的には、倫理的な議論が出てくる可能性もあります。そのような場合、倫理的判断の枠組みで考えると、例えば、大阪ステーションシティ事件では、功利主義の立場からは、災害時の避難誘導の計画策定により救われる人の命と、顔認識によりプライバシーを侵害される人の利益を考慮して、最大多数の最大幸福を達成するにはどうしたらよいかと考えることになるでしょう。なお、プライバシーに配慮した設計をすることは人々の幸福量を増やす方向に働くので、プライバシーへの配慮も有益であるといえます。

義務論の立場からは、災害時の避難誘導の計画策定に顔認証を使う行為が道徳原則に沿っているか否かを考えることになります。もし、災害時の避難誘導により人の命を守るという道徳原則と、プライバシーを守るという道徳原則が衝突するとすれば、その衝突を解決する、より上位の概念は何かを考えることになるでしょう。また、ロスの「一応の義務論」によれば、熟慮を経て判断することになるでしょう。

徳倫理主義の立場からは、災害時の人々の安全を配慮すべきという思いやりの徳と、人々のプライバシーを考慮すべきであるという思いやりの徳を踏まえたうえで、状況に応じて判断することになりますが、徳のある人であれば、プライバシーに最大限配慮した上で人々の安全を確保する方法を模索すると思われます。

V　アカウンタビリティ

1　アカウンタビリティに関するＡＩ倫理原則の内容

(1) アカウンタビリティとは

アカウンタビリティとは、説明責任と訳されることもあります。政治家や企業が不祥事を起こした場合、よく「説明責任を果たせ」といわれます。

アカウンタビリティの語源は、会計（accounting）と責任（responsibility）を掛け合わせた言葉で、金銭を受け取って支払う会計業務を任された者は、任せた人からの要求がある場合に会計について説明する責任を負うことに由来しますが、今では、広く自分が権限を持っている職務についての内容や状況を関係者に説明する義務として考えられています。

では、ＡＩにおいて、なぜ説明することが求められるのでしょうか[44]。

第一に、ＡＩがまだ登場したばかりの技術であり、その安全性や影響について人々が不安をもっています。特に、深層学習については、その複雑な判断過程を人間が理解することが事実上不可能であり、人間にとって「ブラックボックス」となっているため、そのようなＡＩを人間が信頼することができないという懸念が示されています。そこで、そのような不安を取り除くためには、説明して安心してもらう必要があることが挙げられます。

第二に、企業や専門家としての技術者は、その社会的責任として、みずからの行為を説明する義務があるという考え方があります。社会と関わり合いを持っている以上、共同体の一員として、他の者の理解を得る必要があるという考えです。

では、説明する必要があるとして、それは倫理的な義務といえるでしょうか。逆にいえば、説明しないことは倫理に反する行為といえるのでしょうか。

功利主義的な考えでは、説明することが最大多数の最大幸福につながるのであれば説明することが正しいということになります。AIについて説明することで、AIが社会に広くいきわたり、人々の幸福を増やすのであれば、説明することは倫理的に正しいということになります。他方で、説明しないことが最大多数の最大幸福につながるのであれば、説明しないことも倫理的に正しいということになります。

義務論の観点からは、説明すべきか否かは状況次第でしょうから、仮に義務であるとしても条件付きの義務ということになりそうです。もっとも、ロスの「一応の義務」の考え方からは、誠実の義務として、説明することが一応の義務になると考えられるかもしれません。

徳倫理学の立場からは、誠実に説明することは誠実の徳に沿うことなので、徳のある人であれ

(44) 法律の世界では「説明義務」という概念があります。説明義務は、例えば医師や金融機関が負っています。医師が説明義務を負うのは、患者は、治療を受けるかどうか、どの治療方法を受けるかを決める自己決定権を持っており、医師は、患者の自己決定権を守るために、自己決定に必要な情報を提供する義務を負うとされています。AIについてもユーザの自己決定権を守る必要がある場合にはこの説明が妥当しますが、説明が求められるのは、必ずしもそのような場合に限られず、広い範囲で説明が求められます。

ば積極的に説明をすることになるでしょう。もっとも、他の徳との関係で説明を控えることもあるでしょう。

現実を振り返ると、企業が説明責任を果たしていないと社会に思われるとき、特に事故や不祥事を起こした時に説明をしないことについては、大きな社会的な批判を受けるのが現実です。また、十分な説明をしないままＡＩを導入した場合に、利用者から反発を受けて、そのサービスが中止になる例がたくさんあることは、今まで見てきた通りです。一般論として、対外的に積極的に情報開示をしている企業が高い評価を受ける傾向もあります。

このように、ＡＩを社会に導入する際には、一定程度の説明が求められていることは間違いないといえるでしょう。

説明責任については、①どのような場合に説明しなければならないのか、②何について説明しなければならないのか、③どの範囲・程度で説明しなければならないのか、④どの方法で説明するのが適切か、が問題となります。

説明をする場合、その内容は真実でなければならないという前提があります。嘘の説明をしても説明したことにはなりませんし、嘘をついてはいけないことは、例外があるとしても確立した倫理規範だからです。

また、説明をすることが効果的なのは、説明する側と説明される側に信頼関係がある場合です。この信頼関係は誠実に説明をすることによって作られるという面もあるので、日ごろから説明する側と説明される側との間で、対話するなどにより良好な関係を構築しておくことが重要であるといえます。

(2) アカウンタビリティの概念

アカウンタビリティについては、説明責任とは異なる概念であり、補償の枠組みや救済等も含む概念であるとする指摘もあります[45]。アカウンタビリティの周辺領域の用語として、答責性、透明性、説明可能性、解釈性、理解可能性といった用語があり、混乱を招いているように思われます。

アカウンタビリティは、日本においてはまだ一般的に確立した概念ではないと思われますが、これらの概念を整理したものとして、中川裕志東大名誉教授による図表3-7の整理があります[46]。このような考え方もあるでしょうが、本書では以下の整理をしています(図表3-8)。

そもそもAIの振る舞いについて説明が可能でなければ説明ができず、説明責任を果たせないことから、AIに説明可能性があることが説明責任の大前提になるといえます。

説明可能なAIとは、AIの予測の判断理由を人間が理解できるように説明できる技術や特性を指します[47]。似たような言葉に解釈可能性(解釈性といわれることもあります)という言葉がありま

(45) 中川裕志「AI倫理指針の動向とパーソナルAIエージェント」情報通信政策研究三巻二号。
(46) 同上。

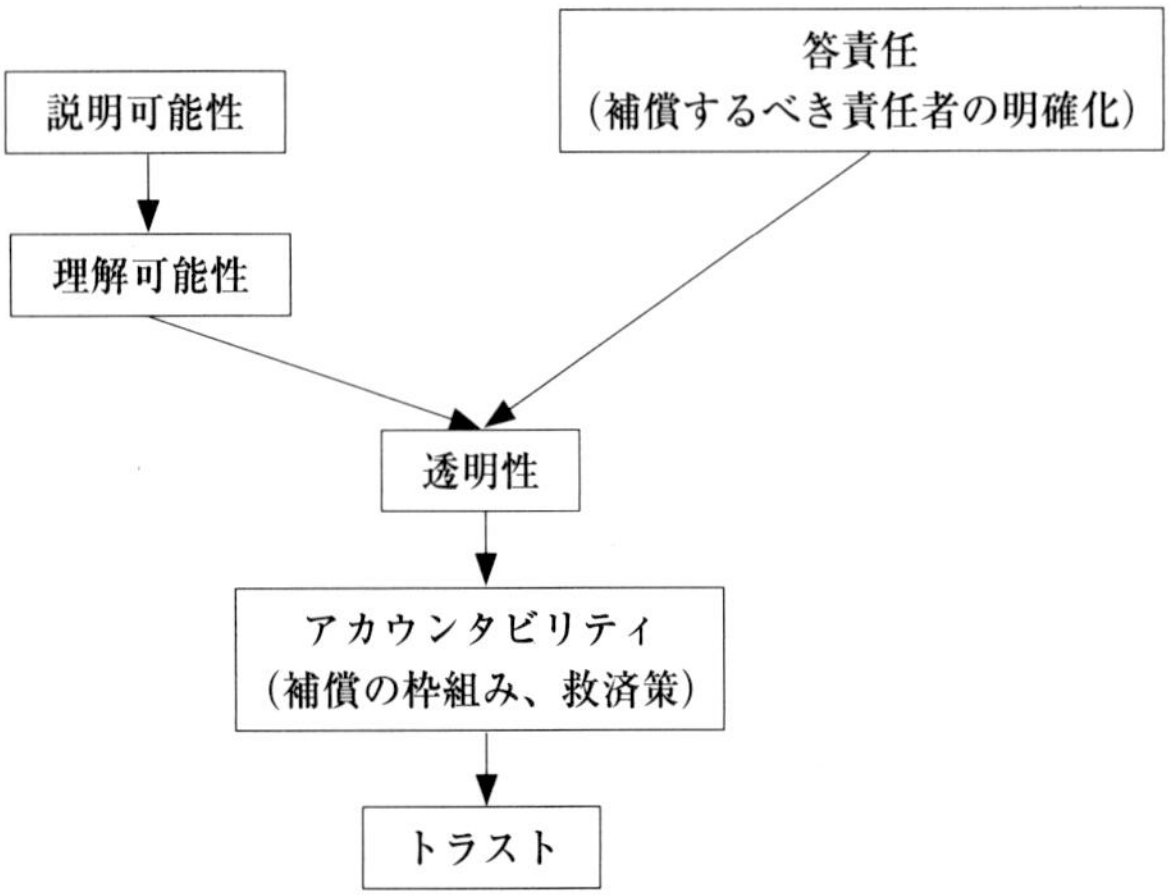

図表３-７　アカウンタビリティの概念１

すが、解釈可能なＡＩとは、内部構造を解析することで予測に至る計算結果を確認できるようなＡＩのことです。決定木などの機械学習手法は、予測に至るまでの計算結果を辿ることができるので、解釈可能なＡＩとされています[48]。説明可能なＡＩと解釈可能なＡＩは、予測に至る計算結果を確認できることを前提としているか否かという点が異なりますが、ＡＩが予測に至った過程を理解しようとしているという点では共通しています。

また、ＡＩの振る舞いを検証するためには、ＡＩの設計・開発プロセスや判断プロセスが記録として残され、トレーサビリティがあることが必要です。

そして、説明可能性とトレーサビリティがあり、組織や運営方法について情報開示などがされることで、透明性が確保されることになりま

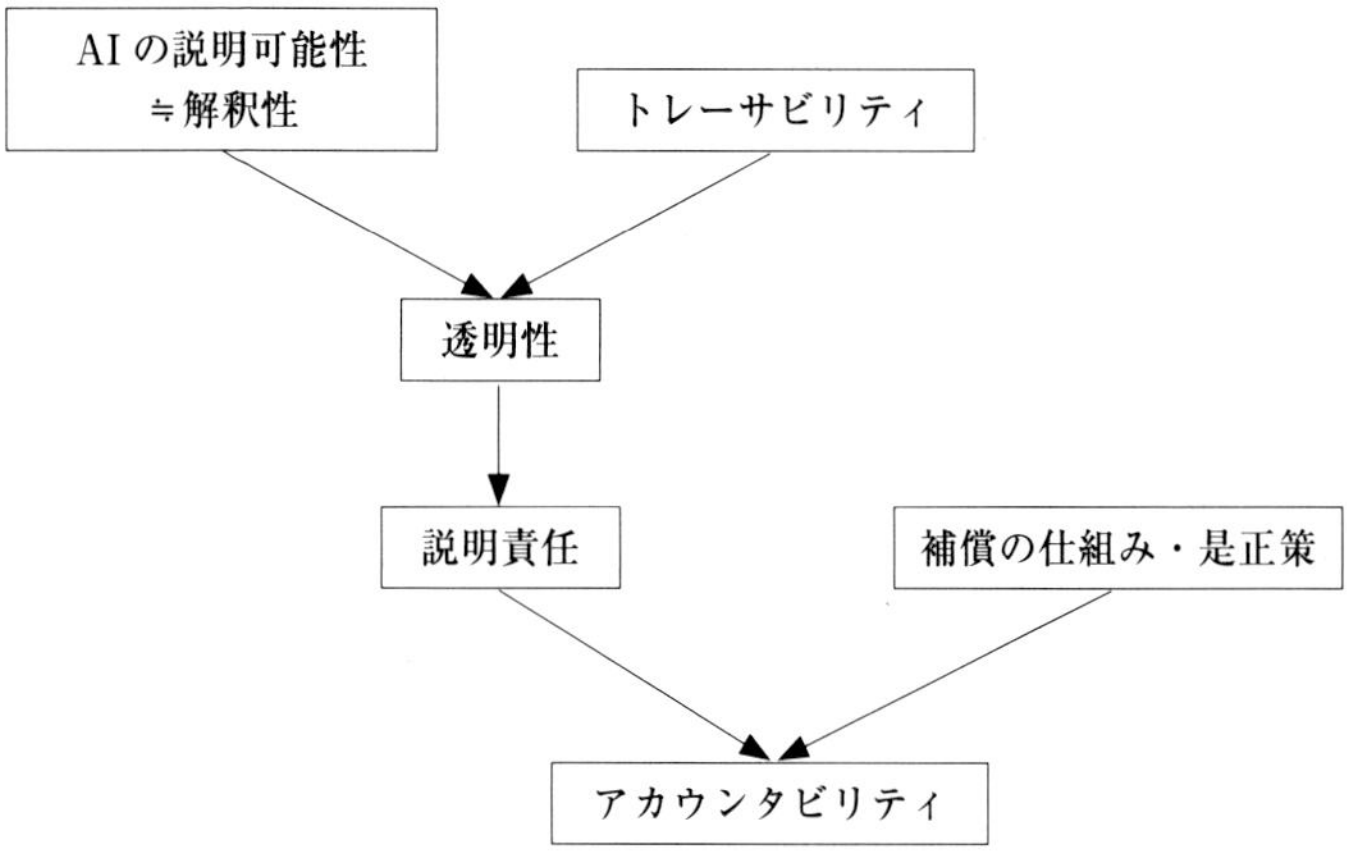

図表3-8　アカウンタビリティの概念2

す。説明責任は、このような透明性があってこそ果たすことができます。

　さらに、損害を被った人に補償することや是正することもアカウンタビリティの概念に含まれることから、補償の仕組み・是正策を実施することが、アカウンタビリティを果たすことになります。言い換えれば、アカウンタビリティを果たすためには単に説明をするだけではなく、具体的な対策をすることも求められているといえます。

　このような構造を持っているアカウンタビリティですが、いずれにせよ「説明」ということを中心にした概念であるといえます。

(47)　大坪直樹ほか『XAI（説明可能なAI）』（リックテレコム、二〇二一年）二九頁。
(48)　同上、二九頁。

（3）AIに関する説明

説明する場合、説明の内容と誰に説明するかという相手方を考える必要があります。説明の内容については、これから利用してもらうために説明する場合と、事故が起こった後に原因究明するために説明する場合では、説明すべき内容は異なってきます。また、説明の相手方について、AIに知識のない一般人に説明する場合と、AIの専門家に説明する場合でも、説明すべき内容は異なってきます。アルゴリズムについての説明などは、一般人は理解することはできないことが多いでしょう。

説明をする場合には、相手方の理解可能性も考慮する必要があります。相手が理解できなければ、説明をしたことにはなりません。その意味で、説明可能性というのは理解可能性とセットの概念といえます。

一般人に理解できない場合には、理解ができる第三者の専門家がAIを検証し、一般人はその検証結果を信頼するという方法も考えられます。

このように、AIの説明を考える場合、説明の内容と説明の相手方（とその理解力）を考慮したうえで、何をどこまで説明すべきかを考える必要があります。

説明の方法としては、①大局的な方法と②局所的な方法があります。

①大局的な説明とは、複雑なブラックボックスモデルを可読性の高い解釈可能なモデルで表現することで説明とする方法です。大局的な説明では、深層学習モデルやランダムフォレストのよ

うな決定木のアンサンブル（複合物）などの複雑なモデルを可読性の高いモデルで説明します。例えば単一の決定木やルールモデルで近似的に表現することでモデルの説明とするものです[49]。

②局所的な説明とは、特定の入力に対するブラックボックスモデルの予測の根拠を提示することで説明とする方法です。局所的な説明では、ある入力xをモデルがyと予測したときに、その予測の根拠を説明として提示します[50]。すなわち、「個々の予測結果の判断理由を理解すること」を目的とした説明で、与えられる一つひとつの事例（入力データ）に対する予測過程を説明するものです[51]。

何をどこまで説明すればよいかについては、説明は、説明を受ける相手方の納得・安心感を得るためであることから、相手が納得・安心することができる内容を説明するという観点から考えることになります。この場合の相手は、すべての相手ではなく（中には説明を一切受け付けない人もいるでしょう）、一般人を基準とすれば足りると思われます。

相手が納得・安心するのであれば、一〇〇％正確であることや網羅的である必要はなく、正確性よりもわかりやすさを重視した説明をすることの方が望ましいといえます。

(49) 原聡「私のブックマーク　機械学習における解釈性」人工知能三三巻三号、（二〇一八年）三六六頁以下。
(50) 同上。
(51) 大坪ほか・前掲注（47）、三二頁。

（4）説明可能なAI（XAI）

ＡＩにおける説明については、ＡＩ特有の問題があります。ＡＩはブラックボックスといわれることがありますが、すべてのＡＩがブラックボックスというわけではなく、比較的容易に説明ができるＡＩのモデルもあり、単一の決定木やロジスティック回帰といったアルゴリズムは説明可能性が高いといえます。もっとも、深層学習などを使ったＡＩでは、その判断プロセスを人間が理解することは現実的には不可能であり、説明することができないという問題があります。

深層学習では、入力されたデータは、多くのパラメータに基づき計算され、出力されます。このパラメータは数百万に及ぶこともあり、自然言語処理ＡＩのＧＰＴ-３では、一七五〇億個ものパラメータがあります。これだけ多くのパラメータを人間が理解することは現実的には不可能です。深層学習のアルゴリズムは、説明可能性は低いといえます。

ブラックボックスという表現からは、「見えない」「わけがわからない」というイメージがつきまといますが、深層学習にせよ、ＡＩはコンピュータによって計算されているロジカルなものであり、理論的には説明可能なものです。ただ、パラメータが膨大なため、人間の理解が追いつかず説明できないに過ぎません。つまり、ＡＩがブラックボックスなのは、ＡＩに暗闇があるからではなく、人間が理解できないだけなのです。

もっとも、説明可能性が低いＡＩであっても、なんらかの方法で説明しようとする様々な試みがなされており、ＡＩが出した判断（推論・予測）に対する説明可能性・解釈性を高めるため、

「説明可能なAI（XAI：Explainable AI）」という技術が研究されています。

XAIによる説明には、前述した①大局的な説明と②局所的な説明があります。説明方法としても、①特徴量による説明（ある入力データにおいて特徴量が予測にどの程度影響しているのかの度合いを算出するなどして説明する方法）、②判断ルールによる説明（判断ルールの形で説明する方法）、③データを用いた説明（予測を判断する際に大きく参考とした学習データを提示することで判断理由の説明とする方法）があります。(52)

また、XAIの技術としては、すべてではありませんが以下のような手法があります。(53)説明する目的、利用するAIモデル、重視する条件、利用者の満足度などによってこれらの手法を使い分けます。

①LIME：画像やテキストを含む多様なデータに対し、任意の判別AIモデルの予測を線形近似によって説明する方法です。予測に寄与したデータの特徴を算出します。

②SHAP：各種データに対応するAIモデルの予測に対して、特徴量の貢献度をゲーム理論的な指標（シャープレイ値）を用いて按分して説明する方法です。予測に寄与した各特徴量の寄与度を計算します。

(52) 大坪ほか・前掲注(47)、三三頁。
(53) 大坪ほか・前掲注(47)、四六頁。

③Permutation Importance：特徴量の値を並び替えた後のモデルの予測誤差の増加を測定し、特徴量と結果の関係を明らかにすることにより説明する方法です。ＡＩモデルにおける特徴量の重要度を計算します。

④Partial Dependence Plot：特徴量の変化が機械学習モデルの予測結果に与える影響をグラフとして示すことにより説明する方法です。

⑤Tree Surrogate（決定木代理モデル）：ＡＩモデル予測の大域的傾向を近似するように学習した解釈可能な決定木で、代理的に説明する方法です。

⑥CAM/Grd-Cam：ＣＮＮ（畳み込み型ニューラルネットワーク）系モデルの畳み込み層の勾配を利用して、画像内の重要領域を強調したマップを生成することで説明する方法です。

⑦Integrated Gradients：ＤＮＮ（多層ニューラルネットワーク）系モデルの入出力の勾配の積分を近似計算して、入力特徴に重要度スコアを割り当てることで説明する方法です。

⑧Attention：ＲＮＮ／ＣＮＮ（再帰型／畳み込み型ニューラルネットワーク）系のモデルに利用される注意機構を用いて、予測への説明を考える方法です。

もっとも、ＸＡＩによる説明には限界がある点は留意すべきです。また、ＸＡＩは、あくまでＡＩモデル内の判断の説明を行うものであり、ビジネスで要求される説明までできるものではありません。(54)

ＸＡＩが示す特徴量と予測値について、特徴量と予測値の関係として解釈するのは比較的安全ですが、特徴量と目的変数との「因果関係」と解釈することで誤った判断をしてしまう危険性があることにも留意する必要があります[55]。

例えば、過去のデータをＡＩが解析したところ、東大卒の学生がある企業で昇進しているという結果が出たとします。これは「出世した」原因が「東大卒」だからと考えるのが因果関係です。しかし、ＡＩは相関関係しか見ていませんので、「出世した」原因が「東大卒」だからとは必ずしもいえません。因果関係を判断するには別の手法が必要です。このことは、先ほど述べたターゲット社の事例を見れば明らかです。ターゲット社は、マグネシウムなどのサプリメントや無香料の石鹸を購入したことから女子高校生が妊娠していると推測したわけですが、「妊娠した」原因が、サプリメントや無香料の石鹸を買ったことにあるわけではないということは、誰にでもわかるでしょう。しかし、人間は相関関係を因果関係と誤解してしまう傾向があり、それが大きな判断の誤りをもたらすおそれがあります。そのため、ＸＡＩによる解釈には慎重な検討が必要です。

さらに、深層学習モデルの説明において、生成される説明を意図的にミスリードするように変化させる Adversarial Examples（敵対的サンプル）が生成できることが報告されており、ＸＡＩには意図的にミスリードする説明をするのに使われるリスクがあることに注意する必要があること

（54）大坪ほか・前掲注（47）、二二一頁。
（55）森下光之助『機械学習を解釈する技術』（技術評論社、二〇二一年）八頁。

が指摘されています[56]。

以上のとおり、ＸＡＩを利用する場合には、ＸＡＩにできることと、できないことがあることを理解したうえで、適切な方法を選ぶ必要があります。また、ＸＡＩは計算リソースや人間による判断・峻別を必要とするため、解釈性・説明性を検討する際には、本当に解釈性・説明性が必要か、導入がコストに見合うと期待できるかを検討する必要があることも指摘されています[57]。

（5）説明に対する制約

ＡＩについて説明する場合、説明の障害となるのが、企業秘密・知的財産・個人情報・プライバシーやサイバーセキュリティといったものです。

ＡＩについて詳しい情報開示をすると、企業秘密が漏洩したり、知的財産が守られなくなってしまうこともあります。また、データに個人情報やプライバシー情報が含まれている場合には、それを開示することは個人情報・プライバシーの漏洩になってしまいます。ＡＩについての説明が、ハッカー達にサイバー攻撃の手がかりを与えてしまうこともあります。

このようなことから、ＡＩについて説明することには一定の制約があることがありますが、他方で、説明をしない口実として、これらが利用されることもあります。企業秘密・知的財産・個人情報・プライバシーやサイバーセキュリティは、例外事由であることから、可能な限り説明するということが倫理的な行動といえるでしょう。

2 アカウンタビリティに関する各国のAI倫理原則の内容

(1)「AI利活用原則」

日本の「AI利活用原則」では、アカウンタビリティについて、①アカウンタビリティを果たす努力、②AIに関する利用方針の通知・公表を挙げています。

そして、①アカウンタビリティを果たす努力については、利用するAIの性質・目的等に照らし、有する知識や能力の多寡に応じて、AIの特性を消費者的利用者等に対して情報提供と説明をすることや、多様なステークホルダーとの対話を行うなどにより相応のアカウンタビリティを果たすように努めることが期待されるとしています。

②AIに関する利用方針の通知・公表については、消費者的利用者等がAIの利活用について適切に認識できるように、AIに関する利用方針を作成・公表し、問い合わせがあった場合には通知を行い、特に消費者的利用者等の権利・利益に重大な影響を及ぼす可能性がある場合には積極的に通知を行うことが期待されるとしています。

利用者にとっては、AIに関する利用方針が公表等されていることは有益であり、信頼感の醸成にも役立つと考えられます。

(56) 原・前掲注(49)、三六八頁。
(57) 原・前掲注(49)、三六八頁。

（2）「信頼できるAIのための倫理ガイドライン」

ＥＵの「信頼できるＡＩのための倫理ガイドライン」では、アカウンタビリティとして、①監査可能性、②悪影響の最小化と報告、③適切なトレードオフ、④適切な是正が挙げられています。

①監査可能性については、アルゴリズム、データと設計の過程についての評価を可能にすることであるとしています。もっとも、ＡＩに関するビジネスモデルや知的財産に関する情報開示が必ずしも求められるものではないとしています。

②悪影響の最小化と報告については、ＡＩの出力を導いた行動・判断について報告し、結果に対して対応できなければならず、ＡＩの潜在的な悪影響を特定・評価・文書化・最小化することが重要であり、ＡＩに関してもっともな懸念を報告する場合には、内部告発者、ＮＧＯ、労働組合は適切に保護されなければならないとしています。

③トレードオフについては、アカウンタビリティを果たす際にトレードオフがある場合には、トレードオフに関する判断は、根拠を有し、適切に文書化されなければならないとしています。

④是正については、悪影響が発生した場合には、適切な是正がされることができるアクセス可能なメカニズムが想定されなければならないとしています。

「信頼できるＡＩのための倫理ガイドライン」では、アカウンタビリティを、単なる情報開示だけではなく、監査可能性を確保することと捉えています。また、悪影響の最小化、トレードオフ、文書化、是正のメカニズムについて言及している点が特徴的です。

トレードオフについては、前述の通り、説明することは、企業秘密・知的財産・個人情報・プライバシーやサイバーセキュリティの保護とトレードオフの関係にあります。このトレードオフの問題について、その判断の「根拠」と「文書化」を求めている点は、この問題の解決方向として興味深いといえます。

(3)「倫理的に調整された設計 Ver.2」

米国の「倫理的に調整された設計 Ver. 2」では、設計者・製造者は、ＡＩがもたらすリスクと外部性についてアカウンタブルでなければならないとしています。もっとも、製造者が責任を持って行動したか、十分な情報開示がされたかなどは、一般的な基準で判断されるのではなく、事案に基づく判断であるとしています。

また、重大なリスクがある場合には、設計者は、利用者にリスクについて警告し、より積極的な情報開示をすべきとしています。そして、内部者はＡＩの違法性・危険性をいち早く知ることが多いことから、立法者は、内部告発者に対し、インセンティブと保護を付与することを勧めています。

さらに、政府や業界団体が、ＡＩがオペレーションの重要部分を記録し、一定の期間保存することを求める基準を作成すべきであるとしています。

このように、「倫理的に調整された設計 Ver. 2」では、リスクに応じた説明を求めています。また、アカウンタビリティの内容として、ＡＩの判断過程などについて文書化といったトレーサビリティを求めています。さらに、内部告発者による情報提供について取り上げられている点も特徴的です。これはＡＩについては、ブラックボックス化する傾向にあり、その問題や危険性を外部から判断することは困難であるとの認識に基づくものと考えられます。

3　まとめ

アカウンタビリティについて、「信頼できるＡＩのための倫理ガイドライン」や「倫理的に調整された設計 Ver.2」を見ると、欧米の倫理原則におけるアカウンタビリティとは、説明や情報開示をするだけではなく、適切な是正、文書化や内部告発者の保護、原因追及を担保する制度の整備も含まれる概念とされていることがわかります。

アカウンタビリティのうち、説明に関しては、リスクの大きさ、説明の目的・説明相手によって説明内容が変わってきますので、ケースバイケースで最も適切な説明をすることが重要となります。企業秘密・知的財産・個人情報・プライバシーやサイバーセキュリティといったもののとのトレードオフをどのように考えるかもポイントとなります。そして、説明すべき内容（対象・範囲）・手段は、結局、相手がその説明により納得・安心するかということにかかってきます。

また、アカウンタビリティを果たすためには、説明や情報開示をするだけではなく、適切な是正、文書化や内部告発者の保護、原因追及を担保する制度の整備も検討する必要があります。

Ⅵ　透明性

1　透明性のＡＩ倫理原則の内容

ＡＩの透明性とは、ＡＩのデータ・アルゴリズム・運用状況などが、第三者にわかるようになっていることを意味します。

透明性とは、説明責任と結びついた概念ですが、説明責任は、人がどのように振る舞うべきかという行為についての概念であるのに対し、透明性とは、ＡＩの説明可能性や、組織や運営といった制度に関する概念といえます。透明性を高めることにより、より説明責任を果たしやすくなるという関係にあるので、透明性は説明責任のインフラであるともいえるでしょう。

2　透明性に関する各国のＡＩ倫理原則の内容

(1)「AI利活用原則」

日本の「ＡＩ利活用原則」では、透明性について、ＡＩの入出力等の検証可能性や判断結果の説明可能性に留意するとしています。また、この原則は、アルゴリズム・ソースコード・学習データの開示を想定するものではないとし、プライバシーや営業秘密への配慮が求められていると指摘しています。この指摘は、説明可能性の議論において、説明することによる利益とプライバシー・営業秘密の利益が相反する可能性があり、説明をすることが常に必要なものではないことを示唆している点で興味深いといえます。

また、①AIの入出力等のログの記録・保存、②説明可能性の確保、③行政機関が利用する際の透明性確保を挙げて、具体的内容については次の通り述べています。

①AIの入出力等のログの記録・保存：AIサービスプロバイダ・ビジネス利用者は、AIの入出力等の検証可能性を確保するため、入出力等のログを記録・保存することが期待される。

②説明可能性の確保：AIを利活用する際の社会的文脈をふまえ、利用者の納得感や安心感の獲得、また、そのためのAIの動作に対する証拠の提示等を目的として、AIの判断結果の説明可能性を確保することが期待される。その際に、AIを利活用する際の社会的文脈をふまえ、どのような説明が求められるかを分析・把握し、必要な対策を講じることにより、AIの判断結果の説明可能性を確保することが期待される。

「AI利活用原則」では、透明性の確保は、AIの入出力等のログの記録・保存とAIの判断結果の説明可能性の確保を中心としています。また、どのような場合に説明可能性があるかという点について、「どのような説明が求められるか」という観点から判断することが示唆されています。

（2）「信頼できるAIのための倫理ガイドライン」

ＥＵの「信頼できるＡＩのための倫理ガイドライン」では、透明性については、①トレーサビリティ、②説明可能性、③コミュニケーションを挙げて、具体的内容については次の通り述べています。

①トレーサビリティ：トレーサビリティを確保するために、ＡＩによる判断・データの収集とラベル付け・アルゴリズムを生成するデータセットや処理は、可能な限り文書化されなければならず、これにより、ＡＩが誤った理由を特定することが可能となり、将来の失敗を防止することができる。

②説明可能性：説明可能性には、ＡＩの技術的プロセスについての説明可能性と人間の判断についての説明可能性があり、ＡＩの技術的プロセスについての説明可能性とは、ＡＩの判断が人間によって理解でき、追跡可能であることを意味し、人間の生命に重大な影響を与えるＡＩについては、ＡＩの判断プロセスの説明を求めることが可能でなければならない。

③コミュニケーション：人間は、コミュニケーションをしている相手がＡＩの場合、その相手が

ＡＩであることを知る権利がある。

「透明性」をこのように三つの要素に分解する考え方は、興味深いものといえます。「信頼できるＡＩのための倫理ガイドライン」では、データについてのトレーサビリティと文書化を求めています。また、どのような説明をすべきかという点について、「ＡＩの判断が人間によって理解でき、追跡可能であること」としています。そして、人命にかかわるＡＩについては、ＡＩの判断プロセスについても説明可能性が必要であるとしています。

(3) 「倫理的に調整された設計 Ver. 2」

米国の「倫理的に調整された設計 Ver. 2」では、ＡＩは、透明性とアカウンタビリティを優先して設計されなければならないとします。そして、システムの監督者がシステム内のロジックとルールを利用できなければならず、それができない場合は、透明性が確保できる代替手段を利用できなければならないとします。

また、ＡＩは、要求された時には、利用者に対する行動に至ったプロセスを開示し、可能な限り不確実性の原因を特定し、依拠した前提を述べることができるように設計されなければならないとしています。

「倫理的に調整された設計 Ver. 2」では、透明性について、ＡＩの設計に重点が置かれた記載がされています。

3　日本ＩＢＭ人事評価事件

ＡＩの透明性が問題となった事例として日本ＩＢＭ人事評価事件があります。

日本ＩＢＭは、二〇一九年に、同社のＡＩ「Ｗａｔｓｏｎ」を使った人事評価ツール「IBM Compensation Advisor with Watson」（以下「ワトソン」）を導入し、四〇種類のデータから、スキル、基本給の競争力、パフォーマンスとキャリアの可能性を評価して人事評価を算出し、評価者である上司の判断に役立てるとしました。

このワトソンの導入について、日本ＩＢＭグループの従業員が所属する労働組合は、団体交渉を通じて、会社に対して、ＡＩの学習データの内容説明、ＡＩが所属長に向けて表示するアウトプットの内容を明らかにすること、その際、格付規定に定めている五要素「職務内容」「執務態度」「業績」「スキル」「本給」をＡＩがどう判断しているのか関連性の具体的説明を求めところ、日本ＩＢＭは、「当該ツール（ＡＩ）に示された一つひとつの情報をそのまま社員に開示することを前提としていない」と主張して、労働組合が求めた情報を開示することを拒否しました。(58)

そのため、労働組合は、「ＡＩのどの情報がどのように反映され、私たちの賃金がどのように

(58)　ＪＭＩＴＵ日本アイ・ビー・エム支部ウェブサイトより（http://www.jmitu-ibm.org/2020/04/7687.html）。

決められるのかがブラックボックス化されてしまい、労使対等の立場での労働条件の決定ができない」と反発し、日本IBMに対して、賃金決定の透明性を求めて、東京都労働委員会に救済を申し立てました。労働組合は、人事評価にワトソンを使うことについての問題点として以下を指摘しています。(59)

「プライバシー侵害問題

会社の説明によれば、ワトソンAIは対象となる従業員について、四〇種類ものデータを収集し、四つの要因(スキル、基本給の競争力、パフォーマンスとキャリアの可能性)ごとに評価したうえで、具体的な給与提案をパーセントで示すとのことです。しかし、この四〇もの情報は具体的に何であるかが明らかにされていません。収集する情報が個人情報であることもあり得ます。なかには要配慮個人情報(個人情報保護法二条三号)すなわち、特定の思想信条など人事考課において考慮すべきでない情報が含まれることもあり得ます。

公平性・差別の問題

機械学習においては、学習の段階で用いられるデータに偏りがあったり、そのデータに社会的バイアスが含まれることもあり、その偏りやバイアスによって推論(予測)が行われる可能性があります。また、機械学習は、『一般的に、多数派がより尊重され、少数派が反映されにくい傾向』にあると指摘されています。

透明性の問題

ＡＩによる予測の場合、アルゴリズムが高度に複雑化するため、なぜＡＩがそのような予測をしたのかを誰も説明できないという事態が生じます。ＡＩによる人事考課による場合、従業員はこれまで以上に自己の雇用管理情報（個人情報）がどのように扱われたのか、それがどのように評価されているのか分からない状況に置かれることになります。

自動化バイアスの問題

人間は、コンピュータによる自動化された判断を過信するという認知的傾向があります。従って所属長はＡＩの判断を受け入れやすいという『自動化バイアス』があると指摘されています。

会社の説明責任

会社は、組合からのコンペンセーション・アドバイザーに関する具体的な要求や疑念に対し、ＡＩによる人事評価を利用しない従来の労働条件交渉時にも増して、充実した情報開示を行い、真摯に対応しなければ、労使間での実質的な労働条件交渉を行ったことになりません。

上記のようなＡＩの問題を解決し、労働条件交渉を行うにあたっては、会社にはよりきめ細やかな対応が求められています。従って、労働委員会で問題となる誠実交渉義務のハードルは

（59）ＪＭＩＴＵ日本アイ・ビー・エム支部ウェブサイトより（http://www.jmitu-ibm.org/2021/04/8073.html）。

さらに上がっているのです」

労働組合側の主張に対して、日本ＩＢＭ側は、「ワトソンは、あくまでマネージャーの判断をサポートするためのツール」と主張しているとのことです[60]。

本事案では、本書で取り上げているＡＩの様々な倫理的問題がとりあげられていますが、ＡＩの透明性と説明責任が正面から問題となっています。

労働者にとっては、人事評価や給与は極めて重要な事項であることは間違いありません。したがって、その決定にあたって、会社に透明性や説明責任を求めるのは当然でしょう。他方で、人事評価や給与を人が判断している場合であっても、一般的には、その具体的な判断過程や根拠が示されないことも多く、高い透明性や説明責任が果たされていないように思われます。そのため、ＡＩが判断に関与する場合に会社にどこまで透明性や説明責任を果たす責任があるかについて、人間が判断する場合と比較して、どの点が違ってくるのかを考える必要がありそうです。

本件は、人事評価や給与という従業員にとって極めて重要な事項について、ＡＩを利用する側が、何をどこまで説明すべきなのかという問題を提起しているといえるでしょう。

4　まとめ

透明性のポイントは、ＥＵの「信頼できるＡＩのための倫理ガイドライン」が挙げる、①トレーサビリティ、②説明可能性、③コミュニケーションが端的に示しているように思います。もっとも、企業秘密・知的財産・個人情報・プライバシーの保護や、サイバーセキュリティという観点から、すべての面において透明性を確保できないことも考えられます。実際に、COMPASでは、そのアルゴリズムは企業秘密であるとして開示されていません。

そのような場合には、透明性確保と、企業秘密・知的財産・個人情報・プライバシーやサイバーセキュリティを守る必要性とを比較考慮したうえで、どこまで透明性が確保できるのかを考えることになるでしょう。

直接AIの透明性が問題となったものではありませんが、アルゴリズムの透明性が裁判として争われた事件として、グルメサイト「食べログ」の事例があります。この件では、焼肉チェーン店が、食べログで評価を不当に下げられたとして、食べログの運営会社であるカカクコムに約六億四〇〇〇万円の損害賠償を求めました。

訴えた焼肉チェーン店は、食べログがアルゴリズムを不当に変更したため、全二一店舗中一九店舗で食べログの評価点の平均点が三・二四点から三・〇九点に下がり、食べログ経由での来客数が月五〇〇〇人以上落ち込んだ結果、約六億四〇〇〇万円の損害が発生したと主張しています。[61]

(60) 弁護士ドットコムニュース・ウェブサイト「『AIによる賃金提案』に上司は支配されるのか　新たなIBM労使紛争で見えたこと」(https://www.bengo4.com/c_5/n_13965/)

(61) 法律的には、焼肉チェーン店は、食べログの行為が、独占禁止法が禁じる「優越的地位の濫用」に当たると主張しています。

食べログ側は、裁判において、当初はアルゴリズムの開示を拒んでいたようですが、最終的には開示に応じたとの報道がされています。

このように、裁判でアルゴリズムの透明性が争われる事件も出てきていますので、ＡＩについても透明性が争われる事件がいずれ出てくると思われます。裁判において、ＡＩのアルゴリズムやデータは、企業秘密なので開示したくないが、裁判で負けないためにはやむを得ずに開示せざるを得ないという状況になることも考えられます。その際には、ＡＩのアルゴリズムやデータについてどこまで開示するのかについて検討が迫られることになるでしょう。

Ⅶ　人間の判断の関与

1　人間の判断の関与・制御可能性の倫理原則とは

(1) 人間の判断の関与を求める必要がある理由

もし、ＡＩが下した判断のみで採用・昇進や有罪・無罪が決まるとしたら、多くの人はその判断を受け入れないのではないでしょうか。ＡＩ脅威論の一つとして、ＡＩによってそのような社会が実現してしまうことによる懸念があると思われます。

そのためか、ＡＩ倫理の原則の一つとして「人間の判断の関与」が取り上げられています。人間の判断の関与は、英語では、「Human in the loop」と言われることもあります。人間を、ＡＩによる処理のループの中のどこかに入れる、というイメージです。

では、なぜ、ＡＩの利用において人間の関与が必要なのでしょうか。人間の判断の関与を求める必要がある理由として、主に三つ挙げることができます。

第一は、ＡＩの精度は完璧なものでなく、間違える可能性があるからです。ＡＩが間違った判断をしたとしても、人間がダブルチェックすることで、誤判断を防ぐことができます。

第二には、現時点のＡＩは、与えられた問題のみを判断することしかできず、与えられた問題以外の問題や、倫理や社会の状況といった複雑な問題について考慮することはできないからです。そのため、与えられた問題以外の問題や倫理や社会の状況といった複雑な問題については、人間が考えて最終判断を下す必要があります。

ＡＩが与えられた問題しか判断できないことは「フレーム問題」[62]といわれています。ＡＩは、世のなかで起こり得るすべての事象から、行うべき分析・判断に必要な情報のみを選び出すことができないという問題であり、古くから論じられています。また、倫理といった複雑な問題については、現時点では、数学的にモデル化できておらず、ＡＩは判断できません[63]。そのため、人間

(62) John McCarthy と Patrick J. Hayes が提唱した概念で、「限られた処理能力しかない人工知能は、現実に起こりうる問題すべてに対処することができない問題」のことを意味します。

(63) そもそも、現時点でのＡＩは、人間と異なり「意味」を理解して処理しているわけではないので、倫理といった文脈に依存する事項について判断することができるようになるには相当の時間がかかると予想されます。

の判断が必要となります。

第三に、説明責任を果たすためです。人間が関与した場合には、なぜそのような判断をしたのか、人間に聞くことができます。聞かれた人間も、判断の理由を説明することができます。しかし、ＡＩが判断を下した場合、なぜそのような判断がされたのかがわからない場合があります。そのようなことを防ぐために、人間を関与させることが考えられます。また、人間から説明を受けたほうが納得しやすいといえます。

もっとも、逆にいえば、これらの問題が生じない場合には、人間の関与は不要であるともいえます。例えば、複雑であっても単なる計算であれば、人間がするよりもＡＩがした方が正確であり、人間の関与は不要でしょう。また、人がＡＩを利用する目的は、自動化による効率化のためなので、あらゆることに人間が関与するのであれば、ＡＩを利用する意味がなくなってしまいます。

それゆえ、あらゆる場合に人間判断を関与させるのが適切ということではなく、どのような場合に人間判断を関与させるのかを考える必要があります。

(2) AIによる判断と人間による判断の違い

ＡＩの判断プロセスに人間判断を関与させる場合、次の疑問が湧いてきます。

・人間の方がＡＩよりバイアスを持っているのではないか。

・人間だってなぜそのような結論に至ったのか説明できないのではないか。
・人間がなぜそのような結論に至ったか隠したり嘘をついた場合に、他人にはわからないのではないか（人間の方がブラックボックス）。

いずれも、その通りだと思われますが、ＡＩによる判断については、次のような特徴があります。

・ＡＩの判断は、同じＡＩモデルが多数の人に適用されることになるため（そうしないとＡＩを使う意味がありません）、ＡＩの判断により影響を受ける人数が格段に増える。
・ある特定のＡＩを皆が使うような社会では、一度低い評価とされた人は永遠に低い評価を受け続けることになってしまう（バーチャルスラムの形成）。
・ＡＩの判断が間違っていた場合、人間の場合と異なり、どのように修正すればよいか通常の人には方法がわからない（人間の場合にはその判断を批判し、批判された人間が考えを改めればすみます）。
・ＡＩの判断は、ネットワーク経由でなされるため、人間の場合のように対面で誤りを指摘するようなことはできず、その誤判断を誰にどのように抗議してよいか分かりにくい。
・人間が「データに基づくＡＩの判断だから」とＡＩの判断に依拠してしまう可能性がある（自動化バイアス）。

これらの特徴があるために、ＡＩが間違った判断をしてしまうと、その影響は、人間よりも格段に大きなものとなるおそれがあります。

（3）人間関与の方法

ＡＩに人間が関与するといっても、その方法は色々あります。

第一は、ＡＩを利用はするが最終判断を人間がするという方法です。先ほど紹介したＣＯＭＰＡＳの事例などが典型例です。医療のように、ＡＩが診断しても、最終的な診断は医師がしなければならないと法律で定められている場合もあります。

この方法ではＡＩは単なる道具にすぎません。最終判断は人間がすることになるので、判断の責任も人間が取ることになり、従来のやり方と大きく変わるところはありません。もっとも、判断する人間がＡＩに任せきりにしたり、ＡＩの判断に依存してしまうことが問題となります（自動化バイアス）。そのため、いかにして、そのようなことを防ぐかが課題となります。

第二に、ＡＩの動作を人間が監督するという方法です。自動運転車の動作を人間がモニターし、おかしな動きをした場合や、緊急事態が発生した場合には、人間が介入するという方法です。このケースでは、事故が発生した場合には、監督する方法が適切であったかということが問題になります。後述するウーバーの自動運転車事故の事案がこの問題を提起しています。

第三に、ＡＩの利用について、人間が同意をしなければ利用しない、あるいは異議をとなえる機会を付与するという方法があります。そのようにすることで、ＡＩを利用することについて人間の納得感を得る方法です。人間が事前に同意をしなければ利用しないという方法は、事前にＡＩの利用の可否に人間を関与させることになります。異議を述べる機会を与える方法は、事後的にＡＩの利用の可否に人間を関与させることになります。

このように、人間関与の方法といっても様々な方法があります。

(4) AIの制御可能性

ＡＩの制御可能性は、ＡＩを道具として使うのであれば、それは人間が判断可能であることが前提となりますし、ＡＩの暴走といった事態を防ぐためにも必要です。

もっとも、ＡＩは一定程度の範囲では自動で動くものです。例えば、掃除ロボットのルンバは人間が不在の時でも自動で掃除し、その動きを人間はコントロールしていませんが、電源を切ることはできます。ルンバの動きを人間はコントロールすべきでしょうか。どこまでの制御可能性があれば、社会的に許容されるのか、非常停止ボタンがあれば済むのか、人間がいつでもＡＩの動作に介入できるように設計すべきなのかは議論となるところです。

2　人間の判断の関与に関する各国のＡＩ倫理原則の内容

日本の「ＡＩ利活用原則」では、人間の判断の関与について、「適正利用の原則」の一環として、その必要性について指摘しています。同原則では、人間の判断の関与を必ずしも求めてはおらず、人間の判断の関与の要否について、基準例をふまえて、利用する分野や用途等に応じて検討することが期待されるとしています。

EUの「信頼できるAIのための倫理ガイドライン」では、AIは人間の自律性と判断をサポートしなければならないとし、人間判断の関与は、AIが人間の自律性を弱体化させたり、悪影響を及ぼすことを防ぐのに役立つとしていますが、人間判断の関与を必ずしも求めてはいません。米国の「倫理的に調整された設計 Ver. 2」では、人間判断の関与については特に触れていません。

このように、各国のAIの倫理原則は、人間判断の関与を必ずしも求めていません。AIを利用するメリットの大きな一つに自動化があることから、あらゆる場面において人間判断の関与を求めることは現実的ではありません。そこで、どのような場合に人間判断の関与が必要となるかが問題となりますが、この点について、各倫理原則において十分な記載は見られず、今後の議論の深化が望まれます。

倫理原則ではありませんが、自動的な処理について制限を加えている法律としてEUのGDPR（一般データ保護規則）があります。

GDPR二二条一項は「データ主体は、当該データ主体に関する法的効果を発生させる、または、当該データ主体に対して同様の重大な影響を及ぼすプロファイリングを含むもっぱら自動化された取扱いに基づいた決定の対象とされない権利を有する」と定めています。

このように、GDPRでは、重大な影響を及ぼす場合には、人間が関与しないでパーソナルデータを処理し、その結果を人間に適用することを禁止しています。もっとも、禁止されているのは「法的効果を発生させる場合」と「重大な影響を及ぼす場合」に限定されており、また、契約の締結・履行や本人の明示の同意がある場合などの例外が設けられています。GDPRは、人間判断の関与を求めることは、人間に重大な影響を与えるような場合に限定しているといえます。

3　COMPASの事例

前述したCOMPASの事例において、COMPASは高い精度を有しておらず、また、公平性に関して問題があったにもかかわらず、ウイスコンシン州最高裁は、被告人のデュー・プロセス（適正手続）を受ける権利を侵害しないと判断しました。

ウイスコンシン州最高裁がそのような結論を出したのは、被告人の量刑判断が、最終的には裁判官という人間が関与したうえでされていることもあると考えられます。

なお、ウイスコンシン州最高裁は、上記の判断をするにあたって、COMPASのリスクや特性が裁判官に説明されており、それが理解されたうえで利用されることを条件としています。このことは、人間が関与する場合には、人間がAIの特性を理解し、使いこなせていることが前提であることを示しているといえます。

4　ウーバーの事例

(1) 事案の概要

ウーバーの自動運転車は、二〇一八年、アリゾナ州で試験走行中、自転車を押して道路を横断していた歩行者をはねて死亡させました。

この自動運転車には、監視をするためにテストドライバーが乗っていました。車載カメラの映像によると、テストドライバーは、はねる直前までスマートフォンでテレビ番組を見ていました。ウーバーの自動運転車は、スウェーデンのボルボ社のSUV「XC90」に、ウーバーが開発した自動運転システムを搭載したものでした。このシステムは、LIDAR (Light Detection and Ranging)、レーダー、全方位カメラで周囲の物体を検出して、その移動方向と速度から物体を「自動車」「自転車」「歩行者」「その他」に分類するというものでした。なお、「XC90」には、ボルボ社の先進運転支援システム(ADAS)の自動ブレーキが装備されていましたが、自動運転による走行時に車両の動作が不安定になる可能性を減らすため、事故発生時は動かないように設定されていました。

事故の直前、自動運転システムは、歩行者との衝突の五・六秒前に歩行者を検出していましたが、この時点では歩行者を「自動車」に分類し、自動運転車両の左斜め前方に位置していたことから、衝突の危険性もないと判断していました。システムは、その後も歩行者を検出し続けていましたが、「自動車」「自転車」「その他」のいずれかに分類し、「歩行者」に分類することはありませんでした。移動方向については、歩行者は道路を横断していたにもかかわらず、「左側車線を走行」あるいは「静止」と推定していました。

システムが、歩行者との衝突の危険性を認識したのは、衝突のわずか一・二秒前でした。この時点でも分類は「自転車」であり、「歩行者」ではありませんでした。しかし、自動運転車の進路上で検出したことから衝突の危険性を認識して、危険回避に向けたシステムを作動させました。そして、衝突の〇・二秒前には警報でテストドライバーに危険を知らせましたが、テストドライバーが動画を見ていたため、ドライバーによってブレーキが踏まれたのは衝突の〇・七秒後でした。

(2) ウーバー事件の教訓

このようにウーバーの自動運転システムは、歩行者を歩行者と正確に分類することすらできていませんでした。ウーバーも事故を防ぐためにテストドライバーを配属して、安全性を確保していましたが、その監視役であるテストドライバーが業務を怠って、スマートフォンを見ていたため、事故が起こりました。

AIを人間がモニタリングすることで安全性を確保するような場合、この監視役の人間が安全性の最後の砦になるため、テストドライバーに対する安全教育や、テストドライバーに依存せずに安全性を確保するシステムを構築することが（本件ではボルボ社の自動ブレーキはオンにしておくべきだったかもしれません）重要であるといえます。

ＡＩシステム全体の安全性という観点からいえば、ＡＩそのものの安全性だけではなく、それをモニターする人間を含めた全体をＡＩシステムとして捉え、その安全性を確保するという視点が必要といえます。

Ⅷ　安全性・セキュリティ

1　安全性・セキュリティのＡＩ倫理原則の内容

ＡＩ倫理原則では、安全性・セキュリティについて挙げられています。ＡＩが利用されている自動運転車や医療機器については、人の命にかかわることから、特に高い安全性やセキュリティを確保することが求められます。もっとも、安全性やセキュリティの問題は、科学技術には必ずあり、ＡＩに特有の話ではないともいえます。安全性・セキュリティについての各国のＡＩ倫理原則については以下の通りとなります。

2　安全性・セキュリティに関する各国のＡＩ倫理原則の内容

(1)「AI利活用原則」

日本の「ＡＩ利活用原則」では、安全性・セキュリティについて、「安全の原則」と「セキュリティの原則」を分けて規定しています。

「安全の原則」では、ＡＩ利用者に人の生命・身体・財産への配慮を期待するとし、とるべき対策については、ＡＩが危害を及ぼした場合に講ずるべき措置について、あらかじめ整理しておくことが期待されるとしています。

また、「セキュリティの原則」では、①セキュリティ対策の実施、②セキュリティ対策のためのサービス提供等、③ＡＩの学習モデルに対するセキュリティ脆弱性への留意を期待するとしています。③は、学習モデルの生成及びその管理において、攻撃を受ける可能性があることに言及したものであり、ＡＩに特徴的なセキュリティの問題を指摘しています。

(2)「信頼できるAIのための倫理ガイドライン」

ＥＵの「信頼できるＡＩのための倫理ガイドライン」では、信頼できるＡＩに求められるものとして、技術的な頑健性と安全性を挙げています。具体的には、①攻撃に対する抵抗力とセキュリティ、②フォールバック・プラン[64]と安全性、③正確性、④信頼性と再現性が必要であるとされています。

求められる安全性のレベルについては、ＡＩのリスクの大きさによるとし、高いリスクがある場合には安全確保の手段の積極的な開発と試験が重要であるとしています。

このように、ＥＵのＡＩ倫理原則は、抽象的ではあるものの、抵抗力、フォールバック・プラン、信頼性、再現性などの概念について言及しています。

（3）「倫理的に調整された設計 Ver. 2」

米国の「倫理的に調整された設計 Ver. 2」では、開発者は「安全性についてのマインドセット」を持ち、「デザイン段階からの安全性」があるシステムを開発することが推奨されています。また、開発者のコミュニティは、安全性に関する研究やツールの共有を推進することや、特定の国や団体のためではなく広く共有された倫理や人類全体の利益のためにのみ開発することが推奨されています。米国のＡＩ倫理原則は、安全性・セキュリティそのものを規定するのではなく、それを支えるシステムやアプローチについて述べています。

3　安全性・セキュリティに関するＡＩ倫理原則のまとめ

ＡＩについて、どのような安全性・セキュリティが求められるかは、ＥＵの「信頼できるＡＩのための倫理ガイドライン」が述べるとおり、ＡＩのリスクの大きさなどによって変わり、一律の基準で判断できるものではありません。日本の「ＡＩ利活用原則」で安全性・セキュリティについて「配慮を期待する」といった抑制的な表現になっているのも、そのような考えが背景にあるのかもしれません。

安全性やセキュリティについては、ＡＩが利用されていない従来型の製品・サービスについても常に問題となるため、安全性についての人類の知見や経験は豊富にあるといえます。また、セキュリティについては、ＩＴ時代になってからは大きな問題となっており、ハッキングや不正利用などの事件がしばしば発生するので、その重要性について多くの人が認識しているでしょう。もっとも、安全やセキュリティについては、それを守ることの重要性が認識されているにもかかわらず、昔から相変わらず様々な事故が発生しています。これは、人間が危険性のある製品・サービスを利用する場合の永遠の課題といえるでしょう。

科学技術倫理においても、安全性についての議論は大きな割合を占めます。現時点では、ＡＩが利用された製品・サービスについて、人が死亡した事故や、セキュリティが破られて問題になった事例はそれほど多くありませんが、自動運転車が普及すれば、人の死亡事故は増えることは確実です。その場合には、ＡＩの安全性・セキュリティが改めて大きな問題となるはずです。

科学技術倫理においても、従来から安全性について議論されていたことから、以下では、まず、

(64) フォールバック・プランとは、問題発生時に停止するのではなく、機能や性能を制限しつつも動かすプランを意味し、万が一の事故に備えるフェイルバックとは意味が異なります。

科学技術倫理の教科書でよく取り上げられるフォードのピント事件とスペースシャトル・チャレンジャー号事件を取り上げたうえで、自動運転車に関する事例をいくつか取り上げます。

4　フォードピント事件

(1) 事案の概要

フォード社は、一九七一年、コンパクトカー「ピント」を発売しました。一九七二年、高速道路で突然エンストして停車したピントに後続車が追突したところ、ピントが炎上し、運転者が死亡、同乗者が重度の火傷を負う事故が発生しました。

ピントのガソリンタンクは、後部車軸とバンパーの間にあり、追突されるとガソリンタンクに穴が開きやすい構造になっていました。そのため、追突によりガソリンタンクが破損し、漏れ出たガソリンに引火して炎上したのです。

事故が発生する前に、アメリカ運輸省からこの燃料タンクの設計変更をすべきとの指摘がありましたが、フォード社は、設計を変更した場合の損失と受益の計算を行った文書を提出し、運輸省に対して再考を促していました。

その文書では、設計変更による安全性の向上によるコストの減少が四九五〇万ドル（死者数減：一八〇人×二〇万ドル、重傷者減：一八〇人×六・七万ドル、車両事故減：二一〇〇台×〇・〇七万ドル）、車両製造コストの増加分が一億三七〇〇万ドル（一二五〇万台×一一ドル）と見積もり、設計変更によるコスト増加が安全性向上によるコスト減少よりも上回るとしていました。そして、フォード社は、設計変更をすることなくピントを発売したところ、死亡事故が発生することになりました。

このピントの事故をめぐる製造物責任訴訟では、この計算が証拠として取り上げられ、フォード社には、通常の賠償金三五〇万ドルに加えて、懲罰的賠償が課され、一億ドルを越える賠償金支払いの判決が出されました。

(2) フォードピント事件の教訓

基本的には、安全性とコストはトレードオフの関係にあります。また、企業が製品を開発するにあたって、費用便益分析を行うことは通常のことです。

しかし、フォード社がしたような人の命を金銭に換算しコストを比較する費用便益分析は、社会的に許容されません。「人の命はお金で買えない」とよく言われることからわかるように、人の命を金銭で換算することについて多くの人は強い抵抗感を持っています。そのことは、この事件でフォード社に懲罰的賠償が課されたことを見ても明らかです[65]。

(65) 確かに、交通事故などで人が亡くなった場合の損害賠償の計算では、人の命を金銭で換算することになりますが、これはそのような方法でしか被害回復ができないからであって、人が亡くなる前に人の生命を金銭で換算することは社会的に許容されていないと考えられます。

この点、功利主義的な考えに立てば、フォード社がしたような考え方も成り立つ可能性がありますが、フォードピント事件は、世の中は必ずしも功利主義的な考え方を受け入れていないことを示しています。

もっとも、安全性を確保するために青天井でコストを負担することは現実的ではありません。もし、そうであるならば、自動車は戦車のような厚い装甲で覆い、住宅も木造住宅は禁止すべきでしょう。しかし、そのためには、莫大なコストがかかります。その意味で、人はコストを考えて安全性についてどこかで妥協しているのです。

では、このように安全性とコストがトレードオフの関係にある中で、企業は、どうすれば安全性について社会的批判を浴びないですむのでしょうか。

まず、最初に考えるべきことは、社会から求められている安全性を確保することでしょう。もっとも、何が「求められる安全性」といえるかは議論のあるところです。求められる安全性のレベルは時代や状況によって異なるので、この点については、関係者とのコミュニケーションや社会の状況をふまえて判断せざるを得ないでしょう。そして、社会から求められている安全性を確保することを大前提として満たしたうえで、コストを削減することや、上乗せする安全性について人の命を金銭に換算しないことを前提に費用便益分析することは認められるのではないでしょうか。

安全性とコストはトレードオフの関係にあるとしても、求められる安全性を犠牲にしてコスト削減を優先することは社会的に許容されないことを、フォードピント事件は教えてくれているといえます。

5 チャレンジャー号事件

(1) 事案の概要

スペースシャトル・チャレンジャー号は、一九八六年一月二八日、人々が見守る中、打ち上げられましたが、発射直後にブースター・ロケットの横側から炎が上がり、発射から七三秒後に大爆発を起こし、乗組員七人全員が死亡しました。

シャトルの側面の二つのブースター・ロケットは、その接合部にシールのためのゴム製のOリングが使われていました。事故の起きた日の打上げ時の気温はマイナス一～二℃であり、それまでの打上げ時の気温に比べて一三～一四℃低かったため、Oリングが硬化し弾性が失われて隙間ができ、その隙間から燃料が漏れて、ロケット下部の炎が燃え移って爆発したと推定されています。

このOリングについては、以前の打上げでも損傷が確認されていたことから、NASAとブースター・ロケットを製造したモートン・サイオコール社との間でも検討されていました。同社の技術者のロジャー・ボイジョリーは、低温におけるOリングの弾性の問題を懸念していました。温度とOリングの弾性との相関関係があることはわかっていましたが、打上げ前に手元にあったデータは不完全なものであり、打上げを中止するだけの明確な根拠になるものではありませんでした。

ボイジョリーは、気象予報により打上げ時の気温が極端に低くなることを知り、打上げ前日に、サイオコール社の幹部を通じてＮＡＳＡに対して打上げ延期の勧告をするように要請しました。それを受けて、サイオコール社とＮＡＳＡとの電話会議が開かれましたが、ＮＡＳＡのマネージャーの強い反対を受けました。

サイオコール社が最終的な判断をする段階で、副社長のジェラルド・メーソンは、打上げに反対していた技術担当副社長のロバート・ルンドに対して、「君は、技術者の帽子を脱いで、経営者の帽子をかぶりたまえ」と発言し、サイコオール社の経営者は、打上げに賛成するという最終判断を下しました。

ＮＡＳＡのマネージャーは、ボイジョリーによる警告があったにもかかわらず、低温での打上げが受入れ可能なリスクであると判断し、チャレンジャー号は打ち上げられ、その結果、上空で爆発するという惨事が発生することになりました。

なお、ボイジョリーは、会社の了解を得ないで、事故に関する資料を調査委員会に提出したり、会社に不利な証言をしたことから、最終的には会社を去らざるを得ませんでした。

(2) チャレンジャー号事件の教訓

チャレンジャー号事件は安全性に関する倫理について様々な教訓を含んでいますが、打上げというリスクのある活動を大規模かつ複雑なシステムにおいて行っている点で、ＡＩ開発にも教訓となるところは多いと思われます。

爆発が起こった後に、後知恵で、振り返って打上げを中止すればよかったというのは簡単ですが、打上げ時点では、Oリングについて気温が何度になれば危険な状態になるかという情報を誰も持っていませんでした。スペースシャトルのような大規模な複雑なシステムにおいては、リスク要因は数多くあります。Oリングのリスクは、スペースシャトルが抱えていた数多くのリスクの一つに過ぎません。そのような中で、不確定な情報に基づいて、すでに準備が整った打上げを中止するという判断をすることは容易ではありません。

不確定な情報がある限り、すべてを中止するというやり方もあるかもしれませんが、それでは、宇宙開発のようなリスクはあるが人類に進歩をもたらす事業をすることができなくなってしまいます。

このような事態を避けるためには、可能な限り情報を集めた上で、それでもなお不確定な情報は残ることから、不確定な情報の中でも適切な判断を行う枠組みを構築したり、そのような能力を養うことが重要であるといえます。

また、本件では、エンジニアが打上げに懸念を示していたにもかかわらず、それが採用されなかった点に関しても、組織のあり方として適切であったかという点を考えさせられます。技術担当副社長のロバート・ルンドが打上げに反対していたにもかかわらず、上級副社長のジェラルド・メーソンが、「技術者の帽子を脱いで、経営者の帽子をかぶりたまえ」と発言し、その意見を抑え込んだことは、安全性よりも合理性を優先した発言に聞こえます。

もっとも、米国だからこそ、技術者が声を上げることができたのかもしれません（ボイジョリーは最終的には会社を去らざるを得ませんでしたが）。最近の日本の企業不祥事においては、現場の声が上司によって抑え込まれたり、「言うべきことを言わず、言われた通りやればよい」という文化が根付いているケースが指摘されていますので、日本では、技術者が反対の声を上げることすらできないこともありえます。その意味で事故を防ぐためには組織文化が重要です。

組織文化について言えば、NASAも、経済的な理由から打上げを推進したわけではなく、その時点で利用可能な工学的データや過去の安全管理の経験に基づいて、打上げに関わるリスクを「受入れ可能」であるとみなし、技術的な逸脱をすることが日常的になっていたという組織文化が問題であったとの指摘もあります[66]。

日本においては、取引先の過剰な要求に対して断ることができない文化や、安全性やセキュリティに必要なリソースを割かないことや、データの記録が組織化されておらず隠ぺいが容易であることも、安全性やセキュリティの問題を生じさせる要因となっています。

安全性やセキュリティを確保するためには、これらの原因を取り除き、現場の意見が言いやすく、それが尊重されるような職場環境にすることも重要であるといえます。

6　チェロキーハッキング事件

(1) 事案の概要

フィアット・クライスラー社が生産・販売するジープ・チェロキーの一部車種には、通信会社スプリント社の携帯電話ネットワークによる車載インターネット接続システム「Uconnect」が搭載されていました。これにより、自動車の所有者は、自分のスマートフォンで、離れた場所からエンジンをかけ、GPSで車両の現在位置を把握し、盗難防止機能を起動することができるようになっていました。

このチェロキーに対して、サイバーセキュリティの専門家のチャーリー・ミラー氏とクリス・ヴァラセク氏が、自宅のノートパソコンから、Uconnectを通じて、走行中のチェロキーにハッキングし、エンジンを切ったり、ラジオ、ワイパー、エアコンなどを遠隔操作して、その様子をネットで公開しました。[67] これにより、Uconnectの脆弱性が明らかとなりました。

そのため、フィアット・クライスラー社は一四〇万台のチェロキーをリコールすることとなり

(66) 藤本温編『技術者倫理の世界〔第三版〕』（森北出版、二〇一五年）六頁。

(67) その詳細のレポートが、http://illmatics.com/Remote%20Car%20Hacking.pdf で公表されている。検証の様子は、Youtube の、https://www.youtube.com/watch?v=MK0SrxBC1xs&t=127s で公開されている。

ました。一四〇万台の車をリコールするには相当の費用がかかったと考えられます。

（2）チェロキーハッキング事件の教訓

ＩＴ社会においてサイバーセキュリティは重要であることはいうまでもありません。ＡＩは関係していませんが、例えば日本でも、セブンイレブンの７ｐａｙについて、「リスト型アカウントハッキング」を行った攻撃者が、利用者に成りすまして、不正利用する事件が発生しました。このようなハッキングを許したのは、複数端末からのログインに対する対策や二段階認証の検討が十分でなかったことが原因でした。７ｐａｙは、リリースのわずか一か月後にサービス廃止が決定されています。

また、ドコモ口座を利用した銀行口座からの不正引出し事件では、メールアドレスの認証だけでドコモ口座を開設することができたことや、ドコモ口座と銀行とを紐づける際の本人確認については銀行に対応が任されており、被害にあった一一の銀行では二段階認証を実施していませんでした。その脆弱性を突いて、攻撃者が利用者に成りすまして不正引出しをしていました。なお、ドコモ口座も最終的にはサービスは廃止されています[68]。

これらの事件は、被害額の総額は数千万円程度で大きくなかったものの、大きく報道され、サービスに対する信頼が失われサービスも廃止されることになりました。

数千万円の被害でもこれだけ大問題になるのですから、自動車のような人の生命・身体に危害を加えるおそれがあるもののセキュリティは、極めて高度に保たれる必要があります。しかし、将来の自動車は、ネットワークに接続することが想定されており、そのような場合にはハッキングされるリスクが指摘されています。自動車会社も各種の対策を練っていると思われますが、セキュリティはいたちごっこという面もあります。

人々の安全や安心を守ることは、企業が負っている倫理的な義務といえます。セキュリティを破られて大きな損害が生じた場合には、企業に対する責任を問う声は大きなものになることが想定されます。

Ⅸ　多様性・包摂性の確保

多くの国のＡＩ倫理原則では、多様性・包摂性が取り上げられています。

多様性（ダイバーシティ）とは、様々なものがあり変化に富むことを意味します。包摂性（インクルージョン）とは、いかなるものも排除されないことを意味します。

多様性を認めるのであれば、その中に様々な人・物が入ってくることになるため、多様性を確保するためには包摂性も必要となります。それゆえ、多様性と包摂性はセットであるともいえま

(68) ドコモ口座は、本人確認を厳格化したうえでサービスを再開し、その後、d払いに機能統合されています。

す。

各国のＡＩ倫理原則において、多様性・包摂性がどのように取り上げられているかをみると、まず、日本の「ＡＩ利活用原則」では、「基本理念」において「ＡＩの利活用において利用者の多様性を尊重し、多様な背景と価値観、考え方を持つ人々を包摂すること」と述べられ、多様性・包摂性が掲げられています。

ＥＵの「信頼できるＡＩのための倫理ガイドライン」では、多様性・包摂性は、ＡＩのライフサイクルのすべてにおいて確保されなければならないと述べ、そのために、①不公平なバイアスの回避と、②アクセシビリティとユニバーサルデザインが確保されなければならず、また、③ステークホルダーの関与が望ましいとしています。

米国の「倫理的に調整された設計 Ver. 2」では、ＡＩは文化的多様性を尊重・実現するように設計・運用されなければならないとしていますが、具体的な記載はありません。

多様性・包摂性は抽象的な概念であり、現時点では、その具体的内容は固まっていないため、ＡＩ倫理における今後の課題といえますが、ＥＵの「信頼できるＡＩのための倫理ガイドライン」が指摘するように、①不公平なバイアスの回避と、②アクセシビリティとユニバーサルデザイン、③ステークホルダーの関与に配慮することは重要と思われます。

X　サスティナビリティ（持続可能性）

サスティナビリティも、多くの国のＡＩ倫理原則で取り上げられています。

サスティナビリティとは、持続可能性を意味します。企業の観点からは、サスティナビリティとは、ビジネスにおいて、利益を追い求めるだけではなく、環境・社会・経済に与える影響や世の中全体のことを長期的な視点で考えることを意味します。

各国のＡＩ倫理原則において、サスティナビリティがどのように取り上げられているかをみると、次の通りとなります。

日本の「ＡＩ利活用原則」では、その「基本理念」において、「ＡＩネットワーク化により個人、地域社会、各国、国際社会が抱える様々な課題の解決を図り、持続可能な社会を実現すること」と述べられ、サスティナビリティがある社会の実現が掲げられています。

ＥＵの「信頼できるＡＩのための倫理ガイドライン」では、ＡＩのサスティナビリティと環境への責任が奨励されており、ＡＩのサプライチェーンのすべてにおいて、環境にやさしいことを確保する手段を講じることが奨励されています。

米国の「倫理的に調整された設計 Ver. 2」では、ＡＩは、国連のＳＤＧｓ（持続可能な開発目標）に貢献しなければならないとしています。

サスティナビリティも抽象的な概念であり、現時点では、その具体的内容は固まっていませんので、これもＡＩ倫理における今後の課題といえるでしょう。

もっとも、具体的な課題としては環境問題への配慮があげられます。ＡＩはコンピュータを使って計算処理することから、膨大な計算をする場合には大量の電力を消費することがあります。マサチューセッツ大学のエマ・ストラベルらの論文[69]によると、自然言語処理ＡＩのCO_2排出量を調査した結果、ＮＡＳ[70]を使ったTransformerというモデルでは二八四トンのCO_2を排出し、これは自動車が製造から廃棄までの全過程で排出するCO_2である五七トンの約五倍にあたるとしています。

このように高性能のＡＩは、開発や学習にあたって大量の電力を消費し、その結果、多くのCO_2を排出することになります。

このことは、CO_2を削減しようとする脱炭素社会を目指す世界の動きに逆行することになるため、大量に電力を消費するＡＩは、サスティナビリティに反するとして批判の対象となりえます。最近では、環境にやさしい「グリーンＡＩ」という概念が唱えられています。サスティナビリティの観点から省電力のＡＩを設計・利用したり、ＡＩが使用する電力に再生エネルギーを使うといった対策をとることも考えられます[71]。

XI　まとめ

1　ＡＩ倫理に対する対応方法

以上の通り、ＡＩで考慮すべき倫理原則として挙げられている、①人間の尊重、②多様性・包摂性の確保、③サステイナビリティ、④人間の判断の関与・制御可能性、⑤安全性・セキュリティ、⑥プライバシーの尊重、⑦公平性、⑧アカウンタビリティ、⑨透明性について、実際の事例などをふまえて解説してきました。

倫理原則に反するかについては、明確に違反しているもの、グレーゾーンのもの、一般的に問題ないとされているものに分けられます（図表３‐９）。

本書では、社会的に問題になった事例を中心に取り上げているため、倫理上問題がある事例が紹介されていますが、現実の社会では倫理上問題があるかどうかを簡単に判断できないグレーゾーンに該当するものもあり、グレーゾーンに該当する場合、社会的な文脈や事案に即したケースバイケースの判断が迫られ、その問題に対処する人の判断能力が試されることになります。各国

(69) Emma Strubell, Ananya Ganesh, Andrew McCallum, Energy and Policy Considerations for Deep Learning in NLP(arXiv:1906.02243).

(70) ニューラル・アーキテクチャー・サーチの略称で、自然言語処理の精度を高める処理のこと。

(71) ＡＩによる効率化・合理化により、今の社会で無駄に排出されているCO_2が削減されるメリットもありますので、たとえ多くの電力を消費したとしても、トータルでみれば、ＡＩを利用した方がCO_2を削減することになることも考えられます。

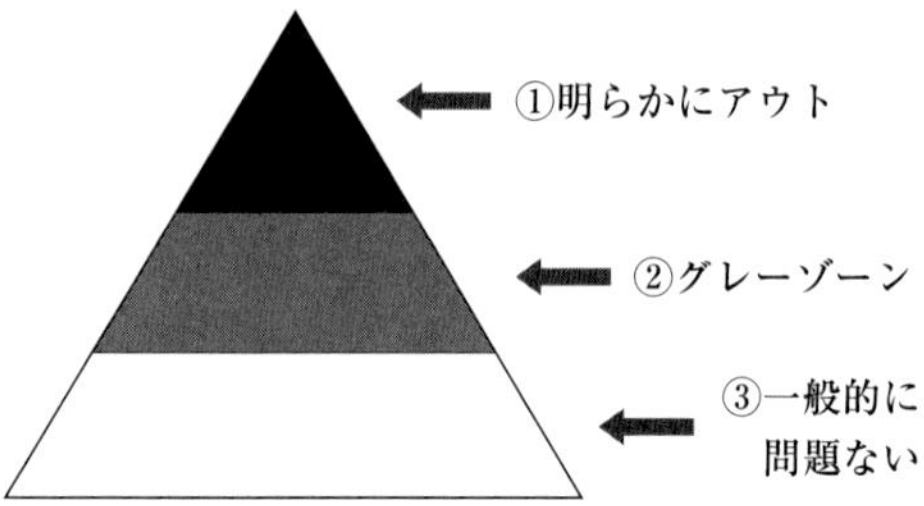

図表３-９　倫理違反の程度

から公表されている倫理原則とその解説や本書は、これらの判断をするにあたっての手がかりとすることができるでしょう。

ＡＩ倫理に対応する方法としては、大きく分けると、①技術的対応、②非技術的対応があります。

①技術的対応としては、設計段階、作成段階、品質管理、保守段階において技術的に対応することです。例えば、Ｔａｙのようなチャットボットにおいて、ユーザから学習する機能を搭載しないといった選択をすることが考えられます。そのような技術的対応をとれば、悪意のあるユーザから学習してヘイト発言をするという事態は防止することができます。しかし、技術的対応には限界があり、それだけでは不十分です。また、ＡＩチャットボットの事例では、ユーザから学習したいというニーズがある場合には、ユーザから学習する機能を設けないという選択肢はとることができません。

そこで、非技術的な対応をすることも検討する必要があります。

非技術的な対応としては、関係者のリテラシーを高める、説明文書により情報開示や注意・警告する、契約によりＡＩの利用方法について双方が合意する、ＡＩの利用について組織体制を整える（ガバナンスの整備）、社会とのコミュニケーション（対話）を活性化する、といったことが考えられます。

関係者のリテラシーを高める方法としては、開発者に対するＡＩ倫理の教育もありますが、利用者にＡＩの使い方について知識を普及させることも重要でしょう。社会とのコミュニケーション（対話）の活性化の方法については、具体的には、消費者と対話をする場を設けたりすることが考えられます。

技術的対応と非技術的対応は、それぞれ異なった特徴や効果があるので、ＡＩ倫理に対応するには、どちらか一方に依存するのではなく、技術的対応と非技術的対応をうまく組み合わせて最適な対応をすることを考えるべきでしょう。

2 リスクベースのアプローチ

ＡＩには、人に対する影響が少ないものから、生命・身体に害が及ぶ可能性があるもの、物理的に動作するものからウェブ上で完結するものまで様々です。人は、ＡＩを論じる時に、自分が取り扱っているＡＩを思い描いて論じてしまいがちですが、多様なＡＩをひとまとめにして論じることはできません。

そこで、ＡＩ倫理を考えるにあたっても、ＡＩが人に及ぼす影響の大小から、どのような対応をすべきかを考える「リスクベースアプローチ」という方法が考えられます。例えば、生命・身体に害が及ぶ可能性がある自動運転車については、高いアカウンタビリティや透明性を求めるとしても、掃除ロボットのようなリスクが低いものについては、高いアカウンタビリティや透明性を求めない、といった具合です。

ＥＵのＡＩ規則案も、ＡＩシステムの利用に関して、①許容できないリスク、②ハイリスク、③その他のリスク、④わずかなリスクというように、リスクを分類し、リスクの程度に応じて規制の内容を定める「リスクベースアプローチ」を採用しています。このことは、ＡＩ倫理を考えるにあたっても、ＡＩの性質・内容・リスクなどに応じて考えるべきことを示唆しています。

3　ＡＩの社会実装

(1)　ＡＩ原則実践のためのガバナンス・ガイドライン

ＡＩを社会に実装するには、ＡＩ倫理を抽象レベルで考えるだけではなく、実践に落とし込んでいく必要があります。

そのためのツールとしては、様々なものがありますが、例えば、ＡＩ原則の実践の在り方に関する検討会による「ＡＩ原則実践のためのガバナンス・ガイドライン ver. 1.1」[72]は、ＡＩ事業者の一四の行動目標、チェックリスト（評価項目例）、アジャイルガバナンスの採用を提言しています。

チェックリストという点では、「信頼できるＡＩのための倫理ガイドライン」を作成したＥＵ

のＡＩ高度専門家グループが作成した「ＡＬＴＡＩ：THE ASSESSMENT LIST ON TRUSTWORTHY ARTIFICIAL INTELLIGENCE」[73]も参考になります。

もっとも、チェックリストは十分検討した後で、漏れがないかチェックするために利用するのは有益ですが、人間は、その意味を考えることなく、機械的にチェックリストを満たしているか否かで判断してしまう傾向があるので、そのようなことがないように注意する必要があります。政府機関や大企業が、ＡＩ製品やサービスを購入する際にチェックリストを使うことも想定されますが、機械的にチェックリストを満たしているか否かで判断してしまうと、本当のリスクを見落としたり、有益なＡＩを形式的な面で除外してしまう危険があることに注意すべきでしょう。

（2）リスクチェーンモデル

ＡＩのリスクに対応する方法について、東京大学未来ビジョンセンターは、ＡＩに関する原則を実践に落とし込み、ＡＩサービス提供者が自らのＡＩサービスに係るリスクコントロールを検討するためのモデルとして、「リスクチェーンモデル」を提唱しています[74]。リスクチェーンモデ

(72) ＡＩ原則の実践の在り方に関する検討会ＡＩガバナンス・ガイドラインWG「ＡＩ原則実践のためのガバナンス・ガイドライン ver. 1.1」（二〇二二年一月二八日）。
(73) https://op.europa.eu/en/publication-detail/-/publication/73552fcd-f7c2-11ea-991b-01aa75ed71a1
(74) 東京大学未来ビジョンセンター 技術ガバナンス研究ユニット「リスクチェーンモデル（ＲＣＭｏｄｅｌ）ガイド Ver 1.0」（二〇二一年六月）。

ルで使われる図表は図表3‐10の通りです。

リスクチェーンモデルでは、倫理規範（アカウンタビリティ、尊厳や権利の尊重、プライバシー、公平性、透明性）についても考慮する対象とされています。

リスクチェーンモデルでは、AIモデル・AIシステムやサービス提供者側の要因だけではなく、ユーザ側における要因（ユーザの能力や期待値）なども取り込んでリスク評価するとしています。このようなリスクチェーンモデルは、AI倫理を含むAIのリスクを総合的に評価し、コントロールするための枠組みとして参考になります。

もっとも、今までに紹介した対応方法やルールは、あくまでツールにしかすぎません。

AI倫理において最も重要なことは、徳倫理学が説くように、AIを開発・利用するにあたって責任を持つということはどういうことか、責任を持つことがなぜ重要なのかを自分自身で理解するため深く考えることではないか、ということを述べて本章の結語とさせていただきます。

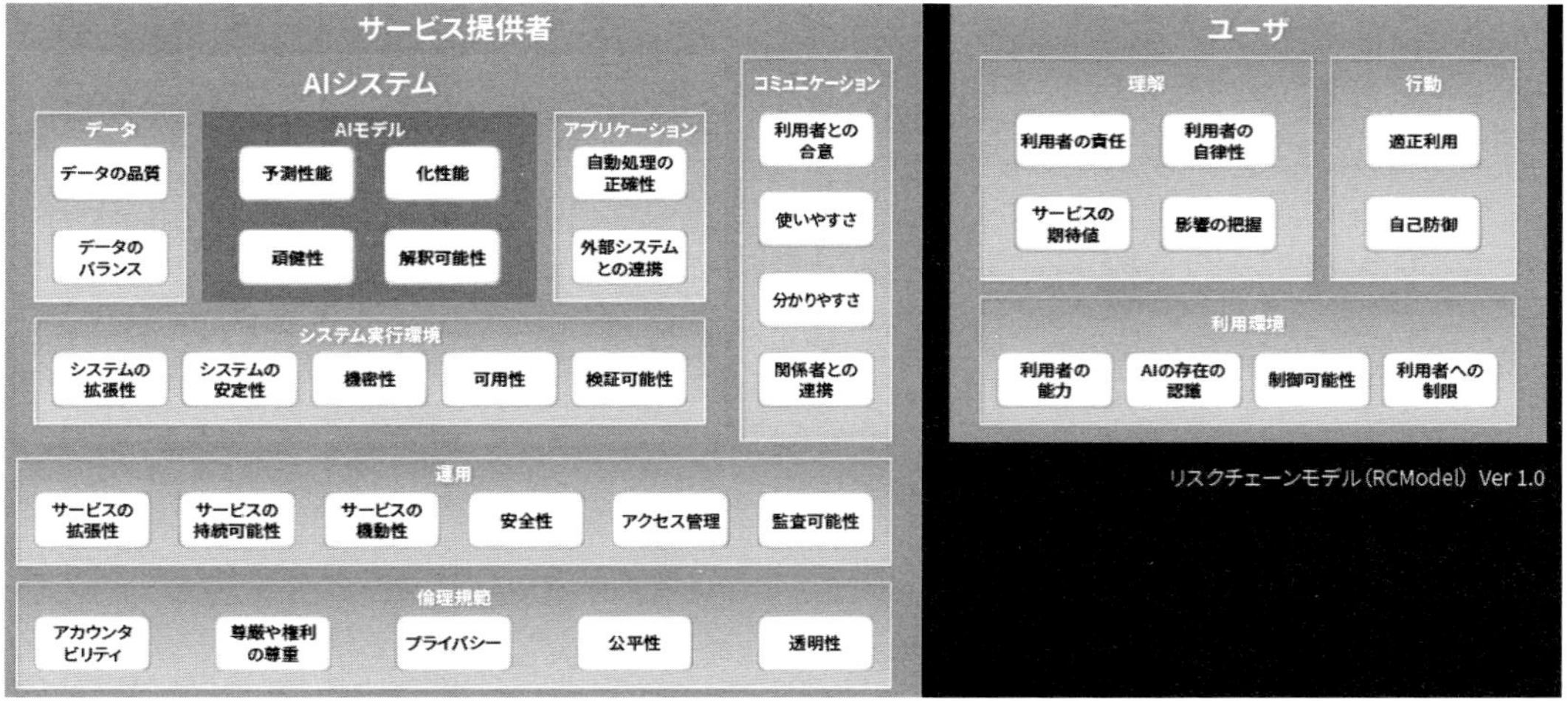

図表３-10　リスクチェーンモデル（RCModel）ver 1.0

第四章

AI倫理に対する企業の取組み

I　AI倫理に関するソニーの取組み
――クリエイティビティとテクノロジーの力で、世界を感動で満たす

ソニーグループ株式会社　法務部　法務グループ　有坂陽子

I　ソニーグループAI倫理ガイドライン

1　ソニーグループAI倫理ガイドラインの策定経緯

ソニーは、「クリエイティビティとテクノロジーの力で世界を感動で満たす」というPurpose（存在意義）と「人に近づく」という経営の方向性のもと、「人」を軸とした、エレクトロニクス、ゲーム、音楽、映画、金融等多様な事業を展開しています。

二〇一六年に、ソニーは、映像・音響技術、センサー、メカトロニクスなどの技術を、人工知能（AI）、ロボティクス、通信などと組み合わせ、エレクトロニクスの場を広げる新たな提案を行っていくことを経営方針説明会において表明しました。その当時、AIに関する議論が世界的に活発になっていました。社会課題の解決や産業の発展にAIをどう役立てるか、といったポジティブな議論がある一方で、AIの普及により、プライバシーの侵害、格差、差別、失業など、新たな課題を引き起こすのではないか、人の思考を奪い、さらには人類の存在を脅かすのではないか、といった懸念に関する議論があり、米国大手IT企業や各国の政府、研究機関が、所謂「AI倫理」に関する原則を発表し始めていました。

ソニーでは、AI倫理について、二〇一六年から法務部をはじめとした部署において関連する情報を収集・分析し、社内のAI・ロボット関連の技術に詳しいエンジニアや標準化に詳しいメンバーとともに、「ソニーグループAI倫理ガイドライン」の策定を推し進めました。「人」、人間らしさとは何かを問い続けることが「倫理」であり、「人」を精神的に豊かにすることに文化や「感動」が生まれると考えた場合、変化し得る多様な価値観、技術の進展、それらを取り巻く法律・判例等の欠如を「リスク」と捉えて指摘するのではなく、技術やビジネスの開発を加速させるためのレールを敷き、「感動」の基盤を創ることがガイドラインの策定の意義であるという思いを持っておりました。この思いをもとに、設計構想の段階から倫理的要素を含めて考えることで、社会に受容される技術やサービス、製品の開発を加速させることを目指し、ガイドラインを策定しました。

2　ソニーグループＡＩ倫理ガイドラインの内容

二〇一八年九月に、ソニーは、「ソニーグループＡＩ倫理ガイドライン」を公開しました。これはソニーグループのすべての役員および従業員がＡＩの活用や研究開発を行う際の指針を定めたものです。このガイドラインでは、ＡＩの活用により平和で持続可能な社会の発展に貢献し、人々に「感動」を提供することを目指すと明言するとともに、ＡＩのあり方についての対話を促していきます。このガイドラインでは、以下の七つの項目を定めています。

①豊かな生活とより良い社会の実現：ソニーは、ＡＩに関する研究開発を進め社会と調和したＡＩの活用を促進することで人々の可能性を広げて生活をより豊かにし、クリエイティブで新たな感動を数多く提供して文明の発展と文化の向上に資することを目指します。ソニーは、ＡＩの力を、地球規模の問題解決への貢献や平和で持続可能な社会の発展のために活用するよう努めます。

②ステークホルダーとの対話：ソニーは、ＡＩのより良い活用に努めるとともに、ＡＩを活用する上で生じる課題の解決のために、お客様やクリエイターの方々をはじめ多様なステークホルダーの関心に配慮し、関連する企業、団体および学術コミュニティ等と積極的に対話を進めま

す。また、対話の内容およびその結果をソニーの研究者や開発者を含め関連する事業に関わるソニーの役員および従業員に共有し、様々なステークホルダーとの更なる対話を行うための仕組みを構築します。

③安心して使える商品・サービスの提供：ソニーは、ＡＩを活用した商品・サービスの安全性を目指すとともに、不正なアクセス等セキュリティリスクに継続的に対応してまいります。また、ＡＩのシステム構築において、統計的あるいは確率的な手法が用いられる場合があることから、ソニーは、このような手法の特性を理解した上でシステム全体の設計を行うなど、安心して使えるＡＩの提供に努めます。

④プライバシーの保護：ソニーは、法令および関連する社内規則に従い、ＡＩを活用した商品・サービスに関連して把握するお客様の個人情報保護に関するセキュリティを強化し、お客様の意思を尊重して個人情報を取り扱う環境を築き、お客様からの信頼を確保するよう努めます。

⑤公平性の尊重：ソニーは、ＡＩの活用において、不当な差別を起こさないよう、多様性やお客様をはじめ様々なステークホルダーの人権を尊重するとともに、ソニーおよび関連する業界での活動を通じて社会課題の解決に寄与するよう努めます。

⑥透明性の追求：ソニーは、商品・サービスにおいて活用されたＡＩによる判断の理由が捕捉可能となるような仕組みを、当該商品・サービスの企画・設計段階においてあらかじめ導入する可能性を追求していきます。また、お客様が当該商品・サービスを利用した場合に想定される

影響に関して、理解しやすい説明や情報を提供するよう努めます。

⑦ＡＩの発展と人材の育成：これまでも技術の進展により人々の生活は変化してきました。ソニーは、ＡＩを活用した商品・サービスが社会に与える影響を認識した上で、より良い社会を実現するＡＩの発展に貢献し、ＡＩの活用や研究開発を通じて明るい未来を形創ることができる人材の育成に積極的に取り組んでいきます。

このガイドラインの特徴の一つは、ソニーが事業を行う基盤となる考えを取り入れたことにあります。たとえば、第一条では、「生活を豊かにし、感動を提供して文化の向上を目指す」ことが述べられていますが、これはソニーの原点である「設立趣意書」をベースにしています。このガイドラインの草案の段階から、エレクトロニクス、ゲーム、音楽、映画、金融事業等ソニーグループ内のみならず、社外の一般社団法人日本人工知能学会の倫理委員会にもレビューを依頼し、そのフィードバックをこのガイドラインに反映させています。

ガイドラインの策定プロセスにおいては、ソニーグループ内からは「ガイドラインがあることで業務プロセスが増えるのではないか」という意見も出ました。また、国や地域、製品、コンテンツ、サービスごとにＡＩ倫理に対する考え方や価値観の違いがあり、多様なビジネス領域への慎重な配慮が必要でした。たとえば、「公平性」という概念においても、国や地域により、その表現が持つ文化や歴史やセンシティビティが異なること、また業界によっても捉え方に相違がある点も策定の過程であらためて認識することがありました。エンタテインメント業界では、エンタテインメントを生み出すアーティストやクリエイターの「表現の自由」と「倫理」の間でときには議論があり、そのようなエンタテインメント業界の「倫理」と、「安心」や品質の「安全」に関わるエレクトロニクス業界や「安心」とライフプランをしっかりと支える金融業界における「倫理」とでは、価値観や基準が異なり、それぞれの領域の「倫理」に対する認識の違いを理解した上で、ＡＩ倫理に関する統一ガイドラインを策定するには度重なる議論が必要となりました。しかし、ガイドライン策定初期の段階から、ＡＩ倫理に関するマネジメントレベルの関心が高かったこともあり、前述のとおり、製品、サービス、コンテンツの企画、設計の初期の段階から、倫理的な要素を含めて考えることが、むしろ企画や開発を促し、ＡＩの発展に資するということがソニーグループ内においても理解されるようになり、本ガイドラインの導入に至りました。策定以来、既に一度の改訂を経ていますが、今後も多様な意見を取り入れて必要に応じて柔軟にガイドラインの改訂を行う方針です。

Ⅱ　ソニーにおけるＡＩ倫理の推進体制と取組み

1　ソニーグループＡＩ倫理委員会

「ソニーグループＡＩ倫理ガイドライン」の策定および公開後、ソニーにおけるＡＩの積極的活用や研究開発をさらに促進するとともに、そうした活用や研究開発が、ガイドラインに沿って、社会的・倫理的な妥当性をもって行われているかを確認し、多様な視点から審査する機関として、「ソニーグループＡＩ倫理委員会」を設置しました。審査を行うメンバーは、多様な事業に知見を持ち、人種、国籍、性別、専門性等の観点から異なるバックグラウンドを持つ役員レベルのメンバーで構成され、ＡＩの技術進化や、社会情勢等の変化に柔軟に対応すべく継続的に見直し、改善を図っています。前述のとおり、国や地域、製品、コンテンツ、サービスごとにＡＩ倫理に対する考え方や価値観の違いがある点は、審査の過程でも明らかになることがあり、多様な視点で質疑応答や議論が交わされることで、製品・サービス・コンテンツ自体の可能性がさらに広がったり、ＡＩ倫理に関する深い理解とさらなる挑戦を目の当たりにしたりすることがあります。人は、家庭環境、教育、見聞きする情報、世論、文化、宗教、人間関係を含め、日々の環境や経験の中から自分なりの公平性の概念や他者への信頼（時には不信）を育んでおり、法律により守られる範囲よりも広い範囲である、人権保護の観点で守るべき範囲の概念の大きさは異なっています。例えば、プライバシー保護の観点で守るべき範囲が、法律のみではなく、歴史上の背景から異なり、何をもってプライバシー侵害と感じるか、プライバシー侵害というデメリットを超える便益があるかどうか、人によって異なります。また、国等の公共の機関への信頼等が、公表されている情報や政治体制や政治参加の度合いから異なることがあり、ある事由を差別と捉えるのか、正当な区別と捉えるのか、安心・安全や効率的な公共サービスの提供に資すると考えるか否か等、視点が異なります。この相違が、AIを含む製品・サービス・コンテンツの提供のあり方において、大きく議論になります。さらに、AI技術を開発し、性能を高め、世の中に与える利便性をいち早く提供することと、絶え間ない議論や対話が必要となる公平性や透明性を追求することは、本来は両立することを目指すものの、最終的にラインを引く基準としては、「クリエイティビティとテクノロジーの力で世界を感動で満たす」というソニーのPurpose（存在意義）に立ち戻り議論を深めることもあります。AI技術の受容性は、属する社会により異なるものの、国・地域を超えて人が行き交い、インターネット上で瞬時につながる世界においてビジネスを行うためには、一つのPurpose（存在意義）をもとに多様な視点で議論を重ねることが重要であり、同じテーマで数か月継続して徹底的に意見を交わしたこともありました。ソニーの創業者の一人である井深大は、「企業もお城と同じもの。強い石垣はいろいろな形の石をうまくかみ合わせることによってできる。」という言葉をのこしています。多様な価値観の集合体の中から新しい発想が生まれ、その結果、次々と新しい製品・コンテンツ・サービスが生み出されたソニーの歴史の中で、どのように社内でＡＩ倫理を発展させていくかは今後もさらに試行錯誤が続くものと感じています。当該審査のほか、「ソニーグループＡＩ倫理委員会」では、ガイドラインの実践のために、社内教育・啓発やアセスメント体制・プロセス・ツールの整備を行っています。

2　アセスメント体制・プロセスの整備

ソニーは、主にエレクトロニクスの製品・サービスの企画・開発・設計・製造から販売・カスタマーサービスまでのプロセス全体で、品質マネジメント体制と必要な社内ルールを構築しています。エレクトロニクスの各事業におけるＡＩを利用した製品・サービスあるいは社内業務に関して、品質担当組織をはじめ、法務、プライバシー、サステナビリティを担当する部署や各事業を行っている部署と横断的な連携体制を整え、ＡＩの利用事例を収集するとともに、製品・サービスの企画・設計・検証の各過程でＡＩ倫理という観点でのリスクアセスメントを行う体制・プロセスを導入しています。上記の品質マネジメントのプロセスと連携し、「ソニーグループＡＩ倫理ガイドライン」の実践を担保することを目的とした「チェックリスト」（リスク特定、分析、評価、対応計画を行うツール）を整備しており、ＡＩの技術進化や、社会情勢等の変化に柔軟に対応し改訂を行う予定です。特に、透明性や公平性を担保し、グローバルに複雑化するプライバシー規制を踏まえたＡＩ倫理のガバナンス体制を構築するために、プロセスを柔軟に見直すことが重要であると考えています。

また、機械学習の推定根拠を示すXＡＩ技術や敵対的攻撃の対策など、「Fairness, Transparency, Accountability」（公平性、透明性、アカウンタビリティ）を担保するためのソリューションを社内で整備して、上記のアセスメントと合わせ、社内のＡＩ開発をサポートしています。これら技術の一部は、以下の社外向けソリューションとしても提供しています。

①Neural Network Console：「Neural Network Console」は、コーディング不要でディープラーニングを用いた高度なＡＩ開発を実現できるツールです。「Neural Network Console」は、ドラッグ&ドロップによる簡単操作でディープラーニングの研究開発を可能にするツールで、画像分類における判断根拠を可視化する「Grad-CAM」、同様の機能を持つ「LIME」、「SHAP」、さらに、各データがディープニューラルネットワークへ及ぼす影響度を求める「SGD Influence」も実装しています。

②Prediction One：「Prediction One」は、専門知識がない人でも簡単にＡＩによる予測分析を可能とするソフトウエアです。「Prediction One」では予測に大きく関係する項目を可視化する機能により、利用者が予測根拠を推定することが可能となります。

3　ＡＩ倫理に関する社内教育・啓発

「ソニーグループＡＩ倫理ガイドライン」をふまえて、ソニーグループ社員のＡＩ倫理に関する理解を深めるために、啓発活動として最新のトピックを取り入れたe-Learning等を活用した教育を実施するとともに、社外から講師を招いた講演会やシンポジウムを開催し、議論を行っています。また、後述の社外活動における議論において生まれた知見や成果を社内に取り入れるとともに、ステークホルダーとも積極的に対話を重ねることで、アカウンタビリティと透明性を追求することを目指しています。また、上記のアセスメントの過程で利用するチェックリストを使いこなすために、アセスメントを行う担当者向けにも研修を行っております。この研修の中では、まさに本書の第三章でも触れられているような他社の事例を多角的な側面から紹介しています。世界各国・地域のＡＩ倫理に関する動向を知ることで、ＡＩ倫理の観点からどのようにリスクを特定し、分析し、評価し、多様なステークホルダーの存在や懸念をふまえた上でリスクシナリオを策定し、当該シナリオにどう対応するかを学んでいき、実践に活かすことができるためです。

さらに、社内においてもＡＩ倫理のポータルサイトを設け、たとえばＡＩ倫理やアセスメントに関して使用する用語集を公開して、多様な事業において使用する言葉の意味を統一してソニーグループ内での相互の理解を深める等、ＡＩ倫理における認知度をさらに高める活動も積極的に行っています。

Ⅲ　ステークホルダーとの対話

ソニーは、ＡＩの利用による倫理的な課題に関して、お客様やクリエーターの方々をはじめ多様なステークホルダーの関心に配慮し、関連する企業、団体および学術コミュニティ等と積極的に対話を進めています。

二〇一七年五月、ＡＩ技術の啓発と倫理面を含む人間社会の課題解決に共同で取り組み、人間社会に貢献することを目的として設立された非営利団体である「パートナーシップ・オン・ＡＩ（ＰＡＩ）」に日本企業として初めて参画しました。ＰＡＩにおいて、ソニーは、ＡＩやロボティクスにかかる研究開発や事業活動を通じて得られた知見を活かし、「Fairness, Transparency, Accountability」（公平性、透明性、アカウンタビリティ）に関する複数のワーキンググループで貢献してきました。たとえば、「ＡＩの社会的影響」をテーマとしたワーキンググループ「Social and Societal Influences of AI」ではチェアマンを務め、現在はエキスパート・アドバイザーとしてＰＡＩの戦略計画にアドバイスを行うとともに、機械学習の透明性を向上させる〝ABOUT ML（Machine Learning）〟という活動のステアリングコミッティも務めています。また、「Explainability Research Project」および「Diversity and Inclusion Research Project」のエキスパート・アドバイザーも務めています。

日本においては、二〇一九年二月に公表された日本経済団体連合会「ＡＩ活用戦略」や、同年三月に公表された内閣府「人間中心のＡＩ社会原則」など、ＡＩをより良い形で社会実装していくための原則や指針づくりにも参画しています。また、社会全体におけるＡＩネットワーク化の推進に向けた社会的・経済的・倫理的・法的課題を総合的に検討することを目的として開催されている、総務省「ＡＩネットワーク社会推進会議」に構成員として参画しています。さらに、二〇二〇年六月に設立された、人間中心の考えに基づく責任あるＡＩの開発と使用に取り組むイニシアチブである「ＡＩに関するグローバルパートナーシップ（Global Partnership on AI）」にも参加し、新型コロナウイルス感染症を始めとする感染症の流行に対して責任あるＡＩのソリューション開発を支援するためのワーキンググループである「AI and Pandemic Response」の構成員も務めています。国内外においてＡＩ利用に関する議論に参画することを通じて、ＡＩの利活用に関連して社会が直面する課題に対する理解を深め、その解決の一助に向けて貢献するとともに、当該貢献を通じて得た知見や情報をソニー社内に還元することで、ＡＩ倫理に関する取組みをソニーの価値向上につなげ、より堅固な「感動」の基盤を作ることを目指しています。

Ⅱ　マイクロソフトの責任あるＡＩの取組み

日本マイクロソフト株式会社　業務執行役員
政策渉外・法務本部　副本部長　弁護士　舟山　聡

Ⅰ　マイクロソフトのいま

1　マイクロソフトの企業使命

マイクロソフトは、「地球上のすべての個人とすべての組織が、より多くのことを達成できるようにする」を企業使命として、各種ビジネスソフトウェアやハードウェア製品の提供、クラウドサービスの提供などを行っています。全世界一八万一〇〇〇人の従業員（二〇二一年六月三〇日現在）が勤務しています。

2　Windows と Office の会社からクラウドとＡＩの会社へ

ところで、マイクロソフトといえば、どんなイメージをお持ちでしょうか。ビル・ゲイツの会社、Windows、Office ソフト、といったイメージを持つ方も多いことでしょう。でも、マイクロソフトのいまは、それだけではありません。パソコンにソフトウェアを組み込んで販売していたビジネスモデルは、大規模なデータセンターからクラウドサービスとして提供されるビジネスモデルへと変わってきています。クラウドサービスの一つである Microsoft Azure では、画像認識、音声認識、機械翻訳、音声合成など、人間の認知に類似した機能を、AI技術の専門知識がなくても、開発や分析に活用することができます。[1] マイクロソフトの他の製品・サービスにおいても、たとえば、作成した文書を認識して音声で読み上げてくれたり、[2] 複数のデザインパターンを提示してプレゼン資料の作成を手伝ってくれたりする機能など、[3] 便利な機能が組み込まれるようになってきています。画面と現実世界を重ねて見られるゴーグル状のヘッドセットを提供したりも[4]しています。Windows と Office の会社から、クラウドとAIの会社へ、マイクロソフトも、他の会社と同様、時代の波とともに大きな変革のさなかにあるのです。

Ⅱ　AI倫理の課題とマイクロソフトの責任あるAIの原則

1　AI倫理とマイクロソフト・リサーチ

マイクロソフトの社内で、どの部署が早くからAI開発における新たな倫理の課題を認識していたのかというと、その一つは間違いなくマイクロソフトの研究機関であるマイクロソフト・リサーチ（ＭＳＲ）です。マイクロソフトには、現在、世界八か所にマイクロソフト・リサーチの研究機関があり、一〇〇〇名以上の研究者が、ＡＩ関連の技術を研究しています。その研究分野は、たとえば、アルゴリズム、ＡＩと機械学習、音声と聴覚、視覚、データの管理、分析、可視化、生態学と環境学、経済学、画像とマルチメディア、ハードウェアとデバイス、人間とコンピューターの相互作用、言語技術、数学、医療と遺伝子、プログラム言語とソフトウェア工学、量子コンピューター、検索、セキュリティ、プライバシーと暗号化技術、社会科学、システムとネットワーク、新興市場におけるテクノロジーなど、幅広い研究テーマが含まれています。

2　マイクロソフトの責任あるＡＩ原則のコンセプト

ＭＳＲがＡＩ関連技術を研究する中で、マイクロソフトとしてＡＩ倫理の課題を認識したとき、これに速やかに対応できたのか、そしてスムーズに対処できたのかというと、決してそのようなことはありません。時間をかけて議論をし、少しずつ積み重ねてきました。失敗から学び、対応方針を策定し、体制を構築してきました。それは今も進化し続けています。

（１）Cognitive Services —ＡＩソリューション向けＡＰＩ— Microsoft Azure
（２）［読み上げ］音声合成機能を使用してテキストを読み上げる（microsoft.com）
（３）スライドのデザイン アイデアを取得する（microsoft.com）
（４）HoloLens 2—概要、機能、仕様— Microsoft HoloLens

二〇一六年、マイクロソフトのCEOのサティア・ナデラは、責任あるＡＩのコンセプトを発表しました。[5] もちろんまだ完全なものではありませんでしたが、ＡＩ倫理の課題に向けて、いくつかの方針を打ち出しました。ＡＩは人をサポートするように設計されなければならないこと、ＡＩの技術や仕組みには透明性を確保しなければならないこと、ＡＩは人の尊厳を侵害することなく、効率を最大化するものでなければならないこと、ＡＩは個人情報や機密情報が高度に保護されるように設計しなければならないこと、ＡＩから想定外の結果が生じるようなら人が修正できるように、アルゴリズムの説明が可能になるようなものでなければならないこと、ＡＩは偏見や差別が生じないようなものでなければならないこと、などが掲げられています。同時に、人間自身に求められること、すなわち未来の子どもたちにとって必要なこととして、機械で実現することは難しいであろう共感するということ、高度な思考やスキルを身につけるための教育に投資すること、創造性を養うこと、最終的な判断を行い、それに責任を持つこと、を指摘しています。

3　ＡＥＴＨＥＲ委員会の発足

責任あるＡＩのコンセプトの発表後、二〇一七年には、研究開発の責任者ハリー・シャムと、政策渉外・法務の責任者ブラッド・スミスが、AI and Ethics in Engineering and Research（ＡＥＴＨＥＲ）委員会を設立し、[6] 社内の関連部門から上位の役職者を代表メンバーとして構成しました。

ＡＥＴＨＥＲ委員会は、ＡＩや関連技術の開発や実装に関して、日々生じる疑問、新たな課題、あるいはビジネスチャンスについて議論する場であり、諮問機関としての役割を担っています。ここでは、ルールやプロセスを策定し、成功事例を収集し、ビジネス部門へのアドバイスを行います。また、ＡＥＴＨＥＲ委員会の下部組織には、ワーキンググループが構成されました。ワーキンググループは六部会に分かれており、偏見や公平性、エンジニアリングのベストプラクティス、人間とＡＩの関係性、説明可能性、認識と認知、信頼性と安全性などのテーマを扱っています。

４　責任あるＡＩ原則の発表

二〇一八年一月一七日、マイクロソフトは、ＡＩ技術開発を進めるうえで必要となる倫理的要件を定め、六つのＡＩ原則として発表しました（「The Future Computed：ＡＩとその社会における役割[7]」）。

その内容は概要以下のようなものです。

（５）Microsoft CEO Satya Nadella: Humans and A.I. can work together to solve society's challenges. (slate.com)
（６）Satya Nadella email to employees: Embracing our future: Intelligent Cloud and Intelligent Edge - Stories (microsoft.com)
（７）Future Computed：ＡＩとその社会における役割― News Center Japan (microsoft.com)

①公平性：訓練データの偏りなどから、ＡＩに偏見が入り込まないようにすることを意味します。たとえば、白人男性の顔の認識はうまくいくのに、有色人種の女性の場合にはうまくいかないとき、訓練データに白人男性の写真ばかりを使ったのが理由だとすれば、それは公平性に疑問があることになります。また、ＡＩシステムが治療方法について判断をするとき、同様の症状には同様の治療方法の提案がなされなければならないし、雇用の採否について判断をするとき、同様の資格や資質を有する応募者には同様の採否の提案がなされなければならないはずです。

②信頼性と安全性：ＡＩシステムが、想定外の状況でも安全に動作するよう設計されなければならないことを意味します。これには、網羅的かつ十分なテストを経由しなければならないこと、さらには、当初の意図に反して「進化」してしまうことがないことも含まれます。事故があってはならないような自動運転の領域を考えれば、この重要性は言うまでもないでしょう。したがって、仮に、自動車メーカー自身が、安全性の観点から自動運転車の市場投入を見送っている段階なら、ソフトウェアメーカーも、実装より研究開発に投資するべきという判断になることでしょう。

③プライバシーとセキュリティ：ＡＩシステムがプライバシー法制やセキュリティ基準に適合したものでなければならないことを意味します。各国のプライバシー法制は、自己のデータの収集、利用、廃棄に至るまで、データが自己のコントロールの下にあることを求める傾向にあります。一定のデータを国内に保管させ、国外への越境にはデータ保護の観点からの制約を求め

る場合もあります。プライバシーやセキュリティに関する国際標準は、プライバシー保護の枠組みを示し、技術的な対応を規定しています。年々手法が進化するサイバー犯罪に対し、効果的な防御対策も必要です。こうした法制度の遵守、国際標準への準拠等により、プライバシー保護、セキュリティ対策をきちんと行う必要があるのです。

④包摂性：ＡＩシステムが、多様な人々を包摂できるよう配慮した設計によって、幅広い人々のニーズに対応できることを意味します。意図せずに一定の人を排除してしまうような製品やサービスであってはいけません。この点、ＡＩシステムはむしろ、障がいのある方にもチャンスとなる可能性を秘めています。たとえば視覚障がいがある人でも、人工知能の技術によって、周囲の状況をカメラやセンサーが認識し、認識されたものが音声となって耳に届けられることで、障がいを乗り越えて活躍できる可能性があるのです。

⑤透明性：どのようにＡＩやデータが使われているか、という情報が提供されなければならないことを意味します。その情報によって人は、ＡＩが判断に利用されていることを理解し、潜在的な偏見、エラー、意図しない結果などに、より気が付きやすくなります。もっとも、ここで重要なのは、どのような情報が提供されれば透明性が確保されたことになるのか、ということです。専門家にしか分からないならば、透明性を確保したことにはなりません。まだ研究途上のものもありますが、説明可能なＡＩへ近づくためのツールもいくつか出されてきており、これらの有効性やＡＩの性能への影響も検証しながら、考えていく必要があります。

⑥アカウンタビリティ：ＡＩシステムの設計、実装の際、そのシステムの動作について説明ができなければならないことを意味します。ＡＩのアカウンタビリティの規範は、既に知見がある他の分野、すなわちヘルスケア領域やプライバシー領域での経験や実績が参考になります（米国ワシントン大学の教授オレン・エツィオーニが、医療従事者が行うヒポクラテスの誓いをベースに、ＡＩ開発者向けのヒポクラテスの誓いを提案した例がありますⁿ）。そして、その説明を尽くす先は、状況によって、政府関係者であったり、取引先企業であったり、個々のユーザーになるでしょう。

5　責任あるＡＩ原則における六項目の関係性

この六つの原則の関係性ですが、透明性の確保と、アカウンタビリティは、いわばＡＩ原則を支える基盤となるものです。これらの基盤の上に、公平性、信頼性と安全性、プライバシーとセキュリティ、包摂性といった四項目が位置付けられます。四項目それぞれの取組みを進める上でも、透明性の確保、アカウンタビリティが意識されることになります。

6　責任あるＡＩ原則は誰のためのものか

そして、これらの六つの原則は、ＡＩ技術の開発者・提供者側だけに必要というものではありません。ＡＩの技術に不可欠な、データの提供者にもこのような視点は重要となります。また、こうした技術の利用者側にとっても重要です。ルールベースのアルゴリズムと異なり、ＡＩのモデルにおいて、出力結果の理由を検証することは困難です。これは利用者側でも理解しておくべき倫理的要件です。その意味では、ＡＩと倫理の問題は、様々な利害関係者にとって共通の課題であり、責任を共有すべき問題ともいうことができます。

こうした様々な利害関係者を考えるとき、その倫理や価値基準は一つの国や地域のみから来るとは限りません。マイクロソフトのプレジデント兼チーフ・リーガル・オフィサーのブラッド・スミスは、こう述べています。「ＡＩの議論は、世界中で始まっています。我々は、倫理について、グローバルな規模で会話し、検討していく必要があります。その会話とは、世の東西から、偉大なる哲学と倫理の伝統を統合するようなものです。すなわちソクラテスと孔子が出会うような議論が必要です。[9]」

Ⅲ　責任あるＡＩ原則の実践のための組織体制

1　責任あるＡＩオフィスの設置

さて、ＡＩ原則のフレームワークを策定しても、これを単なる宣言にとどめることなく実践し

（8）https://techcrunch.com/2018/03/14/a-hippocratic-oath-for-artificial-intelligence-practitioners/
（9）https://www.linkedin.com/pulse/east-meets-west-world-must-come-together-establish-ethical-brad-smith/

ていかなければ、責任あるＡＩの構想は画に描いた餅となってしまいます。そしてすぐに、ハイレベルのＡＥＴＨＥＲ委員会や個別のテーマを議論するワーキンググループだけでは、とても手が足りない状況となりました。

そこで、二〇一九年に入ると、政策渉外・法務本部の中に、責任あるＡＩオフィスが設置されました。この責任あるＡＩオフィスの最高責任者であるナターシャ・クランプトンは、二〇二一年一月一九日、責任あるＡＩのプログラムの実践について、どのような取組みをし、そこから何を学んだかについて発表しています[10]。

2　責任あるＡＩオフィスの役割

責任あるＡＩオフィスには、主に四つの活動領域があります。第一に、ガバナンス、すなわち社内の関連チームの役割と責任の分担を定義し、社内規定を整備すること、第二に、実践の支援、すなわち責任あるＡＩ実践のためのガイド、ツールを作成し、顧客企業や取引先企業に提供していくこと、第三に、案件の審査、すなわち倫理的課題を含む個々の案件を検討し支援すること、第四に、政策渉外活動、すなわち新しい法令、社会規範、技術標準などの策定に協力し外部に働きかけること、となります。

Ⅳ　責任あるＡＩオフィスによるガバナンス

1　ハブアンドスポーク方式

責任あるＡＩオフィスによるガバナンスのアプローチは、車輪で言うところの中心部分（ハブ）と、外側に広がっていく部分（スポーク）になぞらえて、ハブアンドスポーク方式と呼んでいます。これは、プライバシー、セキュリティ、アクセシビリティなどの要件を製品やサービスに組み込んでいく際にも採用し、成功してきた手法です。

「ハブ」となる部分に位置するのが、まずはＡＥＴＨＥＲ委員会です。その下部組織のワーキンググループもあります。ここでは、科学分野や工学分野でトップクラスの人材が、最先端の技術動向など、その分野における専門知識を提供します。つぎに、責任あるＡＩオフィスです。ここではガバナンス、実践の支援、案件の審査、政策渉外活動を統括します。さらに、最近、技術部門、エンジニアリングチームにおける責任あるＡＩ戦略のグループ（ＲＡＩＳＥ：Responsible AI Strategy in Engineering）が組織されました。ここでは、エンジニアリング部門が、システムやツールによって、責任あるＡＩ原則に基づく開発プロセスを実装できるように取り組んでいます。

(10) マイクロソフトの責任あるＡＩプログラムの詳細について— News Center Japan (microsoft.com)

これら三つのグループからなる「ハブ」が協力し、責任あるＡＩを実践するための社内基準を策定し、「スポーク」部分である関係部門やチームによるそれぞれの取組みを推進し、アカウンタビリティを果たせるよう支えていく、という構造です。

そして、「スポーク」となる部分には、責任あるＡＩの旗振り役（チャンプ）のコミュニティが作られています。それぞれのビジネス部門や統括地域における上位の役職者から任命されたチャンプが、社内のエンジニアリングチームや営業チームの中に配属され、マイクロソフトの責任あるＡＩのアプローチ、そのツールやプロセスについて情報提供を行うほか、それぞれのチームにおける具体的な課題について相談を受けたりアドバイスをしたりします。

2 社内規定の策定と改訂

二〇一九年秋、社内では、責任あるＡＩの基準（Responsible AI Standard）の初版がリリースされました。これは、マイクロソフトの理念に基づく責任あるＡＩ原則を、どう実行していくのかを定めたルールです。この基準は、きっとそこから得られる学びがあるだろうということでリリースされたもので、原則から実践へと移行する全社的な取組みがまだ初期段階であることを意識したものでした。エンジニアリング部門の一〇グループと、顧客に対面する営業部門の二チームを対象とした試験適用を行ってみると、それらのルールにも、うまく機能する部分とそうでない部分があることが分かりました。「どのような懸念が生じるのか、事例が示されていてありがたい」との意見もあれば、「基準に示されていた検討事項の範囲が広すぎる」として、より具体的な要件や基準を求める意見もありました。「もっとツールやテンプレート、システムを用意してもらいたい」、あるいは「既存の開発プロセスに組み込んでもらいたい」といった声もありました。

現在は、責任あるＡＩの基準の第二版を試験適用中です。改訂版では、それまでの研究とエンジニアリングの強固な基盤をベースに、人間中心のアプローチを採用しています。これにより、ＡＩシステムを開発するチームには、原則が求めるゴールに沿って要件を満たすことが義務付けられます。こうしたゴール設定をすることにより、エンジニアリングチームは問題解決に対する潜在能力を発揮し、それらの要件について文脈に沿った対応ができるようになります。

そして、責任あるＡＩの基準における個々の要件については、チームで利用できるような実装方法を構築していく予定です。この実装方法には、社内外から収集され、改善されてきたツールやパターン、手法なども含まれます。これは、全社で、複数年にわたって継続する予定ですが、責任あるＡＩを全社規模で運用するためには不可欠な取組みであると考えています。

Ⅴ　責任あるＡＩオフィスによる実践の支援

1　責任あるＡＩ原則実践のためのガイドライン等の提供

ここで、マイクロソフトが、責任あるＡＩのウェブサイト[11]を通じて案内している運用ガイドラインやチェックリストを五つ紹介します。いずれもＡＩ開発の際に参考になる指針、プロセス、留意事項などが含まれています。

（1）人間──AIインタラクションガイドライン[12]

このガイドラインは、二〇一九年五月、ワシントン大学とＭＳＲの研究者が発表した一九ページの研究論文を基に、ＡＩの設計から開発、利用において留意するべきポイントをまとめたものです。二〇年にわたる研究の成果として、四九名の技術者が協力し、二〇のＡＩ製品でこのガイドラインの有効性がテストされ、一八項目のガイドラインにまとめられています。その項目は概要以下のようなものです。

①当該システムは何ができるのか明確にする。
②当該システムができる内容について、どの程度できるのか明確にする（あるいは、どのくらい失敗

するのかの情報を提供する）。

③文脈に沿ってタイミングよく提供する（現在位置情報を提供する場合など）。

④関連性の高い情報を提供する（近所の映画の興行情報を提供する場合など）。

⑤社会規範と適合させる（ＡＩに丁寧な言葉遣いをさせるなど）。

⑥社会の偏見を軽減する。

⑦効果的な起動をサポートする。

⑧ＡＩからの提案であっても人間がそれを無視できるようにしておく。

⑨修正できるようにしておく。

⑩疑わしいときは調整可能にしておく（一つに決めつけず複数の選択肢を設けておくなど）。

⑪システムがなぜそのような動作をしたか明確にする。

⑫前のやり取りを記憶させておく。

⑬ユーザーの行動から学べるようにする。

⑭慎重に更新、変更を行う。

⑮細かなフィードバックを求めていく。

⑯ユーザーのリアクションの結果をＡＩシステムに伝えていく。

(11) 責任あるＡＩのリソース― Microsoft AI

(12) Guidelines for Human-AI Interaction - Microsoft Research

⑰包括的コントロールを提供する（ＡＩシステムがどのようにモニタリングし、どのように動作するかについて、包括的に調節可能にする）。
⑱ユーザーに変更を通知する。

（2） 会話型ＡＩのガイドライン[13]

これは、二〇一八年一一月、マイクロソフトが発表した責任ある会話型ＡＩのガイドラインです。人間を第一に考え、サービスへの信頼を構築するには、どのようにチャットボットを設計するべきか、一〇の項目にまとめています。その項目は、概要以下のようなものです。

①チャットボットの目的を明確化する。重大な結果をもたらすようなユースケースの場合は特に注意する。
②製品やサービスの一部にチャットボットを使用している事実をきちんと伝える。
③チャットボットが対応できない場合にはスムーズに人間が対応できるようにしておく。
④文化的な規範を尊重し、不正な利用を防止するような設計にする。
⑤安定して稼働するようにしておく。
⑥人々に対して公平に対応するように設計する。
⑦ユーザーの個人情報を尊重する。

⑧データのセキュリティ確保をしっかりと行う。
⑨アクセシビリティ対応に配慮した設計にする。
⑩結果に対して責任を果たす（将来それが可能だとしても、自律的に動作するチャットボット開発までの道のりは遠い。したがって当面は人間がチャットボットの出力結果に対して責任を負っている、との考え方）。

（3） インクルーシブデザインのためのガイドライン[14]

インクルーシブ（包摂性）というのは、多様性を受け入れて、障がいのある方も含めて、使いやすいＡＩを開発していこうという考え方です。二〇一六年にマイクロソフトが出したこのガイドラインには、インクルーシブデザインの原則が記載されています。そもそも、人の置かれた状況は、その人によって様々です。たとえば、生まれつき腕が不自由な方もいれば、けがが治るまでの間だけ腕が自由に使えない方もいます。あるいは子どもを抱いていて一時的に腕が自由にならないという状況もあるでしょう。製品やサービスの設計において、知らないうちにこうした方々にとって使いにくいものになっていないか、様々なケースを想定し、多様性に学ぶ必要があります。そして、もしかすると一握りの方への解決策だと思って対応したことが、実は多くの人にも使いやすくなるということがあり、そうした知見を設計、開発に活かしていくことが求めら

（13） Responsible bots: 10 guidelines for developers of conversational AI - Microsoft Research
（14） Microsoft Design

れています。

（4）AI公平性チェックリスト(15)

このチェックリストは、二〇二〇年三月、カーネギーメロン大学、MSR（NY、カナダ）の研究者が発表した二〇ページの研究論文を基に作成されたもので、チェックリストそのものは六ページにまとまっています。さてここで、なにをもって公平というのかは、なかなか難しい問題です。チェックリストの冒頭では、公平性は複雑な概念で、その文脈と深く関わっているため、公平性の定義は難しく、様々なAIの適用場面で常に適合するような一律の定義はない、としています。そもそも人には既に何らかの偏見があり、人がAIシステムを開発する以上、システムから偏見を完全に取り除くことは困難です。公平性が一律に定義できない以上、それを保証することも難しいでしょう。公平性を確保するためにできることは、公平性に対する偏見の要素をできる限り検出し、軽減していくことです。ただ、その際に重要なのは、AIの性能とのバランスを考慮しなければならないことです。なぜなら、AIシステムにおいて公平性の優先順位をあげるということは、他の要素の優先順位を下げることにつながることがあるからです。したがって、優先順位、調整過程も含めて透明化、明確化していくことも必要です。この文書には、初期の構想段階から、仕様やデータセットの確定の段階、試作品の段階、開発の段階、製品リリースの段階、リリース後の段階に分けて、公平性確保の観点からどのような点に留意すべきか、チェック項目がまとめられています。

(5) データセットのデータシート(16)

この文書は、二〇一八年三月、Black in AI、ワシントン大学、コーネル大学、MSRの研究者が発表した一八ページの研究論文を基に作成されたもので、六ページにわたるテンプレートです。ここでは、データセットについて確認すべき項目が質問形式で記載され、これに回答していくとチェックできるようになっています。上から順番に見ていくだけで、データ提供者や担当者がどのような手順で進めるべきかが分かります。データセットが作成されたそもそもの動機、経緯、資金提供者といった質問にはじまり、データの内容の詳細に関する質問、収集プロセス、データに対する前処理やクレンジング、ラベリングに関する質問へと続きます。そして、データの利用状況や想定シナリオ、第三者への流通予定、その後のデータのメンテナンスなどの質問もあります。こうした情報を、いわばデータの取扱い説明書のようにデータと一緒に保管し流通させることで、開発担当者はこれを踏まえた開発ができます。

---

(15) Co-Designing Checklists to Understand Organizational Challenges and Opportunities around Fairness in AI - Microsoft Research
(16) Datasheets for Datasets - Microsoft Research

2　責任あるＡＩを実践するためのツールの提供

責任あるＡＩを実践する手法は、誰もが、なるべく簡単で手軽なものにしたいと思うでしょう。大量のガイドラインやチェックリストの類を読まないといけないとなると、それを理解するのも大変、それに沿って実装するのも大変です。そこで、開発のプロセスに組み込むことができるツールがあれば便利です。

マイクロソフトも、グローバルに言語や文化の異なる多数の社員がいますから、責任あるＡＩの開発手法を展開していくときにはツールがあった方が良いに決まっています。また、今後のＡＩ開発、運用の世界的な拡大を考えると、マイクロソフトだけの問題ではなく、お客様や取引先企業にとっても、自分自身で責任あるＡＩを実践できるツールがあれば効率的です。

マイクロソフトでは、一部こうしたツールの外部提供を始めています。これまでの研究成果を、使いやすいツールの形にして提供することで、データサイエンティストや開発担当者の方が、クラウドサービスと合わせて機械学習のプロセスを進められるよう支援しています。責任あるＡＩの実践に合わせて、責任ある機械学習[17]と呼んでいます。以下、こうした開発者向けの技術ツールを、三つご紹介します。

（1） InterpretML[18]

このツールは、ＡＩモデルの透明性やアカウンタビリティの確保につながるものです。

ＡＩのモデルは、その性質上、なぜそうした判断となったのか、理由を理解して説明することは困難です。透明性がなく、ブラックボックスと言われることもあります。また、ＡＩの動作の説明のしやすさは、そのシステムが採用している手法によって差があり、説明しやすいシステムを求めればＡＩの性能が落ちるなど、相反するトレードオフの関係が生じることもあります。

もしＡＩモデルの可視化ができれば、データサイエンティスト、開発者だけでなく、ビジネス側の担当者やユーザーも含め、当該ＡＩモデルについての理解が飛躍的に深まるでしょう。開発中の調整や修正、モデルの予測の説明が容易になるだけでなく、コンプライアンス上必要な監査も可能になるかもしれません。

InterpretML のソフトウェア開発キット（ＳＤＫ）を使うと、あたかもブラックボックスだったＡＩモデルを透明な箱に入れ替えたかのように、当該モデルがどのような特徴量をどのように重みづけしているかを確認することができます。また、訓練データの分布や個々のデータの特徴を確認することもできます。たとえばデータやパラメータを見直し、ビジネスニーズにあった新たなモデルを生成したり、あるいはユーザーインターフェースを修正し、違和感のない表示に直

（17） 責任ある機械学習― Microsoft Azure
（18） GitHub - interpretml/interpret: Fit interpretable models. Explain blackbox machine learning.

した上で、推論結果を表示するようにしたり、などと、透明性やアカウンタビリティを意識したＡＩモデル開発ができるようになるのです。

(2) Fairlearn[19]

このツールは、公平性を担保するためのものです。Fairlearn のソフトウェア開発キット（ＳＤＫ）を用いると、ＡＩモデル内で何らかの偏見が生じていないかを検知することができます。

このツールでは、まず、機械学習モデルの性能をどう評価するか、その尺度として一般的に用いられている正確性、精度、リコールなどから選択します。たとえば、正確性を選ぶと、当該モデルにおける、あるデータに含まれる要素の有無の判断について、正確性がどのくらいか、推論結果との間に何らかの関係性があるのか、確認することができます。

そして、本来ならそこまで強い関係性があってはならないはずだという場合には、その強い関係性は、一種の偏見として作用していることになります。

このような場合、その偏見を軽減するための調整を行うことができます。また、あるデータに含まれる要素の有無の判断について、正確性を下げると、推論結果との関連性が薄まる、といったような、性能と偏見との相関関係もグラフで示してくれます。さらに、そのグラフ上で、これらの指標を段階的に変化させたＡＩモデルを複数提示してくれます。

ビジネスニーズに合わせて、たとえば、データに含まれる一定の要素について正確性を求めないことで、偏見の発生を抑制できるようなモデルを選べば、目的に合ったＡＩモデルが構築できるようになっています。

(3) SmartNoise[20]

このツールは、新たな観点からプライバシーに対するリスクを軽減するためのものです。

ＡＩ開発の現場では、機微な個人情報を含むデータの分析が必要となるケースが出てきます。たとえば、実際の患者のデータを使って、特定の病気から快復した患者の再入院率を予測するＡＩモデルを開発したいといった場合です。こうしたケースでは、開発段階からプライバシーに配慮し、個人情報の保護に留意する必要があります。

従来は、個人の識別につながる一定の情報を削除したり、部分的に編集して対応したりしてきました。しかし、最近では、従来のプライバシー保護技術では限界があると言われています。たとえば、せっかく個人情報を含むデータの非識別化をしても、様々な他のデータのオープン化によりアクセスが容易になり、これらをつなげることで、再識別化されてしまうこともあります。また、せっかくデータを部分編集してプライバシーを保護したと思ったら、データが完全でないためにＡＩモデルの性能が上がらず実際の役に立たないということもあります。

(19) GitHub - fairlearn/fairlearn: A Python package to assess and improve fairness of machine learning models.
(20) GitHub - opendp/smartnoise-sdk: Tools and service for differentially private processing of tabular and relational data

こうして、研究されてきたのが差分プライバシーの技術です。差分プライバシーの技術を用いたSmartNoiseのツールを使うと、対象のデータセットに統計的な「ノイズ」が慎重に挿入されます。それによって、データへのアクセスに適切な制限がかかり、推論結果には影響を及ぼさないままで、プライバシーに対するリスクを軽減することができるのです。

これらはマイクロソフトのクラウドサービスであるAzure Machine Learningのソフトウェア開発キット（ＳＤＫ）に組み込まれています。モデルの学習を自動化する機能（自動化された機械学習：AutoML）にも組み込まれているため、データサイエンティストは、生産性を損なう事なく、責任あるＡＩへ向けたモデル開発に取り組むことができます。

Ⅵ　責任あるＡＩオフィスによる案件の審査

1　機微な利用に関するプロセス

これまで、責任あるＡＩオフィスによるガバナンス、また実践支援の例として、ガイドラインやチェックリスト、ツールの提供についてご紹介してきました。しかし、こうした準備をある程度しているつもりでも、現実には、日々様々な案件が持ち込まれ、新たな課題が持ち上がります。もとより、社会も技術も日々動いて進化しているのですから、すべてをあらかじめルールに落とし込むことには無理があります。その時点で可能な限りの知恵を結集し、実際の案件に柔軟に対応していくことが必要です。

そこで、マイクロソフトでは、影響が大きいと考えられる一定の案件については、課題や疑問点を継続的に検討し、アドバイスしていく社内プロセスを構築することにしました。このプロセスは、機微な利用に関するプロセス（sensitive uses process）として、対象となる利用案件について、責任あるＡＩオフィスに報告し、審査を受けるようになっています。

ここで注意しなければならない点は、既にサービス化されているものはともかくとして、マイクロソフトのビジネスモデルにおいて、実際にＡＩ開発、運用、利用を行うのはお客様であるということです。マイクロソフトはお客様にＡＩ開発のプラットフォームを提供する立場に過ぎません。それにもかかわらず、お客様に対してマイクロソフトのルールをあてはめるべきなのか、どこまで踏み込むべきなのかは難しい問題です。少しずつでもお客様の理解を得られるよう、まずは一緒に課題に向き合うことができればと考えています。

2　プロセスの対象となる案件のカテゴリ

この、機微な利用に関する審査プロセスの対象案件は、以下の三つのカテゴリに区分しています。対象範囲をあまり厳格にしてしまうと、意図せず対象から漏れてしまうことも考えられるため、現在のところはなるべく広く、緩やかにとらえるようにしています。

①法的地位・生活サービスなど社会的影響が大きいもの：刑事司法上の判断支援、ローンの与信審査、住居の入居審査、保険の加入、入学の決定、雇用の採否など。
②物理的・精神的な危害のリスクが高いもの：自動運転、医療診断、治療の判断、精神疾患判断、従業員の労働環境の安全性判断など。
③個人の自由やプライバシーの侵害など、人権侵害リスクがあるもの：その他人権の重大な侵害につながるようなＡＩの利用シナリオ、人種差別、表現の自由やプライバシーの侵害につながりそうなものなど。

3　審査案件の具体例

マイクロソフトでは、二〇一九年七月以降二〇〇件以上の案件を審査してきましたが、二〇二〇年三月からはその件数が増加しています。お客様がマイクロソフトのＡＩ技術を活用し、データとＡＩを用いて、新型コロナウイルスの課題に対処するシナリオの案件も多くなっています。

これまで、次にあげるようないくつかの審査を経験し、グレーゾーンの扱いについての議論が深まりました。また、仮にビジネスチャンスを失うことがあっても、越えてはならないという新たな境界線を設けることにもつながりました。[21][22]

(1) 米国警察当局による顔認識技術の利用

米国カリフォルニア州の警察当局から、警察官や警察車両のパトロール中に、ウェアラブルカメラやドライブレコーダーを使ってリアルタイムに顔認識技術を利用したいという案件が持ち込まれたことがあります。マイクロソフトでは、その目的が人権や適正手続保障という観点から問題がないか、現在提供しているAIサービスがその目的達成に必要な技術的なレベルに達しているか、といった角度から検討を行い、技術的課題、社会的議論と法整備の必要性を理由に、二〇一八年当時の判断としてAIシステムの提供を辞退しました。

(2) 米国の刑務所での顔認識技術の利用

また、米国のある刑務所で、所内カメラの画像データをAIで分析し活用したいという案件があり、検討されたことがあります。このケースでは、対象が当該刑務所内に限定されていること、刑務所や受刑者の安全確保や健康状態確認のためであること等の理由から、前に進めることになりました。

(21) Microsoft turned down facial-recognition sales on human rights concerns — Reuters
(22) Microsoft President Brad Smith Discusses The Ethics Of Artificial Intelligence : NPR

（３）米国陸軍でのヘッドセットとAIサービスの利用

さらには、米国陸軍との契約で、ＡＲ（拡張現実：Augmented Reality）のヘッドセットおよびこれに関連してＡＩサービスを提供するという案件が検討された際には、より複雑で難しい問題に直面しました。

戦争や人の生命身体に関わる、一つの国の軍隊への技術やサービスの提供について、倫理的にどう考えるのかという問題です。米国に本社を置く多国籍企業として、米国の安全保障や民主主義についての価値をどう考えるのか、といった難しい議論でもありました。

仮に経営層や倫理委員会がゴーサインを出したからと言って、個々の従業員がこれに賛成とも限りません。マイクロソフトではグローバルで約一八万人の従業員が勤務しており、多様な価値観が存在しています。出身、経歴、信条等から、このようなプロジェクトには携わりたくないという従業員もいるかもしれません。これに対応する新たな配慮も必要になりました。

4　案件審査からの三つの学び

他にも多数の複雑なケースを扱う中で、三つの重要な学びを得ることができました。第一に、様々なリスクについて、明確な議論ができるようになったということです。個々の事案の内容を詳細に掘り下げていくことで、丁寧な議論が可能となります。たとえば、失敗や誤用が生じた場合に関係者への影響がどうなるのか、特定の利用ニーズに対して十分な技術水準が確保できているのかなど、多面的観点から検討することができるようになりました。第二に、ベンチマークと運用テストの結果が、重要な役割を果たすことに気づいたということです。事前に社内外のベンチーマークや運用テストの結果があってはじめて、今回のＡＩシステムが問題ないものか、利用者に提供するサービスとして十分なものか、適合性の判断ができるわけです。そして第三に、コミュニケーションの重要性です。責任を持ってＡＩシステムを開発、展開していくためには、それぞれの段階でお客様と十分なコミュニケーションを取りながら進めていく必要があることも学びました。

Ⅶ　責任あるＡＩオフィスによる政策渉外活動

1　法執行機関による顔認識技術の利用と法整備

マイクロソフトは、ＡＩ技術の未来が、社会全体にとってプラスとなるように、との思いで、政策立案や法制化に対する働きかけの活動を行っています。したがって、仮に自らが規制対象になる可能性があるとしても、ＡＩ技術の未来のために必要で、社会全体のためになるならば、法整備の必要性を呼びかけることもあります。

二〇一八年当時、警察当局による顔認識技術の案件をマイクロソフトが辞退した理由の一つは、社会的議論と法整備の必要性を認識したことでした。二〇一八年一二月には、顔認識技術に対するマイクロソフトのアプローチを発表し、法制化が必要であるという見解を示しています。[23] 顔認識技術の原則としては、①公平性、②透明性、③アカウンタビリティ、④差別的使用の禁止、⑤通知と同意、⑥適法な監視、を掲げています。

現在では、米国ワシントン州（二〇二〇年三月二一日成立）など、いくつかの国や地域で法執行機関による顔認識技術の利用に関する法整備が進められています。[24]

しかし、その後、米国での黒人差別問題の状況等を踏まえ、二〇二〇年六月一一日、マイクロソフトは、米国が、人権保障に基づく強固な連邦法を制定するまでの間は、米国の警察当局に対する顔認識技術の販売は行わないと発表しています。[25][26]

2　EUのAI規制法案に対する意見

二〇二一年四月、欧州委員会はAI規制法案を含む、AIに関する政策パッケージを発表しました。マイクロソフトは同年八月、これに対する意見[27]を提出しています。

まず、安全で、基本的人権を尊重し、ヨーロッパの人々の価値観に合った方法で、AIの持つ大きな可能性を引き出すという欧州委員会のゴールに対し、賛同しています。

そして、AI規制法案の視座と方向性についても、特にリスクベースアプローチの手法、禁止されるべき特定の利用、信頼できるAI推進のための透明性、適切な利用についてのセルフチェック、行動規範を通じた責任あるＡＩのガバナンスの採用など、評価すべき点が多く含まれているとコメントしています。

同時に、マイクロソフト社内の責任あるＡＩの取組みからの学びから、またヨーロッパの取引先やお客様のＡＩ実装の経験から、次の三つの提案[28]を行っています。

第一に、様々なステークホルダーの義務の内容を精査すべきである、ということです。ＡＩ開発から利用の過程では、様々なステークホルダーが複雑に関与しています。開発者の立場でも、データやモジュールの利用者となるケースがあるでしょうし、利用者の立場でも、データの提供者となり開発に貢献するケースもあるでしょう。そうなると、従前のシステム開発のように、単純で固定的な開発者と利用者の関係に区分することが適切でない可能性があります。こうしたＡＩ開発の実際を踏まえた責任分担を考えていかないと、実態に即した法制度にならないのではないかという指摘です。

第二に、結果とプロセスを明確化すべきである、ということです。本来意図していない結果や

(23) 顔認識テクノロジーに関する当社の見解について：今が行動の時― News Center Japan (microsoft.com)
(24) Finally, progress on regulating facial recognition - Microsoft On the Issues
(25) マイクロソフト、警察への顔認証システム販売を一時停止―ロイター (reuters.com)
(26) Face のドキュメント―クイックスタート、チュートリアル、ＡＰＩリファレンス― Azure Cognitive Services ― Microsoft Docs
(27) Feedback from: Microsoft Corporation (europa.eu)
(28) (11) Post ― LinkedIn

プロセスへと規制が広がり技術革新が阻害されることがないように、規制当局がこの法制化を通じて獲得したい結果は何か、そしてその結果を実現するための主要なプロセスは何か、明確にすべきであるという指摘です。

第三に、ＡＩリスクへの対応枠組みを考えておくべきである、ということです。ＡＩの製品やサービスが市場に投入された後、それが想定通りうまく機能することもあれば、思うようには機能しなかったということもあります。これをどのようにモニタリングし、問題が生じた場合にはどのように適正に対処していくのか、その仕組みを考えておくべきであるという指摘です。

Ⅷ　進化し続けるマイクロソフトの取組み

今後、ＡＩ関連の技術はますます進化するでしょう。ＡＩのツールやサービスを利用したり、自社のビジネスに取り込んだりすることも容易になってきています。ＶＲ（仮想現実：Virtual Reality）やＡＲ（拡張現実：Augmented Reality）のヘッドセットのデバイスを装着すれば、サイバー空間に自分のアバターやホログラム映像を投影して、現実のように活動できてしまう、いわゆるメタバースの世界が広がる未来も近づいています。

それに伴って、ＡＩ倫理の重要性もさらに高まっていくに違いありません。マイクロソフトも、責任あるＡＩ原則の実践をさらに進めるために、次の三つの領域に注力していく予定です。まず、マイクロソフトの社内では、責任あるＡＩの社内基準について、継続して改訂を加えながら、組織的に展開していきます。次に、技術的な観点から、責任あるＡＩの原則の研究成果を、新たなエンジニアリングシステムやツールとして開発し、最先端の技術をさらに進化させていきます。そして最後に、社内だけでなく社外にも、責任あるＡＩの取組みを、ＡＩの進化と発展に必要な、いわば一つの文化として醸成するべく活動していきます。

これからも、ＡＩやデータをめぐっては、様々な国や地域の利害が複雑に絡むため、新しく複雑な倫理的課題が出てくるはずです。マイクロソフト一社だけでは、到底それらの課題のすべてに対応することはできません。多くの組織や個人の方々と共に、研究や経験からの学びを共有し、継続してＡＩ倫理に取り組んでいきたいと考えています。

Ⅲ　メルカリの取組み

株式会社メルカリ　会長室　政策企画　松橋智美

Ⅰ　ＡＩ倫理に関する取組みが始まった経緯

１　メルカリグループでのＡＩ活用

メルカリグループでのＡＩ活用は、大きく分けて（１）メルカリでの出品・購入補助機能、（２）与信サービス、（３）不正検知の領域で進んでいます。

(1)　メルカリでの出品・購入補助機能

メルカリグループではフリーマーケットアプリメルカリサービス内において、二〇一七年から、商品を出品する際の補助機能として「ＡＩ出品」や「価格推定機能」でＡＩ活用が開始されました。その後、次のようにマーケットプレイスでの売買をより簡単に行えるように、ＡＩを活用した機能を多数リリースしてきました。

・バーコードを読み取るだけで商品情報が自動入力される「バーコード出品」機能
・探している商品を画像から検索できる機能
・出品した商品の画像から商品カタログと自動的に紐づけられ商品情報が自動入力される機能
・メルカリ内で利用できるクーポン配布の最適化機能
・パーソナライゼーション機能

(2) 与信サービス

スマートフォン決済サービス「メルペイ」では、二〇一九年四月に、あと払いサービス「メルペイスマート払い(一括払い)」(以下、「メルペイスマート払い」)の提供を開始しました。

この「メルペイスマート払い」では、一般的な個人向け与信サービスで用いられている属性情報をもとにした与信ではなく、メルカリでの取引情報やメルペイでの支払い履歴、本人確認状況等に基づいて、お客さまにあった利用額の範囲が提示される仕組みとなっており、与信モデルの構築と与信額の決定においてAIが活用されています。二〇二一年八月には「認定包括信用購入あっせん業者」の認定を取得しました。認定の取得により、従来の年収や所属等の属性情報による与信審査では与信を受けにくかった方であっても、AIを活用した与信審査によって、適切な額の与信を付与することができるよう、金融包摂の実現に取り組んでいます。

（3）不正検知

また、安心・安全にサービスをご利用いただくために、メルカリ・メルペイともに不正取引の監視および検知業務においてもＡＩが活用されています。不正出品に該当する商品や、マネーロンダリング等に該当するような不正な取引を二四時間、三六五日モニタリングし、最終的には従業員による目視確認により不正な取引を検知しています。

当グループは、このようにサービス内でＡＩを活用することで、より利便性の高いサービスを安心・安全に提供することを目指しています。

2　ボトムアップでの取組みの始まり

ＡＩの活用は、サービスの利便性を高める一方、サービスをご利用いただくお客さまに対して、差別の助長やプライバシーの侵害等の不利益の発生を引き起こすリスクを内包しています。

メルペイのあと払いサービス「メルペイスマート払い」では、サービスを開始した早い段階からプロダクトマネージャーとエンジニアから与信モデルを構築するための学習データに、差別的な要素のあるデータが含まれていないか、どのようなデータを利用してはいけないかについて、パーソナルデータの活用に関する政策の検討や自社ビジネスへの影響評価等に取り組んでいた政策企画チームに相談がありました。そこでプロダクト開発チームと政策企画チームで、与信モデルの構築のための学習データに性別、居住地、人種、国籍等のセンシティブな属性データを利用しないよう、データ項目のチェックを行うという自主的な取組みが行われていました。

フリーマーケットアプリメルカリでも、前述のように数々の機能でＡＩの活用を推進するなかで、ＡＩエンジニアリング部門においても世界的にＡＩ倫理に関する注目度が高まっている動向を把握しながらも、具体的に自社でどのような対策を講じていけば良いかは見通せていない状況でした。パーソナルデータをＡＩの学習データとして利用した場合、セキュリティや個人情報保護法の観点で必要な対策が講じられている場合でも、ＡＩ倫理の観点で問題が生じ得ます。倫理的な課題がないか、関係部署が自主的にチェックはしているものの、社外の専門家やステークホルダーの知見を十分に踏まえられていない状況にありました。開発現場のエンジニアからもＡＩ倫理の観点でプロダクトのレビューをしてほしいと言われる事象が度々発生していましたが、開発現場では適切に答えることが難しい状況にありました。ＡＩエンジニアはＡＩのモデルや活用の仕方に関して専門性があっても、ＡＩ倫理に関しての動向やトレンドを適時に追うことは難しく、一方で国内外でのＡＩ倫理に関する議論は活発化し、様々なルールの策定が始まっている状態でした。

また、当グループのＡＩエンジニアは、社外での技術発表や、エンジニア自身が会社のオウンドメディアであるブログで取組みを紹介する機会も多く、グループ内の技術や取組みが社外の目に触れることが比較的多いという環境もあり、ＡＩを活用したサービスにおいて倫理的な観点が守られているかを不安に思うエンジニアが徐々に増えていったという背景もありました。

今後、ＡＩをサービスの中心的な機能の中で活用していく上で、拠り所となるような全社的なＡＩ倫理指針の策定やガバナンスの構築、ＡＩ倫理に関しての動向やトレンドをキャッチアップしＡＩ利活用について議論できる会議体の設置等、全社的な取組みとしてプロジェクト化する必要がありました。

こうした課題意識と背景から、経営陣や管理部門ではなく開発現場のＡＩエンジニアと研究開発組織であるＲ４Ｄという部署が主導して、そこに国内外のＡＩ倫理の政策動向をフォローしていた政策企画チームが合流する形で、ボトムアップによるＡＩ倫理に関するプロジェクトが開始しました。

Ⅱ　外部環境の変化

こうしたプロダクト開発チームのＡＩ倫理に関する課題意識の高まりには、日本国内・国外におけるＡＩ倫理に関する議論が活発化したこと、企業活動においてＡＩ倫理が課題となった事案が発生したことによって、社会的な要請と外部環境が変化したことが背景にあります。ここでは当グループに特に影響を与えた外部環境の変化について触れていきたいと思います。

1　国内の環境変化

(1) 行政の動き

日本国内における直近の行政の動きとしては、経済産業省による二〇二一年七月の「我が国のAIガバナンスの在り方 Ver.1.1」の公表、翌年二〇二二年一月の「AI原則実践のためのガバナンス・ガイドライン」の公表がありました。AI倫理を実践するために、企業においてガバナンスをどのように構築していくべきかの指針が法的な規制を伴わないガイドラインという形式で示されました。総務省のAIネットワーク社会推進会議からも二〇二一年八月に「報告書2021」が公表されており、安心・安全で信頼性のあるAIの社会実装の推進に向けて、各社の先進的な取組みがまとめられているため、当グループの取組みの参考にしております。

また、二〇二一年七月に経済産業省と欧州委員会通信ネットワーク・コンテンツ・技術総局が主催した「AIシステムのモニタリング」をテーマとした日EU共同のAIワークショップが開催され、株式会社メルペイもAI与信におけるモニタリングについての自社の取組みを発表しました。二〇二二年一月に開催された「第四回 AI原則の実践の在り方に関する検討会」においても当グループのAI倫理に関する取組みについて発表し、検討会参加者の方々より貴重なご意見を頂戴いたしました。

(2) 企業の動き

企業においても、直近数年でＡＩ倫理原則の策定・公表や、ガバナンス構築が活発化しました。また、ＩＴ企業でのパーソナルデータ活用に関するインシデントは、スコアリングにおけるパーソナルデータの利用に関する説明責任と透明性について社会的要請が顕著になった事案であり、当グループとしても自社の対応を検討する上で参考とする事案となりました。

2 国外の環境変化

(1) 行政の動き

日本国外の行政の動きとしては、二〇二一年四月にＥＵの欧州委員会から世界初となるＡＩ規制法案を含む「ＡＩパッケージ」が公表されたことがあげられ、ＧＤＰＲのようにＥＵ域外への適用と企業への高額な制裁金が課される可能性があります。また、リスクベースでＡＩが分類されており、ハイリスクＡＩとして「信用力評価」が該当していることから、域外適用に加えて、今後の世界と日本国内のルール形成にどのような影響があるか、それらがメルペイの与信事業にどのような影響を与えるか注視していく必要があります。

(2) 企業の動き

国外の企業の動きとしては、「ターゲット事件」があげられます。当グループでもお客さまの購買履歴や利用状況等についてＡＩを用いて分析し、おすすめ商品等を提案するパーソナライゼーション機能を提供しています。「ターゲット事件」は、直接的にお客さまの属性的な情報を含まないデータを用いたとしても、結果としてお客さまのセンシティブな属性等を推測しうる点について、倫理的な観点から当グループとして、どのようにこういったデータを取り扱うべきなのか議論する発端となりました。また、米国ＩＴ企業の顔認識機能サービスが問題視され続々とサービス停止されたことも、データに内在する人種やジェンダー等への差別が、意図せずサービスに反映されてしまう可能性があるという事例として、ＡＩに内在する倫理的な問題を当グループがより意識する契機となっています。

Ⅲ　ＡＩ倫理に関する取組みの内容

1　ＡＩ倫理原則（AI Code of ethics）の策定

当グループでのＡＩ倫理に関する取組みは大きく三点あります。一点目は、ＡＩ利活用に関する当グループの基礎的な考え方をまとめ、指針となる文章として、ＡＩ倫理原則（AI Code of ethics）（以下、「ＡＩ倫理原則」）を策定することです。ＡＩ倫理原則の各項目には当グループにおいてＡＩを開発し、活用する際に会社として守る必要のある事項を列挙しています。なお、各項目はＥＵの「ＡＩ倫理指針」と、総務省のＡＩネットワーク社会推進会議から公表されている「ＡＩ利活用ガイドライン」にて定められている「ＡＩ利活用原則」を参考にしつつ、当グループのミッションやダイバーシティ＆インクルージョンと多様な価値観の尊重等、特に大切にしたい価値観の要素を加えることで、当グループ独自の指針になることを目指しています。

2　ガバナンスの構築

二点目は、ＡＩ倫理原則を遵守するためのガバナンスを構築することです。ＡＩを活用したサービス・機能を開発しリリースする際や、既存のサービス・機能を変更する場面において、プロダクト開発チームだけではなく、多様な視点からの検討が必要となります。そのため、社内の関係する部署から社員を選定し、ＡＩのリスクアセスメント、倫理的な課題への対策を議論するような会議体を設置することを検討しています。社内の議論だけでは不十分であると判断した場合は、必要に応じて社外の有識者に相談しアドバイスを得ることで、経営陣が適切な意思決定を行えるような諮問機関として機能させることを想定しています。また、ガバナンスが適切に機能しているか、独立した内部監査による定期的な点検を実施することも検討しています。

3　チェックフローとチェックリストの策定

最後は、前記のガバナンスの中でＡＩ倫理原則を遵守するための実践的な方法として、開発エンジニアが自主的にＡＩ倫理原則の遵守に必要な要素を確認できるチェックリストを運用することです。このチェックリストはサービス・機能におけるＡＩのモデルやアーキテクチャを記載した設計書を作成する際に、エンジニアによって自主的にチェックされることを想定しています。また、そのチェックリストは指定のアプリケーションを利用して、前述の会議体に提出され、チェックリストを確認することでリスクが高いとエンジニアが判断した場合は、任意で当該会議体にどのような対応をすべきか相談することができるというフローを検討しています。また、サービス・機能がリリースされた後も、問題が発生していないかを継続的に確認するような運用を検討しています。

一方で、チェックリストを用いた確認は、確認者のＡＩ倫理に関する理解が進まないまま、形骸化した運用となってしまうリスクが指摘されていることも認識しています。チェックリストを用いた運用は、まずは確認者である開発エンジニアの知識レベルを揃え、ＡＩ倫理のリテラシーを向上させることも目的とした啓発的な意味合いも含んでいます。運用の形骸化を避けるために、インシデント発生時の説明を考えさせるチェック項目を設ける、チェック項目をツリー形式とする等の工夫を講じることも検討しています。将来的にリスクアセスメントの方法として、別の手法をとることもあり得ますが、まずはこのチェックリストによる確認という形で運用を開始していく予定です。

Ⅳ　検討プロセス

1　プロジェクトの発足

ＡＩ倫理に関する取組みは、まずグループ横断のプロジェクトチームを発足することから開始しました。本プロジェクトは、メルカリ・メルペイ両社のプロダクト開発現場のＡＩエンジニア、研究開発組織のＲ４Ｄ、リスクマネジメント等の内部管理部門メンバー、政策渉外部門の政策企画チームが中心となって二〇二一年八月に発足し、ＡＩ倫理に関する取組みの検討が開始しました。

2　プロジェクト内での検討

ＡＩ倫理に関する取組みは、ＡＩ倫理原則を策定することから開始しました。まずは、倫理原則を策定する際に参考となる政府系ガイドラインや、各社から公表されているＡＩ倫理指針の情報を収集し、プロジェクトメンバー内の知識レベルを揃えてから、ＡＩエンジニアとＲ４Ｄがドラフト版を作成しました。その後、内部管理部門のメンバーと政策企画チームを交えて、当グループがＡＩを活用することで目指したいゴールや当グループならではの特色、公平性・透明性、説明責任等の論点となる要素について議論し、文章全体の構成や書きぶり、文言の調整、英語への翻訳等を行いました。

ＡＩ倫理原則のドラフト版が完成した後に、ガバナンス、チェックリスト、チェックフローの検討を進めていきました。ガバナンスは、新しい会議体を設置するのではなく既存の会議体で担うことができるか、当グループにとって無理のないチェックフローであるかということが主な論点となりました。チェックリストの項目は、国外のガイドラインである「ISAGO」、「ALTAI」と、経済産業省の「ＡＩ原則実践のためのガバナンス・ガイドライン」の「別添2　乖離評価例」および総務省・ＡＩネットワーク社会推進会議の「ＡＩ利活用ガイドライン」を参考にして策定しています。チェックリストについても、開発エンジニアにとって負担感が少なく、過度に複雑なものになっていないか、わかりやすさを重視しつつ、倫理的に重要な点を確認できる内容であるかということに留意しながらドラフト版を作成しました。

3　社内関係部署のレビューと調整

次に、プロジェクト内で作成したドラフト版について、社内関係部署によるレビューを実施し、疑問点や修正すべき点等のフィードバックを受けて、再度プロジェクト内で議論し内容を検討しました。なお、レビューを依頼した社内関係部署は、広報、ブランディングチーム、セキュリティチーム、プライバシーチーム、データマネージメントチーム、コーポレートガバナンスチーム、リーガル・コンプライアンスチーム、内部監査チーム、本プロジェクトメンバー以外のＡＩ開発エンジニア等、多様な部署に確認を依頼しました。各チームから、既存の社内規定との整合性の確認、当グループとして目指す水準のすり合わせ等の意見が寄せられ、一つひとつ議論をしながら意見の調整を行い、必要に応じてドラフト版を修正しました。

4　社外有識者のレビューと意見交換

また、社内のみに閉じた議論にならないよう、社外有識者にドラフト版のレビューを依頼し、最新のＡＩ倫理に関する動向等について意見交換を実施しました。社外有識者は、ダイバーシティ＆インクルージョンの観点から言語、国籍、ジェンダー等を考慮し、法学、倫理学、情報学、ＡＩ実務・技術分野の研究者等の中から選定し、ドラフト版について最近のトレンドや動向を踏まえた貴重なアドバイスをいただきました。いただいたご意見は再度プロジェクトメンバー内で検討し、適宜ドラフト版への反映を行いました。

5　経営への説明と承認

社内の関係部署のレビューと調整、社外有識者のレビューを経て、ドラフト版をブラッシュアップし、最終的に経営陣に向けてＡＩ倫理に関する取組みの説明を行い、本取組みの検討内容と成果物について承認を得る必要があります。最終的な意思決定に至るまでのグループ会社間の経営陣との認識すり合わせ等の社内調整を行い、グループ全体で納得感をもって進めることが重要です。

Ｖ　本取組みに関する課題

１　事業スピードとリスクアセスメントのバランス

最後に、本取組みを推進する中で、課題に感じていることをいくつか紹介させていただきたいと思います。

まず、システム開発や事業のスピード感と、十分なリスクアセスメントを行うことの適切なバランスを図ることが非常に難しいという点です。十分なリスクアセスメントを実施するには、チェックリストの項目を増やし、新たなサービス・機能のリリースを検討するごとにＡＩ倫理委員会等の会議体を開催し社外有識者と意見交換を行う、というようなことが理想的ではありますが、一方で、システム開発と事業のスピードが落ちてしまう可能性があります。リスクアセスメントの手法が開発現場にとって過度な負担を強いるものであってはならず、スピード感を保ったまま本質的なリスクアセスメントを実施することのバランスを意識しながら、適切な手法を導入していくことが必要になります。また、ＡＩを活用したプロダクトの倫理的なリスクを漏れなく検知できるように、ＡＩ倫理に関する全社的なリテラシーの向上と人材の育成も必要となります。当グループではＡＩ倫理に取り組んで間もないため、今後e-laerningを用いた研修や、インシデントが発生したことを想定した実践的な訓練等のリテラシー向上のための施策も検討していく必要があります。

2　差別の防止とバイアスの排除

次に、データとアルゴリズムに内在する差別やバイアスが、ＡＩの判断に影響を与えてしまうケースについて、技術的にどこまで対策が可能であるかという点です。ＡＩに学習させる入力データから差別につながるような性別、国籍、居住地等の属性に関するデータを排除したとしても、出力データやＡＩの自動判断が結果的に特定の属性のお客さまにとって不利益な影響をもたらす可能性は排除しきれません。公平性指標を用いてアルゴリズムとモデルのバイアスを確認する方法や、ＡＩの開発段階から運用フェーズにおいてどのように差別とバイアスの有無を確認すべきかということについては、ＡＩエンジニアのリソースも含め、有識者のアドバイスを得つつ今後検討が必要です。

3　ビジネスにおいて考慮すべき社会的要請の高度化

また、昨今はビジネスにおいてＡＩ倫理以外にも人権擁護、ダイバーシティ&インクルージョンの尊重、経済安全保障の確保等の考慮すべき社会的な要請が多様化・高度化する中で、グループ内の検討体制やガバナンスはどうあるべきかという点に課題を感じています。コンプライアンス・リスク委員会等、既存の会議体の中で議論すべきか、独自の会議体を設けて意思決定を行うべきかということについて、むやみに会議体を増やすとガバナンスが煩雑化してしまう可能性もあり、かといって既存の社内検討体制の枠組みに当てはまらない事案を、どのようにテーマを分類し議論していけばよいのかは非常に悩ましい課題となっています。そして、法的な判断を超えて考慮することが必要なケースも多く、何を拠り所にして意思決定を行えばよいのか、どのような知見をもった人材が組織として必要なのか、正解がわからない問いについて答えを出すことの難しさを感じています。

4　社内体制構築時の社内調整

そしてＡＩ倫理に関する取組みの中で、最大の課題であると感じるのは、社内体制構築を検討する際の社内調整です。どこの組織が所管部署となって、今後の継続的なＡＩ倫理の取組みをリードしていくべきかという組織のリソースを含めた調整が必要である点や、当グループのように様々な事業内容、事業フェーズのグループ会社が存在する中で、経営陣をはじめとした社内関係者間で統一した認識をもって取組みを推進することに関する合意と、その合意をとりつけるために多岐にわたる社内調整が必要になる点です。この点については、経営陣と社内関係者の疑問や懸念点を解消し、納得感をもって取組みを推進していくために丁寧なコミュニケーションを図ることが重要になります。

Ⅵ　これまでの取組みを通じての所見

当グループのＡＩ倫理に関する取組みは、本文章の執筆段階でまさに現在進行形かつ未完成です。一般公表前の内容について、ありのままの検討状況とプロジェクトの経過、課題を紹介させていただきました。ＡＩ倫理という正解のない新しいテーマに関する取組みは、まずはスモールスタートでとにかく試行錯誤しながら、いわゆる「走りながら考える」というアジャイル・ガバナンスの要素が重要であると考えます。まだ始まったばかりのＡＩ倫理という取組みですが、まずは企業として真摯にこのテーマに向き合い、当グループの取組みが正式に公表された後も、有識者の方々をはじめ様々なステークホルダーと対話をしながら改善を図っていく所存です。当グループの取組みが、今後ＡＩ倫理について検討される企業様の参考になれば幸甚です。

Ⅳ　富士通におけるＡＩ倫理ガバナンス
――原則から実践へ

富士通株式会社　ＡＩ倫理ガバナンス室長　荒堀淳一

Ⅰ　はじめに

ＡＩの普及が進むにつれて、ＡＩ倫理という言葉が近年頻繁に語られるようになりました。また、ＡＩ倫理に続いて、ＡＩガバナンスという言葉も耳にするようになりました。実は、ＡＩガバナンスという言葉には確立した定義はなく、論者によっては法律の話であったり技術の話であったりして、論点には大きな幅があります。富士通では、企業におけるＡＩガバナンスを、ＡＩ倫理を事業に適切に反映させる組織の仕組み・プロセスづくりと考え、「ＡＩ倫理ガバナンス」と呼称しています。

ＡＩ等の最先端テクノロジーを用いて事業の競争力を向上させなければ、ＡＩの可能性を最大限に利活用する企業に立ち向かうのは困難な時代になりつつあります。しかし、ＡＩの利活用には倫理的な課題が現れることがあるといわれています。ＡＩの不都合な挙動は、アルゴリズムだけでなく、投入データや使用法によっても発生するため、貴社が仮にＡＩ技術を自社で開発せず、他社から購入し、あるいは開発を委託する場合であっても、倫理面での対応をＡＩベンダーに丸投げするべきではないと考えます。ＡＩの利活用に伴い生じる様々な倫理的な観点から逃げられる企業はないのです。

いまやＡＩ倫理は、一部のＡＩ開発提供企業だけが取り組むべきアジェンダではなく、すべての企業が取り組むべき課題とされています。また、ＡＩ倫理は、倫理指針に「何を What」掲げるべきかのステージではもはやなく、ガバナンスとして「どのように How」実践すべきかのステージになっています。いかにＡＩ倫理のガバナンスを自社に構築するかによって、ＡＩを活用した事業拡大の可能性を広げることができますから、ＡＩ倫理はコストではなく、付加価値ととらえるべきです。

Ⅱ　企業がＡＩ倫理に取り組む必要性

ＡＩ倫理の問題について、企業は避けることができない時代となっています。もはや、取り組んだほうがいいというにとどまらず、取り組まなくてはならない時代です。このような状況に対して、世界のさまざまな国家、国際機関、団体、企業などが、ＡＩ倫理にまつわる指針や原則を発表しています。一つひとつの指針・原則は、基本的人権の尊重をうたうなど納得感があるもの

富士通は、４つの柱でAI倫理ガバナンスを推進しています

人間中心のAIの実現

富士通のIT理念の原点

富士通は、「ヒューマンセントリック」を10年以上前から標榜し、テクノロジーを人間のために活用してきました。

FUJITU-Way/パーパスを具現化

私たちのパーパスは、イノベーションによって社会に信頼をもたらし世界をより持続可能にしていくことです。
AIについて具体的に翻案したものが「富士通グループAIコミットメント」です。

客観性の確保

倫理は独善的であってはならない

生命倫理を基盤とするAI4Peopleを参考に「AIコミットメント」を策定しました。

社外の専門家で構成するハイレベルな「富士通グループAI倫理外部委員会」

AI、法学、生命医学、動物学、SDGs、消費者行政の外部専門家によって、多角的な視点から倫理を検討しています。

社内ｶﾞﾊﾞﾅﾝｽ体制の確立

AIの3つのリスクポイントに呼応する

「AI倫理ガバナンス室」の主導のもと、研究開発、社内コンプライアンス、ユーザ実装のそれぞれの部署が連携し、社内ガバナンス体制を確立しています。

コーポレートガバナンスと結びつける

富士通グループAI倫理外部委員会での議論は取締役会に共有されます。経営が「AI倫理を重視する体制」を監督します。

実装現場視点の拡充

AIガイドライン等

ビジネスの態様に呼応した各種ガイドラインの整備を進めています。

人間中心のAI推進検討会

技術、事業、人権、法律などの専門部署により構成される倫理相談窓口を設置しています。

ユーザ企業とのAIガバナンス勉強会

ユーザ企業様と共にAIガバナンスに取り組みます。

図表４-１　富士通のAI倫理ガバナンス概要

であり、かなりの共通性も認められることから違和感は抱きにくいと思います。

しかし、企業の実務の視点ではどうでしょうか。例えば、二〇一九年三月に内閣府・統合イノベーション戦略推進会議が決定、公表した「人間中心のＡＩ社会原則」[1]では①人間中心の原則、②教育・リテラシーの原則、③プライバシー確保の原則、④セキュリティ確保の原則、⑤公正競争確保の原則、⑥公平性、説明責任及び透明性の原則、⑦イノベーションの原則が掲げられています。これらの原則は、読者が、それぞれの項目を一般論として納得したとしても、自社の実務にあてはめるには抽象的すぎると思われる方もおられるのではないでしょうか。実は、経済産業省「ＡＩ原則の実践の在り方に関する検討会」は、この「原則」を実現するためのより実務的な行動目標や実践例を紹介する「ＡＩ原則実践のためのガバナンス・ガイドライン」[2]を発行しています。こちらは非常に網羅的で参考になると思いますし、当社を含めた各社の先行事例は具体例として自社比較の土台になると思います。ただ、この「ＡＩ原則実践のためのガバナンス・ガイドライン」を見ても、そのまま自社に適用できると実感できるでしょうか。または、企業は、ガイドラインの記載項目をすべて満たさなければならないのでしょうか。もしかしたら、自社で活用しているＡＩ技術には過剰な対応と見えるようなものもあるのではないでしょうか。あるいは、今後のＡＩ技術の進展や社会実装の急速な変化に対して、二〇二一年に発行された手順がいつまで有効なのでしょうか。こうしてみると、それらのガイドライン類は、それを実践していれば全く問題が生じないと保証できる性格のものではないように思えます。

実際のところ、ＡＩを利用する場面や方法は、それぞれの組織・企業などの立場や事業の性格によって異なるのですから、倫理面で重点的に配慮すべきシーンや事項も異なると思われます。自社や調達先のどこにＡＩが使われているのか。どのようなリスクが自社や消費者に発生しうるのか。どのような回避策があるのか。これらの論点がガイドラインと一致するとは限りません。ＦＡＴへの配慮がさほど要求されないような用途も多いかもしれません（要求されないように見えるだけかもしれません）。つまり、まず自社のＡＩ利用の実態を把握し、あらかじめ対策を講じることは非常に有効です。したがって、実態把握や対策立案において、ＦＡＴなどの基本的な考え方や、各種ガイドライン、そして先行する他社の事例は、そのままでは適用できないとしても、参考の一助となると思われます。

Ⅲ　富士通の取組み

ここでは、長年にわたってＡＩを研究・開発し、社会に提供する事業者によるＡＩ倫理の取組み事例として、富士通のケースを紹介したいと思います[3]。

（１）https://www8.cao.go.jp/cstp/aigensoku.pdf
（２）https://www.meti.go.jp/shingikai/mono_info_service/ai_shakai_jisso/20220128_report.html
（３）富士通の取り組みについては、荒堀淳一「ＡＩの責任と倫理（第三回）ＡＩ倫理に対する企業の取り組み」『ＮＢＬ』一一七二号（二〇二〇年）を参照した。

1　ＡＩは人を中心として考えるべき

富士通は、ＡＩの研究・開発を三〇年以上にわたって行ってきましたが、従来から、テクノロジーは人間の幸福追求のために活用されるべきものであるというポリシーを掲げており、二〇〇九年には、「Human Centric Intelligent Society」という言葉で、情報通信技術が切り拓く持続可能な未来の姿を表現しました。富士通が長年培ったＡＩ技術を体系化した「Zinrai」を二〇一五年に発表した際も「Human Centric AI」を大きな特徴として掲げました。(4) この「Human Centric」すなわち「人間中心」とは、ＡＩが人の尊厳を尊重し、ＡＩがもたらす便益が人の幸福や自由の追求、あるいは公益の達成につながることを意味します。上述のとおり、二〇一九年三月に日本の内閣府・統合イノベーション会議が「人間中心のＡＩ社会原則」を正式決定、同月に米国スタンフォード大学が「人間中心のＡＩ研究所（Human-Centered AI Institute・ＨＡＩ）」を開設したほか、(5) 同年四月に欧州委員会 AI HLEG が発表した「信頼できるＡＩのための倫理ガイドライン」でもＡＩシステムは「人間中心」でなければならないとされているなど、(6)「人間中心」は、ＡＩ倫理を考える上でグローバルに重要なキーワードとなっています。

2　倫理指針の制定：「富士通グループＡＩコミットメント」

富士通は、二〇一九年三月、「富士通グループＡＩコミットメント」という形で「人を中心とするＡＩ」という考え方を改めて公開しました。[7] この「ＡＩコミットメント」は、単純な倫理の解説ではなく、富士通が接する様々なステークホルダー（お客様、人、社会、地球など）に対する宣言の形となっており、ＡＩの研究・開発・提供・運用に携わる者の責務として、必要な倫理原則を満たすＡＩをどのような形で提供するか、あるいは提供することを目指すか、を以下の五項目で平易に説明したものです。

①ＡＩによってお客様と社会に価値を提供します：本項は倫理原則ではなく、富士通がＡＩを提供する際の大きな指針です。ＡＩシステムを構築し、お客様にそれを提供して終わりとするのではなく、初期段階からお客様と「共創」することでイノベーションを生み出し、「継続的に発展するＡＩ」によってお客様に価値を提供し続け、社会の情報通信インフラを担うという富士通のビジネスの特性から、この指針が社会への貢献にもつながることになります。

②人を中心に考えたＡＩを目指します：AI4People のＡＩ倫理五原則（後述）のうち、人に対する与益、無危害、正義諸原則に対応します。人のためになるＡＩを構築し、かつ多様な価値観、多様な能力を持つ人々がそれぞれの想い、状況に合わせて能力を発揮することをＡＩが支援で

（4） https://pr.fujitsu.com/jp/news/2015/11/2.html
（5） https://hai.stanford.edu/
（6） https://ec.europa.eu/digital-single-market/en/news/ethics-guidelines-trustworthy-ai
（7） https://pr.fujitsu.com/jp/news/2019/03/13-1.html

きるようにしていくことを目指すと同時に、ＡＩがもたらしうる弊害を抑えるために、差別の軽減・除去、セキュリティの確保、プライバシーの保護を含めた品質の確立に注力し、人が安心して使えるＡＩを目指します。

③ＡＩで持続可能な社会を目指します：AI4PeopleのＡＩ倫理五原則のうち社会に対する与益原則を中心に、無危害、正義原則にも対応し、地球環境を持続させるためにＡＩを活用していくことを示しています。これは、富士通が「共創」を通じて、持続的に社会に貢献していくという考え方です。本項は、国際社会がＳＤＧｓの達成に向けて取り組む方向性と一致しています。

④人の意思決定を尊重し支援するＡＩを目指します：AI4PeopleのＡＩ倫理五原則における人の自律原則　に対応し、ＡＩの提案や判断よりも人の方が上位に来ること、すなわち、人が最終判断を行う権利を常に尊重することを示しています。[8]

⑤企業の社会的責任としてＡＩの透明性と説明責任を重視します：富士通が社会を支える情報インフラを担うという立場から、AI4PeopleのＡＩ倫理五原則における説明可能原則に換え、説明責任原則として強い表現にしたものです。富士通のＡＩをステークホルダーから信頼していただくために、ＡＩの透明性を確保し、ＡＩが下した判断に関する十分な情報を提供することを掲げています。さらに、ＡＩが万能ではないことを認識し、不都合な結果を減らすための努力を続けるとともに、不都合な結果が発生したとしてもその影響を扱える範囲に留め、再発防止に向けた手立てをすぐに打てるようなシステム構築を目指しています。

「ＡＩコミットメント」の上記五項目は、将来へ向けての宣言であり、現時点で完璧に満たしているというものではありませんが、技術の進歩と社会実装が急速に進んでいる現段階で信頼できるＡＩを構築するために検討されるべきルールの整備の第一歩であると同時に、技術開発戦略を策定する上での指針にもなると考えています。また、この内容は硬直的なものではなく、今後の技術動向、社会におけるＡＩの受容状況、ＡＩ倫理の議論の深まりに応じて、随時見直されるべきと考えています。

なお、本章で参照したいくつかのガイドライン以外にも、政府、団体、企業から様々なＡＩ倫理指針や適正利用のためのガイドラインが打ち出されていますが、それぞれを単純に比較することは、学術的な思想研究等の手段としては大変興味深いのですが、実務的にはあまり意義がないと考えます。たとえば、総務省のＡＩネットワーク社会推進会議が公表した「ＡＩ利活用ガイドライン」(9)では一〇の原則（①適正利用の原則、②適正学習の原則、③連携の原則、④安全の原則、⑤セキュリティの原則、⑥プライバシーの原則、⑦尊厳・自律の原則、⑧公平性の原則、⑨透明性の原則、⑩アカウンタビリティの原則）を規定していますが、ある企業のＡＩ倫理指針にそれらの表現のひとつが欠けて

（8）ただし、人間の判断を必ずしも優先させるものではない。例えば、自動運転中に、運転者が急に手動操作に切り替えることでかえって事故の危険が増大するなど、ＡＩと人間それぞれの優位性や相互補完などの可能性も含めて考慮することを指している。

（9）https://www.soumu.go.jp/menu_news/s-news/01iicp01_02000081.html

いるとしても、その企業がそれを軽視しているわけではないと考えます。ほかに、いわゆる人権指針で定めているかもしれませんし、とくに強調したい価値について表現に厚みを持たせるなど、事業の特徴に合わせて記述に濃淡があるのかもしれません。

3　倫理指針の客観性と網羅性

ところで、ＡＩ技術を開発提供する企業によって自己の価値観に基づいて任意に作成された倫理指針が、あたかも普遍的な倫理であるかのように世に広まってしまうことに懸念はないでしょうか。独善的、恣意的あるいは一方的な説明に見えてしまった場合に、かえって不信感を喚起するおそれはないでしょうか。富士通は、「ＡＩコミットメント」の検討にあたって、独善的、恣意的あるいは一方的な倫理規範となることを避け、ＡＩ倫理の各原則が当社に必要である根拠（客観性）と、必要な原則がカバーされること（網羅性）を担保するため、外部のＡＩ倫理有識者会議であるAI4People[10]と連携することとしました。

AI4Peopleは、二〇一八年二月に設立された、ＡＩの社会的インパクトを議論する欧州初の国際的なフォーラムで、富士通も創立メンバーとして参画しています[11]。なお、欧州は、ＡＩなどの最先端テクノロジーに関する産業育成に熱心なだけでなく、プライバシーなど倫理的な問題にも非常に敏感です。欧州委員会が二〇二〇年二月に「ＡＩ白書」を発表し[12]、ＡＩ強化政策とそれを実現するための信頼のエコシステムを提案する一方で、二〇二一年四月に発表したAI Act案[13]は、きめ細かく厳格な手順をＡＩ開発者に要求する内容であり、日本企業にも多大な影響を与える可能性があります。

二〇一八年一一月にAI4Peopleが発表した[14]「The AI4People's Ethical Framework for a Good AI Society」は、有力なＡＩ倫理原則六種[15]を比較検討して普遍的な原則にまとめあげ、結果として、生命医学倫理の四原則[16]すべてと、ＡＩ倫理特有の原則一つの計五原則に集約したものです。すなわち、①与益・善行、②無危害、③（人の）自律性の尊重、④正義という生命医学倫理の四原則と、ＡＩならではの原則である⑤説明可能性です。紙幅の都合によりこれら五原則の解説は省略しますが、これらはＡＩ倫理に求められる要素を網羅的にカバーすると同時に、生命医学倫理で長年受け入れられている原則に則っており、客観性が担保されています。

（10）https://www.eismd.eu/ai4people/
（11）Fujitsu Focuses on Social and Ethical Impact of AI with AI4People Forum <https://www.fujitsu.com/fts/about/resources/news/press-releases/2018/emeai-20180528-fujitsu-focuses-on-social-and-ethical-impact.html>
（12）https://ec.europa.eu/commission/presscorner/detail/en/ip_20_273
（13）https://digital-strategy.ec.europa.eu/en/library/communication-fostering-european-approach-artificial-intelligence
（14）https://www.eismd.eu/featured/ai4peoples-ethical-framework-for-a-good-ai-society/
（15）AI4Peopleによると（脚注（14）参照）、米国"Asilomar AI Principles"、カナダ"Montreal Declaration for Responsible AI"、"General Principles offered in the second version of Ethically Aligned Design"、"Ethical Principles offered in the Statement on Artificial Intelligence, Robotics and 'Autonomous' Systems"、英国"Five overarching principles for an AI code"、および米国"Tenets of the Partnership on AI"である。
（16）医療従事者が倫理的な問題に直面した時に、どのように解決すべきかを判断する指針として、ビーチャム（T. L. Beauchamp）とチルドレス（J. F. Childress）が"Principles of biomedical ethics"（一九七九年）において提唱した原則。

富士通の「ＡＩコミットメント」の五項目は、AI4People の考え方を念頭に作成されました。項目の数は AI4People のＡＩ倫理五原則と同数ではありますが、実は、両者の各項は一対一で対応するものではありません。「ＡＩコミットメント」は、AI4People のＡＩ倫理五原則の理念が漏れなく反映されるよう配慮しつつ、富士通から社会に向けた宣言として、わかりやすく再構成したものとなっています。

4　組織の説明責任

富士通は、上述のように客観性を担保することを非常に重視して「ＡＩコミットメント」を作成したのですがＡＩ倫理にかかる活動全体についても客観性を確保する必要があると考え、ＡＩやそれ以外の分野の専門家で構成される「富士通グループＡＩ倫理外部委員会」（以下「委員会」）を設置しました。

委員会は、二〇一九年九月に第一回を開催し、以後、年二回開催しています。委員長にはＡＩ技術の専門家が就任したほか、法学、環境問題、消費者問題、生命医学の専門家を委員にそろえ、また、人の知能研究の観点から霊長類学の専門家を招聘しました。とくに独立性を確保するため、委員会には富士通本社の社長や副社長も同席するものの、委員会構成メンバーには含まないこととしました。委員会はハイレベルな議論を目的としており、個々の事案の倫理審査を行うのではなく、社長ほか経営陣が率いる富士通グループのＡＩ倫理の取組み自体を評価していただく仕組みとしています。

さらに、委員会における審議の結果を取締役会に報告することにより、ＡＩ倫理にかかるガバナンス活動をコーポレートガバナンスの一環として組み入れることとしました。すなわち、委員会は、社長や事業部門などの業務執行機関に報告するのではなく、取締役会に直接報告する仕組みとし、これにより、取締役会は、業務執行体制においてＡＩ倫理に適切に配慮しているかどうかを把握し、監督することになります。

このようにＡＩ倫理にかかるガバナンス活動をコーポレートガバナンスと結びつけて説明責任を果たした事例は、世界的に見ても非常にユニークであると自負しています[17]。

5　理論から実践へ

「ＡＩコミットメント」は、富士通から社会に向けて発信した宣言です。しかし、富士通グループの事業活動において行われるＡＩの研究・開発や実装シーンで発生した具体的な課題に対して適切に対処するには、更なる努力が必要でした。

まず、ＡＩ等の最先端テクノロジーをめぐる倫理の問題を従業員に周知する必要がありました。

(17)　小塚荘一郎『ＡＩの時代と法』（岩波新書、二〇一九年）二一六頁以下によれば、日本のコーポレートガバナンスには、ヨーロッパ社会の伝統である「権利」と「義務」の体系とは異なった規範が含まれているが、ＡＩ時代になってヨーロッパにおいて法の限界が認識され、法だけでなくＡＩ倫理という規範が確立されようとしているとのことである。

富士通では、従来からオンラインを活用した会議や教育、さらに勉強会などが活発に行われてきました。外部のＡＩ倫理専門家を起用して作成したe-Learningの実施の義務付け、ＡＩ倫理に密接な業務に携わる従業員に対するセミナーや意見交換会を通じて、繰り返し、丹念に倫理意識の浸透を図ってきました。また、グローバルの従業員に対して開かれたオープンな掲示板コミュニティにおける情報提供や意見交換は、継続的なディスカッションを通じて倫理をめぐる議論の深耕に非常に貢献しています。

研究開発や実装に関しては、実は課題がありました。富士通のビジネスの多様性です。富士通の事業領域は非常に多種多様であり、ＡＩ技術の提供方法も、システム開発、ソフトウェア・ライセンス、サービス役務、クラウド、そしてハードウェアへの組込みなど、多岐にわたっています。ＡＩの利用環境も全く異なり、ＡＩに計算させるデータも一律ではありません。各種基準値も、ユーザの用途に応じて多種多様です。したがって、シンプルな数値基準、ルールやガイドライン、チェックリストを作っても、富士通の広範囲の事業領域に適合させることは容易ではありません。

本稿は主としてガバナンスに焦点を当てているので詳細は割愛しますが、ＡＩ倫理の実装方法としては、品質保証や作業標準などに組み込む方法が考えられます。ただ、上述のとおり利用シーンや課題は多様であり、かつ静的ではないため、臨機応変で柔軟なガバナンスの仕組みが必要と考えられます。社内では、ＡＩの倫理や人権問題、そしてＡＩ技術の可能性や限界について、それぞれの立場から日々研鑽を進めるチームが複数存在し、それぞれの領域に応じたガイドラインやルールを定めています。しかし、全社的・客観的な視点をそれぞれの部門で独自に確保することは困難な可能性があります。

そこで、二〇二〇年二月に、法務部門が主幹となって、富士通グループの現場で生じたＡＩにまつわる課題の相談窓口として「〝人間中心のＡＩ〟推進検討会」を設立しました。そのメンバーとして、「ＡＩコミットメント」作成タスクフォースメンバーとは別に、研究・開発や事業としてＡＩを扱う者に加え、サステナビリティ、人権・ダイバーシティなど各分野の知見を有する担当者を集め、組織の壁を越えてスムーズに検討を進められる社内体制を構築しています。本検討会は、主としてＡＩを駆使した新しい事業にともない発生する課題の解決を念頭に置いて活動するものですが、その中には、富士通の情報システムをご利用いただくユーザ企業において顕在化する課題も対象となっています。

ＡＩ倫理に関するこのような様々な取組みは、今後のＡＩの研究・開発および社会実装における指針となることを目的としています。そこで富士通は、ＡＩ倫理に関する取組みを頻繁に強化し、時代に沿った形に進化させています。

二〇二一年四月には、学際研究と技術開発の両輪によるＡＩ倫理技術の創出・発信を図るべく、富士通研究所に「ＡＩ倫理研究センター」を設置し、ＡＩ倫理に関する研究をさらに深耕する体制を整えました。同センターでは、人とＡＩが共存する安心で豊かな社会を実現するためのＡＩ

倫理の研究開発に取り組んでいます。その柱は二つあり、ひとつは信頼性を実現する技術を研究する「トラステッドＡＩプロジェクト」、もうひとつは、ＡＩ倫理のあり方、実現手段を研究する「ＡＩ共生社会プロジェクト」です。ＡＩ倫理研究の特徴のひとつは、道徳・価値観・文化等が大きく関与する点にあります。自律性や価値観の尊重は計算機科学だけではなしえません。したがって、富士通はオープンイノベーションによる研究を重視しています。哲学、心理学、経済学などとの学際的研究により、多様な分野・立場から見たＡＩ倫理に関する知見を集約することを目指しています。

さらに、二〇二二年二月には、富士通グループのＡＩ等最先端テクノロジーに関する倫理とガバナンスの戦略司令塔として、社長直属の「ＡＩ倫理ガバナンス室」を新設しました[18]。上述のとおり、富士通は従来から先進的なＡＩ倫理の取り組みを行ってきましたが、今般、これらの成果を踏まえて、さらにＡＩ倫理ガバナンスの取り組みを一層強化することとなりました。富士通が「ＡＩコミットメント」を発表してから三年間の間に、ＡＩの社会浸透が進む一方で、海外ではＩＴ企業の巨大ＩＴ企業による寡占状態やプライバシー侵害、世論操作、公共空間監視などへの懸念を背景にＡＩへの規制の議論が高まり、テクノロジーを提供する企業への信頼が強く問われている状況です。例えば、ＡＩ倫理指針を打ち出している企業が本当にしっかり倫理を尊重しているのかと疑問視する声もあるようです。そのような状況の中で、グローバルにＩＴ事業を展開する富士通グループが「ＡＩ倫理ガバナンス」と冠した組織を設立したことは、産業界のＡＩ倫

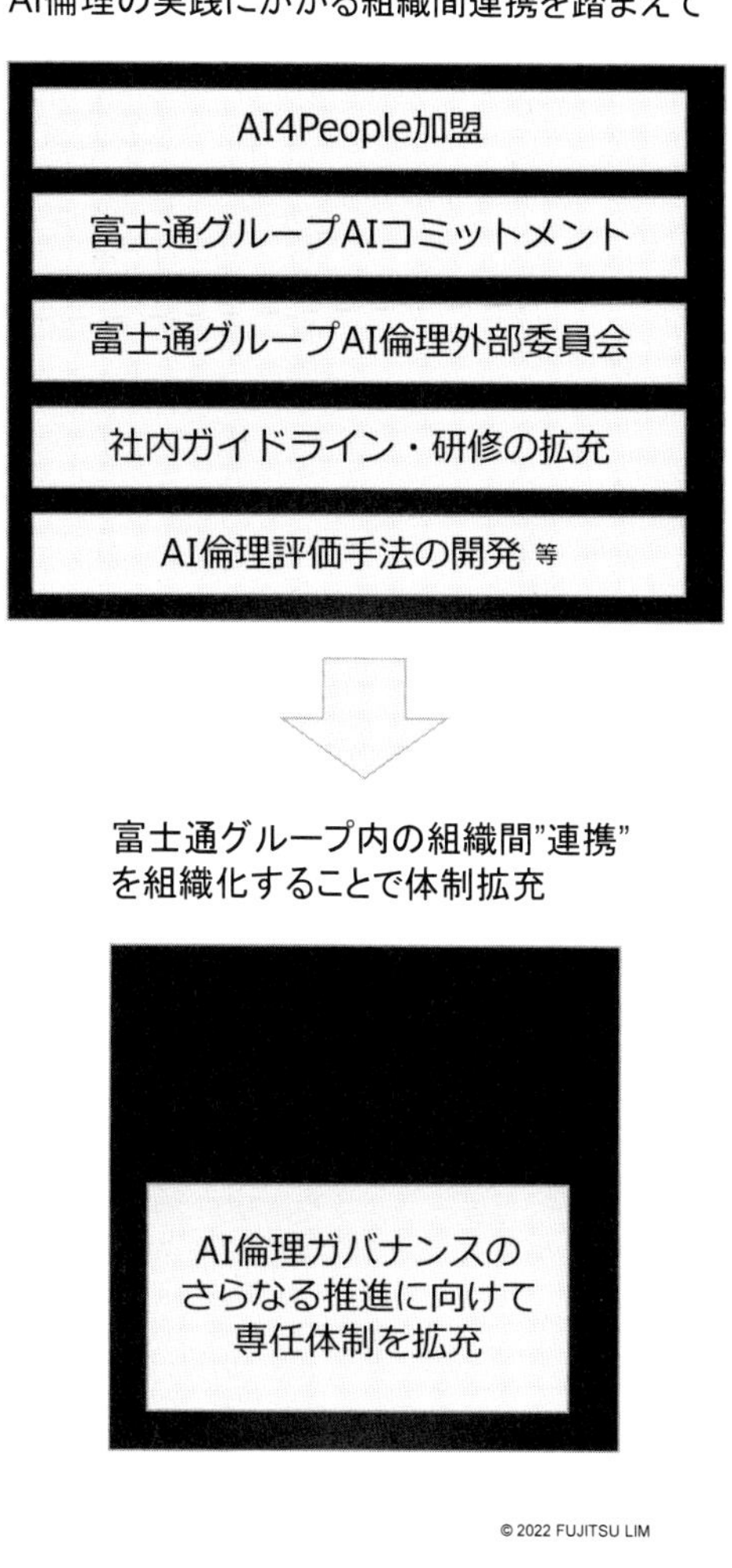

図表４‐２　AI 倫理ガバナンス室の新設

(18) https://pr.fujitsu.com/jp/news/2022/01/28.html

理ガバナンス重視の流れを象徴する出来事として受け止められています。

今般組織を新設した目的のひとつは、ＡＩガバナンスというアジェンダの顕在化にあります。富士通は、敢えてＡＩ倫理のガバナンスを称することで、ＡＩ倫理を実践することの重要性に対するコンセンサスを醸成したいと考えています。先に述べたように、ＡＩ倫理の実践はやってみなければわからないのです。そこで富士通は、文字通りＡＩ倫理のガバナンス戦略を専任する組織を設置し、企業にユーザ企業や社会とともに、安心安全なＡＩの利活用を推進していきたいと思います。ＡＩ倫理ガバナンス室は、上述の委員会および検討会の運営やグローバル拠点への倫理浸透の推進を担うほか、社外のＡＩ倫理コミュニティとの連携を広げることにより、信頼できるＡＩに支えられたサスティナブルな社会のエコシステム形成に貢献することが期待されています。

Ⅳ　まとめ——サスティナブルな社会の実現に向けて

以上、ご紹介したとおり、富士通は、ＡＩ倫理への対応にあたり、特に客観性と網羅性に配慮してきました。しかし、ＡＩ倫理には絶対的かつ恒久的な正解はないという事実を忘れてはいけないと考えています。ＡＩ技術、特にディープラーニングはまだ黎明期であり、技術革新や利用方法は日々刻々と進展しています。新しく登場した技術であるがゆえに社会の受容性も随時変化し、ＡＩにまつわる法的責任などの懸案事項も多く、ともすれば、ＡＩがもたらす負の側面ばかりがセンセーショナルに取り上げられがちですが、ＡＩ技術が様々な課題を抱えながらも、事業活動を含む一般社会に広く浸透していく流れはますます強くなると思われます。このような状況を踏まえて、ＡＩを利用する事業者においては、ＡＩにまつわる技術的動向や期待される法制度などの情報を収集・分析したうえで、個人の尊厳や公共の利益などをバランスよく考慮しつつ、政府機関や業界団体などと協力して適切に規整を実現することが求められます。また、事業者内部では技術研究・開発部門や事業部門、営業部門が連携し、ＡＩの利用によって生じうるリスクの評価や抑制を行う必要がありますが、ここにおいても、自社にふさわしいＡＩ倫理とガバナンス手法を導き出さなければなりません。

ＡＩ倫理への取組みについては、確立された手法は存在しません。ご紹介した富士通の事例も、すべてアジャイル的な試行を繰り返しながら手探りで展開してきたものです。事業の性格や扱うデータの性質に応じて、柔軟な対応が必要であることは言うまでもなく、また、このＡＩ黎明期には試行錯誤も必要です。したがって、できる限り早めに倫理ガバナンスの取組みを開始することこそが肝要だと考えます。これから着手する場合であっても、各種のガイドラインに示されるように、あるいは先行企業がおこなうように本格的かつ網羅的にやらなければいけないのか、と始める前から落胆する必要はありません。まずは「良いところ取り」で、各事業者の特徴に合わせて応用いただくとよいと思います。ＡＩの活用方法や扱うデータの内容、そして従業員や取引先、エンドユーザとの関係など、ＡＩを取り巻く関係者をすべて考慮する必要がありますので、とりあえずやってみることが大事です。自らＡＩ倫理を実践して、早くノウハウを身につけることにより、リスクの所在と対策に目星をつけることが可能になり、安心安全なＡＩのメリットを最大限に活かせることにつながるのです。

最後になりますが、ＡＩ倫理は企業間の競争としてとらえるべきではないと考えます。指針が優れているとか、社内チェックリストが実用的だとかの観点で競争する性格のものではありません。ＡＩ倫理は、将来のサスティナブルな社会の実現に向けた、ＡＩ等の新しい技術に対する社会一般の信頼を醸成する取組みであり、産業界の共同作品であるべきだと思います。ぜひ皆様ともご一緒に、日本のＡＩの信頼を高める活動をしていきたいと考えます。

おわりに

本書を最後までお読みいただきありがとうございます。本書が、読者の方がＡＩ倫理を考える際の参考になれば幸いです。

最後に、本書を読んでＡＩ倫理をさらに考えたい、学びたいという人のために、今後どのようにすれば良いのかについてふれたいと思います。

第一は、功利主義・義務論・徳倫理学などの倫理学について学ぶことが考えられます。本書における紹介はごく簡単なものです。倫理学をより学ぶことによって、ＡＩ倫理に対する考察もより深くなるでしょう。

第二は、第三章で紹介した事例をより深く検討することが考えられます。本書による分析は一つの見解に過ぎません。より深く、また多角的に検討することによって、事例から多くのことを学べるはずです。また、新たな事例を自分で収集・検討したり、グループでディスカッションしてみるのも良いでしょう。

第三は、自らの業務で実践してみることが考えられます。実際にやってみることに勝る学びはありません。

ＡＩ倫理は、技術の進歩や社会の変化によって変化していきます。皆様が、ＡＩ倫理についての洞察を深め、社会に受け入れられるＡＩを社会に提供することで、社会が良くなることを願ってやみません。

参考資料　日本におけるAI倫理原則の全体像

日本政府が公表している日本のAI倫理原則に関連するPDFファイルのURLアドレスを以下にまとめました（内閣府がまとめたAI関連原則・ガイドラインについては、https://www.mhlw.go.jp/content/10601000/000590652.pdfを参照)。**参考資料1**と**参考資料2**は抜粋して本書に掲載しました。

世界各国のAI倫理原則については、第2章のほか、https://www.soumu.go.jp/main_content/000792234.pdfを参照してください。

・**参考資料1**　AIネットワーク社会推進会議「AIガイドライン比較表」（同「報告書2019」の別紙2）
https://www.soumu.go.jp/main_content/000624440.pdf

・**参考資料2**　統合イノベーション戦略推進会議「人間中心のAI社会原則」平成31年3月29日
https://www8.cao.go.jp/cstp/aigensoku.pdf

・AIネットワーク社会推進会議「AI利活用ガイドライン――AI利活用のためのプラクティカルリファレンス」令和元年8月9日
https://www.soumu.go.jp/main_content/000637097.pdf

・AIネットワーク社会推進会議「国際的な議論のための AI開発ガイドライン案」平成29年7月28日
https://www.soumu.go.jp/main_content/000499625.pdf

・AI原則の実践の在り方に関する検討会AIガバナンス・ガイドラインWG「AI原則実践のための ガバナンス・ガイドライン ver. 1.1」令和4年1月28日
https://www.meti.go.jp/shingikai/mono_info_service/ai_shakai_jisso/pdf/20220128_1.pdf

・Society5.0における新たなガバナンスモデル検討会「GOVERNANCE INNOVATION：Society5.0の実現に向けた法とアーキテクチャのリ・デザイン」報告書
https://www.meti.go.jp/press/2020/07/20200713001/20200713001-1.pdf

・同「GOVERNANCE INNOVATION Ver.2: アジャイル・ガバナンスのデザインと実装に向けて」報告書
https://www.meti.go.jp/press/2021/07/20210730005/20210730005-1.pdf

参考資料１　AIガイドライン比較表

尊重すべき価値	**AI利活用ガイドライン／AI利活用原則案** **AI Utilization guidelines/Draft AI Utilization Principles**	**国際的な議論のためのAI開発ガイドライン案** **Draft AI R&D guidelines for international discussions**	**「人間中心のＡＩ社会原則」** **Social Principles of Human-centric AI**	**人工知能学会倫理指針** **Ethical Guideline**
by	AIネットワーク社会推進会議（総務省）/Japan	AIネットワーク社会推進会議（総務省）/Japan	統合イノベーション戦略推進会議（人間中心のAI社会原則会議）/Japan	人工知能学会（JSAI）/Japan
公開日		2017/7/28	2019/3/29	2017/2/28
過去（案など）の公開日	2018/7/17 利活用原則案公開		2018/12/27 案公開	
URL	http://www.soumu.go.jp/main_content/000637097.pdf(eng) http://www.soumu.go.jp/main_content/000637844.pdf	http://www.soumu.go.jp/main_content/000499625.pdf(eng) http://www.soumu.go.jp/main_content/00050751 7.pdf	https://www.cas.go.jp/jp/seisaku/jinkouchinou/	http://ai-elsi.org/wp-content/uploads/2017/02/%E4%BA%BA%E5%B 7%A5%E7%9F%A5%E8%83%BD%E5%AD%A6%E4%BC%9A%E5%80%AB%E7%90%86%E6%8C%87%E9%87%9D.pdf(eng)http://ai-elsi.org/wp-content/uploads/2017/05/JSAI-Ethical-Guidelines-1pdf
主要構成	目的、基本理念（6） AI利活用原則（10）＋解説 等	基本理念（5） AI開発原則（9）＋解説等	2. 基本理念（3） 3. ビジョン（5） 4.1.AI社会原則（7） 4.2.AI開発利用原則 等	序文＋指針（9）
Human-centered 人間中心	**基本理念：** 人間がAIネットワークと共生することにより、その恵沢がすべての人によってあまねく享受され、人間の尊厳と個人の自律が尊重される人間中心の社会を実現すること	**基本理念** 1. 人間がＡＩネットワークと共生することにより、その恵沢がすべての人によってあまねく享受され、人間の尊厳と個人の自律が尊重される人間中心の社会を実現すること。	**2(1). 人間の尊厳が尊重される社会(Dignity)** 人間がAIを道具として使いこなすことによって、人間の様々な能力をさらに発揮することを可能とし、より大きな創造性を発揮したり、やりがいのある仕事に 従事したりすることで、物質的にも精神的に	

Ethics Guideline for Trustworthy AI	Recommendation of the Council on Artificial Intelligence	Ethically Aligned Design	Asilomar AI Principles	Tenets
European Commission (High Level Expert Group on AI (HLEG)	OECD	IEEE Global Initiative on Ethics of Autonomous and Intelligent Systems	Future of Life Institute (FLI)	Partnership on AI
2019/4/8	2019/5/22	2019/3/25 (1st edition)	2017/2/	2016/9/28
2018/12/18 案公開		2016/12/13 (ver.1), 2017/12/12 (ver.2)		
https://ec.europa.eu/digital-single-market/en/news/draft-ethics-guidelines- trustworthy-ai	https://legalinstruments.oecd.org/en/instruments/OECD-LEGAL-0449	https://ethicsinaction.ieee.org/	https://futureoflife.org/ai-principles/	https://www.partnershiponai.org/tenets/
1.Foundations of Trustworthy AI (4 Principles) 2.Realising Trustworthy AI: Requirements (R: 7) +Technical and non-technical methods 3.Assessing Trustworthy AI …	Common understanding of terms 1.Principles for responsible stewardship of trustworthy AI (5) 2.National policies and international co-operation for trustworthy AI (5)	pillars (3) General Principles (GP: 8) Chapter (11 including GPs)	Principles (23)	Tenets (10)
PI: Respect for human autonomy The fundamental rights upon which the EU is founded are directed towards ensuring respect for the freedom and autonomy of human beings. Humans interacting with AI systems must	**I.2. Human-centred values and fairness** a) AI actors should respect the rule of law, human rights and democratic values, throughout the AI system lifecycle. These include freedom, dignity and autonomy, privacy and data protection,			

			も豊かな生活を送ることができるような、人間の尊厳が尊重される社会を構築する必要がある。	
Human dignity 人間の尊厳	**7) 尊厳・自律の原則 (human dignity and individual autonomy)** 利用者は、AIシステム又はAIサービスの利活用において、人間の尊厳と個人の自律を尊重する。 ・AIシステム又はAIサービスにより意思決定や感情が操作されるリスク、AIシステム又はAIサービスに過度に依存するリスク ・(AIシステム又はAIサービスを人間の脳や身体と連携させる場合)生命倫理に関する議論などの参照 ・AIを利用したプロファイリングを行う場合における不利益への配慮	**7)倫理の原則 (Ethics)** 開発者は、AIシステムの開発において、人間の尊厳と個人の自律を尊重する。 ・(人間の脳や身体と連携するAIシステムの開発の場合)生命倫理に関する議論などの参照 ・学習データに含まれる偏見などに起因して不当な差別が生じないための所要の措置 ・AIシステムが人間性の価値を不当に毀損することがないよう留意	**4.1(1) 人間中心の原則** AIの利用は、憲法及び国際的な規範の保障する基本的人権を侵すものであってはならない。 AIは、人々の能力を拡張し、多様な人々の多様な幸せの追求を可能とするために開発され、社会に展開され、活用されるべきである。	**1)人類への貢献 (Contribution to humanity)** 人類の平和、安全、福祉、公共の利益に貢献し、基本的人権と尊厳を守り、文化の多様性を尊重する。人工知能を設計、開発、運用する際には専門家として人類の安全への脅威を排除するように努める。 **9)人工知能への倫理遵守の要請 (Abidance of ethics guidelines by AI)** 人工知能が社会の構成員またはそれに準じるものとなるためには、(1-8)に定めた人工知能学会員と同等に倫理指針を遵守できなければならない。

be able to keep fulland effective self-determination over themselves, and be able to partake in the democratic process......The allocation of functions between humans and AI systems should follow human-centric design principles and leave meaningful opportunity for human choice. This means securing human oversight over work processes in AI systems.	non-discrimination and equality, diversity, fairness, social justice, and internationally recognised labour rights.			
P1: Respect for human autonomy The fundamental rights upon which the EU is founded are directed towards ensuring respect for the freedom and autonomy of human beings. Humans interacting with AI systems must be able to keep full and effective self-determination over themselves, and be able to partake in the democratic process......The allocation of functions between humans and AI systems should follow human-centric design principles and leave meaningful opportunity for human choice. This means securing human oversight over work processes in AI systems.	**1.2. Human-centred values and fairness** Governments should call on AI actors to develop effective mechanisms to demonstrate that, throughout their lifecycle, AI systems respect human rights and democratic values, including freedom, dignity, autonomy, privacy, non-discrimination, fairness and social justice, and diversity [as well as core labour rights].	**GP1. Human Rights:** A/IS shall be created and operated to respect, promote, and protect internationally recognized human rights. **GP2. Well-being** A/IS creators shall adopt increased human well-being as a primary success criterion for development.	**10) Value Alignment:** Highly autonomous AI systems should be designed so that their goals and behaviors can be assured to align with human values throughout their operation. **11) Human Values:** AI systems should be designed and operated so as to be compatible with ideals of human dignity, rights, freedoms, and cultural diversity.	3) We are committed to open research and dialogue on the ethical, social, economic, and legal implications of AI. 6d) Maximize the benefits and address the potential challenges of AI technologies, by: Ensuring that AI research and technology is robust, reliable, trustworthy, and operates within secure constraints.

Diversity, Inclusiveness 多様性、包摂	**基本理念：** AIの利活用において利用者の多様性を尊重し、多様な背景と価値観、考え方を持つ人々を包摂すること	**基本理念** 1. 人間がＡＩネットワークと共生することにより、その恵沢がすべての人によってあまねく享受され、人間の尊厳と個人の自律が尊重される人間中心の社会を実現すること。	**2(2) 多様な背景を持つ人々が多様な幸せを追求できる社　会(Diversity & Inclusion)** 多様な背景と価値観、考え方を持つ人々が多様な幸せを追求し、それらを柔軟に包摂した上で新たな価値を創造できる社会は、現代における一つの理想であり、大きなチャレンジである。 **4.1(1) 人間中心の原則** AIの普及の過程で、いわゆる「情報弱者」や「技術 弱者」を生じさせず、AIの恩恵をすべての人が享受できるよう、使いやすいシステムの実現に配慮すべきである。 **4.1.(2) 教育・リテラシーの原則** AIを前提とした社会において、我々は、人々の間に 格差や分断が生じたり、弱者が生まれたりすることは望まない。	**4) 公正性(Fairness)** 人工知能の開発と利用において常に公正さを持ち、人工知能が人間社会において不公平や格差をもたらす可能性があることを認識し、開発にあたって差別を行わないよう留意する。人類が公平、平等に人工知能を利用できるように努める。
Sustainable society 持続可能な社会	**基本理念：** AIネットワーク化の進展とともに、AIの利活用により個人、地域社会、各国、国際社会が抱える様々な課題の解決を図り、持続可能な社会を実現すること	**目的：** AIネットワークが進展していく過程で、個人、地域社会、各国、国際社会の抱える様々な課題の解決に大きく貢献するなど、人間及びその社会や経済に多大な便益を広範にもたらすことが期待される。	**2(3) 持続性ある社会(Sustainability)** 我々は、AIの活用によりビジネスやソリューションを 次々と生み、社会の格差を解消し、地球規模の環境問題や気候変動などにも対応が可能な持続性のある社会を構築する方向へ展開させる必要がある。科学・技術立国としての我が国は、その科学的・技術的蓄積をAIによって強化し、そのような社会を作ることに貢献する責務がある。	**8) 社会との対話と自己研鑽(Communication with society and self-development)** 人工知能に関する社会的な理解が深まるよう努める。社会には様々な声があることを理解し、社会から真摯に学び、理解を深め、社会との不断の対話を通じて専門家として人間社会の平和と幸福に貢献することとする。高度な専門家として絶え間ない自己研鑽に努め自己の能力の向上を行うと同時にそ

R5: Diversity, non-discrimination and fairness In order to achieve Trustworthy AI, we must enable inclusion and diversity throughout the entire AI system's life cycle. Besides the consideration and involvement of all affected stakeholders throughout the process, this also entails ensuring equal access through inclusive design processes as well as equal treatment. This requirement is closely linked with the principle of fairness.	**1.1. Inclusive and sustainable growth and well-being** Stakeholders should proactively engage in responsible stewardship of trustworthy AI in pursuit of beneficial outcomes for people and the planet, such as empowering human capabilities and enhancing creativity, advancing inclusion of underrepresented populations, reducing economic, social, gender and other inequalities, and protecting natural environments, thus invigorating inclusive growth, sustainable development and well-being.		**14) Shared Benefit:** AI technologies should benefit and empower as many people as possible. **15) Shared Prosperity:** The economic prosperity created by AI should be shared broadly, to benefit all of humanity. **23) Common Good:** Superintelligence should only be developed in the service of widely shared ethical ideals, and for the benefit of all humanity rather than one state or organization.	
R6. Societal and environmental well-being In line with the principles of fairness and prevention of harm, the broader society, other sentient beings and the environment should be also considered as stakeholders throughout the AI system' s life cycle. Sustainability and ecological responsibility of AI systems should be encouraged,	**1.1. Inclusive and sustainable growth and well-being** Stakeholders should proactively engage in responsible stewardship of trustworthy AI in pursuit of beneficial outcomes for people and the planet, such as empowering human capabilities and enhancing creativity, advancing inclusion of underrepresented populations, reducing economic, social, gender and other		**20) Importance:** Advanced AI could represent a profound change in the history of life on Earth, and should be planned for and managed with commensurate care and resources.	

				れを望む者を支援することとする。
International Cooperation 国際協力	**基本理念** AIの利活用の在り方について、非拘束的なソフトローたる指針やベストプラクティスを国際的に共有すること ・AIネットワーク化の進展等を踏まえ、国際的な議論を通じて、本ガイドライン案を不断に見直し、必要に応じて柔軟に改定すること	**基本理念** ２．ＡＩの研究開発と利活用が今後急速に発展し、ネットワーク化されたＡＩシステムが国境を越えて人間及び社会に広範かつ多大な影響を及ぼすものと見込まれることから、ＡＩシステムの研究開発の在り方について、非拘束的なソフトローたる指針やそのベストプラクティスをステークホルダ間で国際的に共有すること。	**4.2. AI 開発利用原則** AI開発利用原則については、現在、多くの国、団体、企業等において議論されていることから、我々は早急にオープンな議論を通じて国際的なコンセンサスを醸成し、非規制的で非拘束的な枠組みとして国際的に共有されることが重要であると考える。 **5. おわりに** 国際的な議論の場において、我が国は、本原則を世界各国と共有した上で、国際的な議論のリーダーシップをとり、コンセンサスの形成を目指すべきであり、それによってSDGsの実現を支えるSociety5.0の社会像を世界に示し、国際社会の協調的かつ創造的な新たな発展に寄与すべきである。	
Proper utilization 適正な利用	**1) 適正利用の原則 (Proper utilization)** 利用者は、人間とAIシステムとの間及び利用者間における適切な役割分担のもと、適正な範囲及び方法でAIシステム又はAIサービスを利用するよう努める。 ・開発者等からの情	**8) 利用者支援の原則 (User assistance)** 開発者は、AIシステムが利用者を支援し、利用者に選択の機会を適切に提供することが可能となるよう配慮する。 ・利用者にとって操作しやすいインターフェース		

and research should be fostered into AI solutions addressing areas of global concern, such as for instance the Sustainable Development Goals. Ideally, AI systems should be used to benefit all human beings, including future generations	inequalities, and protecting natural environments, thus invigorating inclusive growth, sustainable development and well-being.		**20) Importance:** Advanced AI could represent a profound change in the history of life on Earth, and should be planned for and managed with commensurate care and resources.	
Introduction: Just as the use of AI systems does not stop at national borders, neither does their impact. Global solutions are therefore required for the global opportunities and challenges that AI systems bring forth. We therefore encourage all stakeholders to work towards a global framework for Trustworthy AI, building international consensus while promoting and upholding our fundamental rights-based approach.	**2.5 International cooperation for trustworthy AI** a) Governments, including developing countries and with stakeholders, should actively cooperate to advance these principles and to progress on responsible stewardship of trustworthy AI. …			
	1.4 Robustness, security and safety a) AI systems should be robust, secure and safe throughout their entire lifecycle so that, in conditions of normal use, foreseeable use or misuse, or other	**GP4. Effectiveness** A/IS creators and operators shall provide evidence of the effectiveness and fitness for purpose of A/IS.		1) We will seek to ensure that AI technologies benefit and empower as many people as possible. 7) We believe that it is important for the operation of AI systems to be

	報提供や説明を踏まえた適正な範囲・方法での利用 ・予防措置、事後対応(原因解明、再発防止措置等)における関係者間の協力	・利用者に選択の機会(デフォルトの設定、理解しやすい選択肢の提示等)を適時適切に提供する機能 ・社会的弱者の利用を容易にするための取組 ・利用者に対する適切な情報提供		
Education/literacy 教育・リテラシー	**1)適正利用の原則ーア 適正な範囲・方法での利用** 利用者は、AIの性質、利用の態様等に応じて、利用する前に、便益及びリスクを認識し、適正な用途を理解するとともに、必要な知識・技能を習得すること等が期待されるのではないか。		**4.1.(1)人間中心の原則** 我々は、リテラシー教育や適正な利用の促進などのための適切な仕組みを導入することが望ましい。 **4.1.(2)教育・リテラシーの原則** 我々は、以下のような原則に沿う教育・リテラシーを育む教育環境が全ての人に平等に提供されなければならないと考える。	
Human intervention 人間の判断の介在 Controllability 制御可能性	**1)適正利用の原則ーイ 人間の判断の介在** AIによりなされた判断について、必要かつ可能な場合には、その判断を用いるか否か、あるいは、どのように用いるか等に関し、人間の判断を介在させることが期待される。	**3)制御可能性の原則(Controllability)** 開発者は、AIシステムの制御可能性に留意する。 ・事前の検証及び妥当性の確認、サンドボックスにおける実験 ・人間や信頼できる他のAIシステムによる監督・対処	**4.1.(1)人間中心の原則** AIの利用にあたっては、人が自らどのように利用するかの判断と決定を行うことが求められる。	**5)安全性(Security)** 専門家として、人工知能の安全性及びその制御における責任を認識し、人工知能の開発と利用において常に安全性と制御可能性、必要とされる機密性について留意し、同時に人工知能を利用する者に対し適切な情報提供と注意喚起を行うように努める。

	adverse conditions, they function appropriately and do not pose unreasonable safety risk.	**GP4. Effectiveness** A/IS creators and operators shall provide evidence of the effectiveness and fitness for purpose of A/IS.		understandable and interpretable by people, for purposes of explaining the technology.
2.2. Non-technical methods --> Education and awareness to foster an ethical mind-set	**2.4. Building human capacity and preparing for labour market transformation** a)Governments should work closely with stakeholders to prepare for the transformation of the world of work and of society. They should empower people to effectively use and interact with AI systems across the breadth of applications, including by equipping them with the necessary skills.	**GP8. Competence** A/IS creators shall specify and operators shall adhere to the knowledge and skill required for safe and effective operation.		
RI. Human agency and oversight AI systems should support human autonomy and decision-making, as prescribed by the principle of respect for human autonomy. This requires that AI systems should both act as enablers to a democratic, flourishing and equitable society by supporting the user' s agency and foster fundamental rights, and allow for human oversight.	**1.2. Human-centred values and fairness** b)AI actors should implement mechanisms and safeguards, such as capacity for human determination, that are appropriate to the context and consistent with the state of art.		**16)Human Control:** Humans should choose how and whether to delegate decisions to AI systems, to accomplish human-chosen objectives.	

Proper data 適正な学習(学習データの質)	**2) 適正学習の原則 (Data Quality)** 利用者及びデータ提供者は、AIシステムの学習等に用いるデータの質に留意する。 ・学習等に用いるデータの質(正確性や完全性など)			
Collabolation among AI systems AI間の連携	**3) 連携の原則 (Collabolation)** AIサービスプロバイダ、ビジネス利用者及びデータ提供者は、AIシステム又はAIサービス相互間の連携に留意する。また、利用者は、AIシステムがネット ワーク化することによってリスクが惹起・増幅される可能性があることに留意する。 ・提供するAIシステム又はAIサービスの相互接続性と相互運用性 ・データ形式やプロトコル等の標準化への対応 ・AIネットワーク化により惹起・増幅される課題	**1) 連携の原則** (Collaboration) 開発者は、AIシステムの相互接続性と相互運用性に留意する。 ・国際的な標準や規格への準拠 ・データ形式の標準化、インターフェイスやプロトコルのオープン化への対応 ・標準必須特許等のライセンス契約及びその条件についてのオープン・公平な取扱い		

R3. Privacy and Data Governance Closely linked to the principle of prevention of harm is privacy, a fundamental right particularly affected by AI systems. Prevention of harm to privacy also necessitates adequate data governance that covers the quality and integrity of the data used, its relevance in light of the domain in which the AI systems will be deployed, its access protocols and the capability to process data in a manner that protects privacy.	1.4 Robustness, security and safety b) To this end, AI actors should ensure traceability, including in relation to datasets, processes and decisions made during the AI system lifecycle, to enable analysis of the AI system's outcomes and responses to inquiry, appropriate to the context and consistent with the state of art.			
	1.4 Robustness, security and safety c) AI actors should, based on their roles, the context, and their ability to act, apply a systematic risk management approach to each phase of the AI system lifecycle on a continuous basis to address risks related to AI systems, including ... **2.5 International cooperation for trustworthy AI** c)Governments should promote the development of multi-stakeholder, consensus-driven global technical standards for interoperable and trustworthy AI.			5)We will engage with and have representation from stakeholders in the business community to help ensure that domain-specific concerns and opportunities are understood and addressed.

Safety 安全性	**4)安全の原則 (Safety)** 利用者は、AIシステム又はAIサービスの利活用により、アクチュエータ等を通じて、利用者等及び第三者の生命・身体・財産に危害を及ぼすことがないよう配慮する。 ・(生命・身体・財産に危害を及ぼし得る分野での利活用において)AIシステムの点検・修理及びAIソフトのアップデートを行うことなどによる危害の防止 ・危害が発生した場合に備えた事前措置	**4)安全の原則 (Safety)** 開発者は、AIシステムがアクチュエータ等を通じて利用者及び第三者の生命・身体・財産に危害を及ぼすことがないよう配慮する。 ・事前の検証及び妥当性の確認 ・本質安全や機能安全に資するための措置 ・(生命・身体・財産の安全に関する判断を行うAIシステムについて)ステークホルダに対する設計の趣旨などの説明	**4.1(4)セキュリティ確保の原則** AIを積極的に利用することで多くの社会システムが自動化され、安全性が向上する。一方、少なくとも現在想定できる技術の範囲では、希少事象や意図的な攻撃に対してAIが常に適切に対応することは不可能であり、セキュリティに対する新たなリスクも生じる。社会は、常にベネフィットとリスクのバランスに留意し、全体として社会の安全性及び持続可能性が向上するように務めなければならない。	**1)人類への貢献 (Contribution to humanity)** 人類の平和、安全、福祉、公共の利益に貢献し、基本的人権と尊厳を守り、文化の多様性を尊重する。人工知能を設計、開発、運用する際には専門家として人類の安全への脅威を排除するように努める。 **2)法規制の遵守 (Abidance of laws and regulations)** 専門家として、研究開発に関わる法規制、知的財産、他者との契約や合意を尊重しなければならない。他者の情報や財産の侵害や損失といった危害を加えてはならず、直接的のみならず間接的にも他者に危害を加えるような意図をもって人工知能を利用しない。 **5)安全性(Security)** 専門家として、人工知能の安全性及びその制御における責任を認識し、人工知能の開発と利用において常に安全性と制御可能性、必要とされる機密性について留意し、同時に人工知能を利用する者に対し適切な情報提供と注意喚起を行うように努める。

R2. Technical robustness and safety A crucial component of achieving Trustworthy AI is technical robustness, which is closely linked to the principle of prevention of harm. Technical robustness requires that AI systems be developed with a preventative approach to risks and in a manner such that they reliably behave as intended while minimising unintentional and unexpected harm, and preventing unacceptable harm. This should also apply to potential changes in their operating environment or the presence of other agents (human and artificial) that may interact with the system in an adversarial manner. In addition, the physical and mental integrity of humans should be ensured.	**1.4. Robustness, security and safety** a) AI systems should be robust, secure and safe throughout their entire lifecycle so that, in conditions of normal use, foreseeable use or misuse, or other adverse conditions, they function appropriately and do not pose unreasonable safety risk. c) AI actors should, based on their roles, the context, and their ability to act, apply a systematic risk management approach to each phase of the AI system lifecycle on a continuous basis to address risks related to AI systems, including privacy, digital security, safety and bias.	**GP7. Awareness of Misuse** A/IS creators shall guard against all potential misuses and risks of A/IS in operation.	**5) Race Avoidance:** Teams developing AI systems should actively cooperate to avoid corner-cutting on safety standards. **6) Safety:** AI systems should be safe and secure throughout their operational lifetime, and verifiably so where applicable and feasible. **17) Non-subversion:** The power conferred by control of highly advanced AI systems should respect and improve, rather than subvert, the social and civic processes on which the health of society depends. **22) Recursive Self-Improvement:** AI systems designed to recursively self-improve or self-replicate in a manner that could lead to rapidly increasing quality or quantity must be subject to strict safety and control measures. 18) AI Arms Race: An arms race in lethal autonomous weapons should be avoided.	6e) Maximize the benefits and address the potential challenges of AI technologies, by: Opposing development and use of AI technologies that would violate international conventions or human rights, and promoting safeguards and technologies that do no harm.

Security セキュリティ	**5)セキュリティの原則(Security)** 利用者及びデータ提供者は、AIシステム又はAIサービスのセキュリティに留意する。 ・その時点での技術水準に照らした合理的な対策 ・侵害が発生した場合に備えた事前措置 ・セキュリティ対策のためのサービス提供、インシデント情報の共有 ・AIの学習モデルに対するセキュリティ脆弱性への留意	**5)セキュリティの原則(Security)** 開発者は、AIシステムのセキュリティに留意する。 ・情報の機密性、完全性、可用性に加え、信頼性、頑健性にも留意 ・事前の検証及び妥当性の確認 ・セキュリティ・バイ・デザイン	**4.1(4)セキュリティ確保の原則** AIを積極的に利用することで多くの社会システムが自動化され、安全性が向上する。一方、少なくとも現在想定できる技術の範囲では、希少事象や意図的な攻撃に対してAIが常に適切に対応することは不可能であり、セキュリティに対する新たなリスクも生じる。社会は、常にベネフィットとリスクのバランスに留意し、全体として社会の安全性及び持続可能性が向上するように務めなければならない。	
Privacy プライバシー	**6)プライバシーの原則(Privacy)** 利用者及びデータ提供者は、AIシステム又はAIサービスの利活用において、他者又は自己のプライバシーが侵害されないよう配慮する。 ・AIの利活用における最終利用者及び第三者のプライバシーの尊重 ・学習等に用いるパ	**6)プライバシーの原則(Privacy)** 開発者は、AIシステムにより利用者及び第三者のプライバシーが侵害されないよう配慮する。 ・事前のプライバシー影響評価 ・プライバシー・バイ・デザイン	**4.1(3)プライバシー確保の原則** AIを前提とした社会においては、個人の行動などに関するデータから、政治的立場、経済状況、趣味・嗜好等が高精度で推定できることがある。これは、単なる個人情報を扱う以上の慎重さが求められる場合があることを意味する。パーソナルデ	**3)他者のプライバシ尊重(Respect for the privacy of others)** 人工知能の利用および開発において、他者のプライバシーを尊重し、関連する法規に則って個人情報の適正な取扱いを行う義務を負う。

R.2 Technical robustness and safety A crucial component of achieving Trustworthy AI is technical robustness, which is closely linked to the principle of prevention of harm. Technical robustness requires that AI systems be developed with a preventative approach to risks and in a manner such that they reliably behave as intended while minimising unintentional and unexpected harm, and preventing unacceptable harm. This should also apply to potential changes in their operating environment or the presence of other agents (human and artificial) that may interact with the system in an adversarial manner. In addition, the physical and mental integrity of humans should be ensured.	**I.4. Robustness, security and safety** + **Reference** ・Digital Security Risk Management for Economic and Social Prosperity (revised in 2015) http://www.oecd.org/sti/ieconomy/digita l-security-risk-management.pdf	**GP7. Awareness of Misuse** A/IS creators shall guard against all potential misuses and risks of A/IS in operation.		6a) Maximize the benefits and address the potential challenges of AI technologies, by: Working to protect the privacy and security of individuals. 6d) Maximize the benefits and address the potential challenges of AI technologies, by: Ensuring that AI research and technology is robust, reliable, trustworthy, and operates within secure constraints.
R3. Privacy and Data Governance Closely linked to the principle of prevention of harm is privacy, a fundamental right particularly affected by AI systems. Prevention of harm to privacy also necessitates adequate data governance that.	**Reference** ・Guidelines on the Protection of Privacy and Transborder Flows of Personal Data (revised in 2013) http://www.oecd.org/sti/ieconomy/oecd _privacy_framework.pdf	**GP3. Data Agency** A/IS creators shall empower individuals with the ability to access and securely share their data, to maintain people' s capacity to have control over their identity.	**12) Personal Privacy:** People should have the right to access, manage and control the data they generate, given AI systems' power to analyze and utilize that data. **13) Liberty and Privacy:** The application of AI to personal	6a) Maximize the benefits and address the potential challenges of AI technologies, by: Working to protect the privacy and security of individuals.

	ーソナルデータの収集・前処理・提供におけるプライバシーの尊重 ・自己等のプライバシー侵害への留意及びパーソナルデータ流出の防止		ータが本人の望まない形で流通したり、利用されたりすることによって、個人が不利益を受けることのないよう、各ステークホルダーは、以下の考え方に基づいて、パーソナルデータを扱わなければならない。	
fairness, equity, removal of discrimination 公平性	**8)公平性の原則 (Fairness)** AIサービスプロバイダ、ビジネス利用者及びデータ提供者は、AIシステム又はAIサービスの判断にバイアスが含まれる可能性があることに留意し、また、AIシステム又はAIサービスの判断によって個人が不当に差別されないよう配慮する。 ・学習等に用いられるデータの代表性やデータに内在する社会的なバイアス ・アルゴリズムによるバイアスへの留意 ・AIシステムよりなされた判断に対する人間の判断の介在	**7)倫理の原則 (Ethics)** 開発者は、AIシステムの開発において、・人間の尊厳と個人の自律を尊重する。 ・(人間の脳や身体と連携するAIシステムの開発の場合)生命倫理に関する議論などの参照 ・学習データに含まれる偏見などに起因して不当な差別が生じないための所要の措置 ・AIシステムが人間性の価値を不当に毀損することがないよう留意	**4.1(6)公平性、説明責任及び透明性の原則** AIの設計思想の下において、人々がその人種、性別、国籍、年齢、政治的信念、宗教等の多様なバックグラウンドを理由に不当な差別をされることなく、全ての人々が公平に扱われなければならない。	**4)公正性(Fairness)** 人工知能の開発と利用において常に公正さを持ち、人工知能が人間社会において不公平や格差をもたらす可能性があることを認識し、開発にあたって差別を行わないよう留意する。人類が公平、平等に人工知能を利用できるように努める。
Transparency 透明性 Explainability 説明可能性	**9)透明性の原則 (Transparancy)** AIサービスプロバイダ及びビジネス利用者は、AIシステム又はAIサービスの入出力の検証可能性及び判断結果の説明可能性に留意する。 ・生命、身体、財産に危害が及ぼし得る分野で利活用する場合におけるAIの入出力等のログの記録・保存	**2)透明性の原則 (Transparancy)** 開発者は、AIシステムの入出力の検証可能性及び判断結果の説明可能性に留意する。 ・生命、身体、自由、プライバシー、財産などに影響を及ぼす可能性のあるAIシステムにおける入出力の検証可能性及び判断結果の説明可能性 (※アルゴリズム、ソ	**4.1(6)公平性、説明責任及び透明性の原則** ・AIを利用しているという事実、AIに利用されるデータの取得方法や使用方法、AIの動作結果の適切性を担保する仕組みなど、状況に応じた適切な説明が得られなければならない。 ・人々がAIの提案を理解して判断するた	**6)誠実な振る舞い (Act with integrity)** 人工知能が社会へ与える影響が大きいことを認識し、社会に対して誠実に信頼されるように振る舞う。専門家として虚偽や不明瞭な主張を行わず、研究開発を行った人工知能の技術的限界や問題点について科学的に真摯に説明を行う。

covers the quality and integrity of the data used, its relevance in light of the domain in which the AI systems will be deployed, its access protocols and the capability to process data in a manner that protects privacy.			data must not unreasonably curtail people's real or perceived liberty.	
I.5 Diversity, non-discrimination and fairness In order to achieve Trustworthy AI, we must enable inclusion and diversity throughout the entire AI system's life cycle. Besides the consideration and involvement of all affected stakeholders throughout the process, this also entails ensuring equal access through inclusive design processes as well as equal treatment. This requirement is closely linked with the principle of fairness.	**I.2. Human-centred values and fairness** a) AI actors should respect the rule of law, human rights and democratic values, throughout the AI system lifecycle. These include freedom, dignity and autonomy, privacy and data protection, non-discrimination and equality, diversity, fairness, social justice, and internationally recognised labour rights.			
I.4 Transparency This requirement is closely linked with the principle of explicability and encompasses transparency of elements relevant to an AI system: the data, the system and the business models. (Traceability, Explainability)	**I.3.Transparency and explainability** AI Actors should commit to transparency and responsible disclosure regarding AI systems. To this end, they should provide meaningful information, appropriate to the context, and consistent with the	**GP5. Transparency** The basis of a particular A/IS decision should always be discoverable.	**4) Research Culture:** A culture of cooperation, trust, and transparency should be fostered among researchers and developers of AI. **7) Failure Transparency:** If an AI system causes harm, it should be possible	7) We believe that it is important for the operation of AI systems to be understandable and interpretable by people, for purposes of explaining the technology.

	・個人の権利・利益に重大な影響を及ぼす可能性のある分野で利活用する場合におけるAIシステム又はAIサービスの判断結果の説明可能性の確保 ・行政機関が利用する際の透明性の確保(※アルゴリズム、ソースコード、学習データの開示を想定するものではない。)	ースコード、学習データの開示を想定するものではない。)	めに、AIの利用・採用・運用について、必要に応じて開かれた対話の場が適切に持たれなければならない。	
Accountablitiy アカウンタビリティ	**10)アカウンタビリティの原則 (Accountability)** 利用者は、ステークホルダに対しアカウンタビリティを果たすよう努める。 ・アカウンタビリティを果たす努力 ・AIシステム又はAIサービスに関する利用方針の通知・公表	**9)アカウンタビリティの原則 (Accountability)** 開発者は、利用者を含むステークホルダに対しアカウンタビリティを果たすよう努める。 ・利用者にAIシステムの選択及び利活用に資する情報の提供 ・開発原則1)～8)の趣旨に鑑み、AIシステムの技術的特性についての情報提供や説明、ステークホルダとの対話を通じた意見聴取 ・AIサービスプロバイダなどとの情報共有・協力	**4.1(6)公平性、説明責任及び透明性の原則** ・AIを利用しているという事実、AIに利用されるデータの取得方法や使用方法、AIの動作結果の適切性を担保する仕組みなど、状況に応じた適切な説明が得られなければならない。 「AI-Ready な社会」においては……結果に対する説明責任(アカウンタビリティ)が適切に確保されると共に、技術に対する信頼性(Trust)が担保される必要がある。	**5)安全性(Security)** 人工知能を利用する者に対し適切な情報提供と注意喚起を行うように努める。 **6)誠実な振る舞い (Act with integrity)** 専門家として虚偽や不明瞭な主張を行わず、研究 開発を行った人工知能の技術的限界や問題点について科学的に真摯に説明を行う。 **7)社会に対する責任 (Accountability and Social Responsibility)** 潜在的な危険性については社会に対して警鐘を鳴らさなければならない。(以下略) **8) 社会との対話と自己研鑽 (Communication with society and self-development)** 人工知能に関する社会的な理解が深まるよう努める。

	state of art. **I.4. Robustness, security and safety** b) AI actors should ensure traceability, including in relation to datasets, processes and decisions made during the AI system lifecycle, to enable analysis of the AI system' s outcomes and responses to inquiry, appropriate to the context and consistent with the state of art.		to ascertain why. **8) Judicial Transparency:** Any involvement by an autonomous system in judicial decision-making should provide a satisfactory explanation auditable by a competent human authority.	
R7. Accountability The requirement of accountability complements the above requirements, and is closely linked to the principle of fairness. It necessitates that mechanisms be put in place to ensure responsibility and accountability for AI systems and their outcomes, both before and after their development, deployment and use.	**I.5. Accountability** AI actors should be accountable for the proper functioning of AI systems and for the respect of the above principles, based on their roles, the context, and consistent with the state of art.	**GP6. Accountability** A/IS shall be created and operated to provide an unambiguous rationale for all decisions made.	**3) Science-Policy Link:** There should be constructive and healthy exchange between AI researchers and policy-makers. **4) Research Culture:** A culture of cooperation, trust, and transparency should be fostered among researchers and developers of AI. **9) Responsibility:** Designers and builders of advanced AI systems are stakeholders in the moral implications of their use, misuse, and actions, with a responsibility and opportunity to shape those implications.	2) We will educate and listen to the public and actively engage stakeholders to seek their feedback on our focus, inform them of our work, and address their questions. 3) We are committed to open research and dialogue on the ethical, social, economic, and legal implications of AI. 4) We believe that AI research and development efforts need to be actively engaged with and accountable to a broad range of stakeholders. 5) We will engage with and have representation from stakeholders in the business community to help ensure that domain-specific concerns

				and opportunities are understood and addressed. 6c)Maximize the benefits and address the potential challenges of AI technologies, by: Working to ensure that AI research and engineering communities remain socially responsible, sensitive, and engaged directly with the potential influences of AI technologies on wider society. 8)We strive to create a culture of cooperation, trust, and openness among AI scientists and engineers to help us all better achieve these goals.

参考資料2 人間中心のAI社会原則

平成31年3月29日
統合イノベーション戦略推進会議決定

1 はじめに

現代社会は地球環境問題、格差の拡大、資源枯渇等、人類の存続に関わる問題に直面している。我が国においては、少子高齢化、人手不足、過疎化、財政支出増大等、成熟型社会の直面する社会課題に最初に直面する国となっている。AIはこれらの問題の解を導き、SDGs（Sustainable Development Goals）で掲げられている目標を達成し、持続可能な世界を構築するための鍵となる技術と考えられている。

我が国は、AIの活用により、経済発展と共に社会課題を解決するSociety 5.0[1)]の実現を通して、日本の社会と経済の活性化を実現し、国際的にも魅力ある社会を目指すと共に、地球規模でのSDGsへの貢献も果たしていく。

多くの科学技術と同様、AIも社会に多大なる便益をもたらす一方で、その社会への影響力が大きいがゆえに、適切な開発と社会実装が求められる。AIを有効に活用して社会に便益もたらしつつ、ネガティブな側面を事前に回避又は低減するためには、我々はAIに関わる技術自体の研究開発を進めると共に、人、社会システム、産業構造、イノベーションシステム、ガバナンス等、あらゆる面で社会をリデザインし、AIを有効かつ安全に利用できる社会を構築すること、すなわち「AI-Readyな社会」への変革を推進する必要がある。

この文書における中心的課題である「AI（Artificial Intelligence, 人工知能）」の定義については研究者によっても様々な考え方があり、現在のところ

1）Society 5.0とは、情報社会（Society 4.0）に続く、我が国が目指すべき未来社会の姿である。Society 5.0で実現する社会とは、AI、IoT（Internet of Things）、ロボット等先端技術が社会に実装され、今までにない新たな価値を生み出し、多様な人々がそれぞれの多様な幸せを尊重し合い、実現でき、持続可能な人間中心の社会である。

明確な定義はない。例えばECハイレベルエキスパートグループ報告書[2]においては、「環境や入力に対応して知的な動作（一定の自律性を有することもある）を行うシステム」とされている。しかし、「知的な動作」の実体は解釈に依存する側面もある。また、2016年に米国で発表されたAI100報告書[3]では、学問分野としてのAIを、「知能を持った機械を作る研究であり、知能とは置かれた環境中で適切に、かつ何らかの洞察を持って機能すること」というNils J. Nilssonの定義[4]を引用しているが、この定義も大きな曖昧性を持ったものである。実際、同報告書では、AIの定義が曖昧であること自体が、AIの研究を加速している肯定的な側面があるともしている。これらの状況を鑑みると、何を以て「AI」または「AI技術」と判断するかに関して、一定のコンセンサスはあるものの、それをことさらに厳密に定義することには現時点では適切であるとは思われない。

また一般に「AI」と呼ばれる様々な技術が単体で使われることは少なく、情報システムの一部として組み込まれて使われることが一般的である。本文書では、高度で複雑な情報システムには、広範に何らかのAI技術または、本原則に照らし合わせて同等の特徴と課題が含まれる技術が組み込まれると言う前提に立ち、本原則は、このような技術を包含した「高度に複雑な情報システム一般」に適応されると考えられる。このような考察の下で、我々は、特定の技術やシステムが「AI」かを区別するのではなく、広く「高度に複雑な情報システム一般」がこのような特徴と課題を内包すると捉え、社会に与える影響を議論した上で、AI社会原則の一つの在り方を提示し、AIの研究開発や社会実装において考慮すべき問題を列挙する。来るべきSociety 5.0がより良いものとなるためには、関係ステークホルダーが対話しながら協力していくことが必要不可欠である。

本文書の全体構成を図1に示す。

2）High-Level Expert Group on Artificial Intelligence, Draft Ethics Guidelines for Trustworthy AI, および A definition of AI: Main capabilities And scientific disciplines, European Commission, Directorate-General for Communication, December 2018

3）Stone, P., et Al.,Artificial Intelligence and Life 2030. One Hundred Year Study on Artificial Intelligence: Report of the 2015-2016 Study Panel, Stanford University, Stanford, CA, Sept. 2016.

4）Nils J. Nilsson, The Quest for Artificial Intelligence:A History of Ideas and Achievements, Cambridge, UK: Cambridge University Press, 2010.

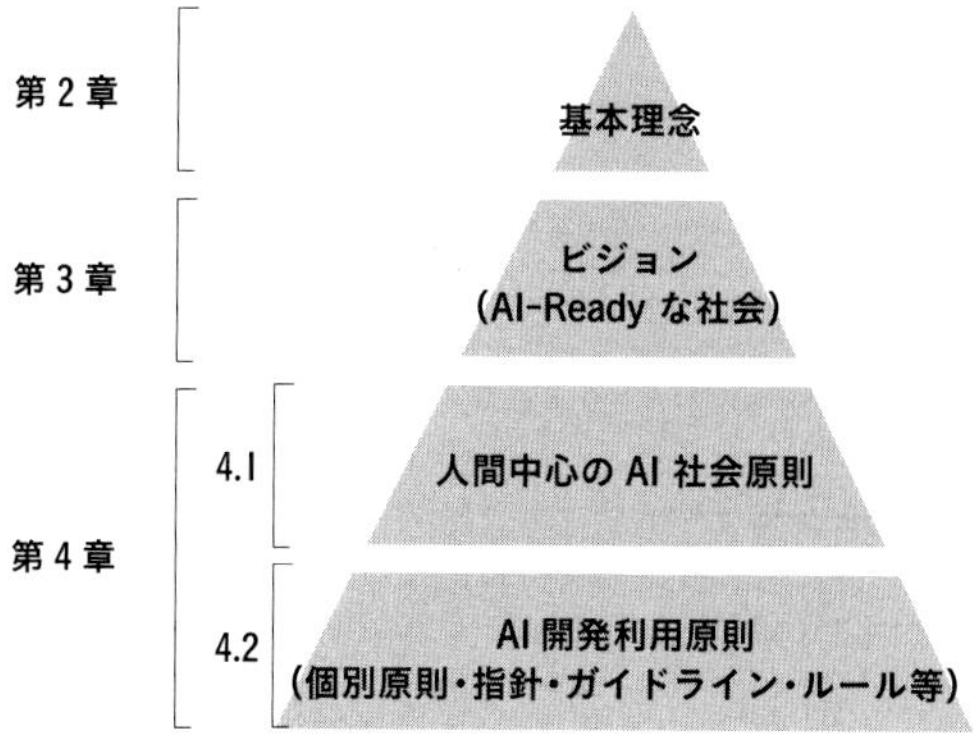

第 2 章　基本理念

人間の尊厳が尊重される社会（Dignity）

多様な背景を持つ人々が多様な幸せを追求できる社会（Diversity & Inclusion）

持続性ある社会（Sustainability）

第 3 章　Society 5.0 実現に必要な社会変革「AI-Ready な社会」[5)]

「人」、「社会システム」、「産業構造」、「イノベーションシステム（イノベーションを支援する環境）」、「ガバナンス」

第 4 章　人間中心の AI 社会原則

4.1　AI 社会原則

(1) 人間中心の原則、(2) 教育・リテラシーの原則、(3) プライバシー確保の原則 (4) セキュリティ確保の原則、(5) 公正競争確保の原則 (6) 公平性、説明責任及び透明性の原則、(7) イノベーションの原則

4.2　AI 開発利用原則

図 1　本文書の全体構成

5)「AI-Ready な社会」とは、社会全体が AI による便益を最大限に享受するために必要な変革が行われ、AI の恩恵を享受している、または、必要な時に直ちに AI を導入しその恩恵を得られる状態にある、「AI 活用に対応した社会」を意味する。このために、個人、企業組織、社会のイノベーション環境等、社会全体が変革する必要があり、具体例として、個人では、すべての人が仕事や生活で AI を利用できるようなリテラシーを身に着け、企業では、AI 活用を前提とした経営戦略に基づいたビジネスを展開し、イノベーション環境では、あらゆる情報が AI 解析可能なレベルでデジタル化、データ化され、AI 開発やサービス提供のために活用できる状態となることなどが挙げられる。

2　基本理念

AI は、Society 5.0 の実現に大きく貢献することが期待される。我々は、単に AI の活用による効率性や利便性から得られる利益が人々や社会に還元されることにとどまらず、AI を人類の公共財として活用し、社会の在り方の質的変化や真のイノベーションを通じて、SDGs などで指摘される地球規模の持続可能性へとつなげることが重要と考える。

我々は、以下の３つの価値を理念として尊重し、その実現を追求する社会を構築していくべきと考える。

(1) 人間の尊厳が尊重される社会 (Dignity)

我々は、AI を利活用して効率性や利便性を追求するあまり、人間が AI に過度に依存したり、人間の行動をコントロールすることに AI が利用される社会を構築するのではなく、人間が AI を道具として使いこなすことによって、人間の様々な能力をさらに発揮することを可能とし、より大きな創造性を発揮したり、やりがいのある仕事に従事したりすることで、物質的にも精神的にも豊かな生活を送ることができるような、人間の尊厳が尊重される社会を構築する必要がある。

(2) 多様な背景を持つ人々が多様な幸せを追求できる社会 (Diversity & Inclusion)

多様な背景と価値観、考え方を持つ人々が多様な幸せを追求し、それらを柔軟に包摂した上で新たな価値を創造できる社会は、現代における一つの理想であり、大きなチャレンジである。AI という強力な技術は、この理想に我々を近づける一つの有力な道具となりえる。我々は AI の適切な開発と展開によって、このように社会のありかたを変革していく必要がある。

(3) 持続性ある社会 (Sustainability)

我々は、AI の活用によりビジネスやソリューションを次々と生み、社会の格差を解消し、地球規模の環境問題や気候変動などにも対応が可能な持続性のある社会を構築する方向へ展開させる必要がある。科学・技術立国としての我が国は、その科学的・技術的蓄積を AI によって強化し、そのような社会を作ることに貢献する責務がある。

3　Society 5.0 実現に必要な社会変革「AI-Ready な社会」

Society 5.0 の実現への貢献が期待される技術には、IoT、ロボティックス、超高速広帯域通信網等と並んで AI がある。AI を用いて複雑な処理を機械にある程度任せられることが可能になっても、「何のために AI を用いるのか」という目的設定は、人間が行う必要がある。AI は、社会を良くするために使うことも可能であれば、望ましくない目的達成のために使われたり、無自覚に不適切に使われたりすることもありうる。そのため、我々は、「何のために AI を用いるのか」に答えられるような「人」、「社会システム」、「産業構造」、「イノベーションシステム」、「ガバナンス」の在り方について、技術の進展との相互作用に留意しながら考える必要がある。これらの５つの観点は、Society 5.0 を実現する上で同等に重要である。

(1)「人」

AI が社会の隅々に浸透してくることに対応する「AI-Ready な社会」において、人間がどのように対応していくかが AI を十分に活用できる社会の実現の鍵となる。そのために人間に期待される能力及び役割は、以下のようなものになる。

A）AI の長所・短所をよく理解しており、とりわけ AI の情報リソースとなるデータ、アルゴリズム、又はその双方にはバイアスが含まれること及びそれらを望ましくない目的のために利用する者がいることを認識する能力を人々が持つことが重要である。なお、データのバイアスには、主として統計的バイアス、社会の様態によって生じるバイアス及び AI 利用者の悪意によるバイアスの３種類があることを認識していることが望まれる。

B）AI の利用によって、多くの人々が創造性や生産性の高い労働に従事できる環境が実現できることが望ましい。そのためには、出自、文化、趣向等の観点で、多様な人々が各々の目指す多様な夢やアイデアを AI の支援によって実現する能力を獲得できることが期待される。このことを実現するための教育システム及びそれらの達成に資する社会制度が実現されなければならない。

C）データや AI の基礎教養から実装及び設計等の応用力を、幅広い分野

の横断的、複合的及び融合的な枠組みで身につけた人材が十分に存在することが重要である。そのような人材は、社会のあらゆる活動の原動力となり、かつその人々の能力が AI を活用した生活環境の構成に寄与することが期待される。このような生活環境の整備によって、多くの人々がより豊かで充実した人生を送れるような社会制度が実現されなければならない。

(2)「社会システム」

AI を利用することで、個々のサービス・ソリューションの進化を促進し、効率化・個別化による多様なメリットを生み出すことが期待される。この変化から生じるメリットを社会の側において十分に受け止めるため、医療、金融、保険、交通、エネルギー等の社会システム全体が、AI の進化に応じて柔軟に変化し、対応できるようなものになっている必要がある。これには、社会的に受け入れられた既存の目的（利便性の向上や単純労働からの解放など）に照らした単純な効率化だけではなく、目的自体の多様化・流動化によって生まれる新たな価値の実現や、AI の進化によってもたらされる可能性のある負の側面（不平等や格差の拡大、社会的排除等）への対応が含まれる。

そのためには、我々は、それぞれの社会システムのソフト面・ハード面の双方において、拡張性や相互接続性、発展的な秩序形成への仕組み等を備えた柔軟なアーキテクチャ設計を実現する必要がある。さらに、我々は、特に相互接続性・連携性を保証するために、様々な社会システムに共通のデータ利活用基盤を整備する必要がある。

(3)「産業構造」

多様な人々が多様な夢やアイデアを実現できるよう、労働、雇用環境や創業環境が柔軟で国際的に開かれたものになっていることが必要である。そのために企業は公正な競争を行い、柔軟な働き方を促進していること、また人間の創造力が産業を通じても発揮され続けており、スタートアップへの投資が促進されていることが求められる。

(4)「イノベーションシステム（イノベーションを支援する環境）」

大学・研究機関・企業、さらに一般の人々に至るまで、分野や立場を超えて AI の研究開発、利活用及び評価に参加し、互いに刺激し合いながら、イノベーションが次々に生まれる環境ができていることが必要である。

そのためには、リアル空間も含めたあらゆるデータが新鮮かつ安全にAI解析可能なレベルで利用可能であり、かつ、プライバシーやセキュリティが確保されることで、誰もが安心してデータを提供し流通させることができ、提供したデータから便益を得られる環境ができていることが求められる。

研究開発者に加えユーザも含め、安心してAIを研究開発し利活用できる環境が整い、研究開発と利活用のサイクルが迅速に回ることによって、望ましい発展が加速していることが望ましい。また、AIの利活用によって、新たな発想やさらなる可能性が生まれ、イノベーションの地平が格段に広がっていることが求められる。

(5)「ガバナンス」

社会情勢の変化や技術の進展に伴い、上記に挙げた「人」、「社会システム」、「産業構造」、「イノベーションシステム」で議論されるべき内容や目的設定は、常に更新し続ける必要がある。

そのため、政府、企業、大学、研究機関、一般の人々等、多様なステークホルダーが協働してルール、制度、標準化、行動規範等のガバナンスについて問題を設定し、影響を評価し、意思決定を行うと共に実装できる体制が整っていることが必要である。また、社会的に声の挙げにくい人たちを含む、多様なステークホルダーの声を拾い上げて、常に最先端の社会的、技術的な課題に取り組む体制を構築できていることが求められる。こうしたガバナンスの実現に際しては、法律によるのみならず、技術的手段を含む企業の自主的な取組によるなど、柔軟かつ実効的な方法がとられていることが求められる。また、ガバナンスのための国際的な整合が重要であり、各国におけるガバナンスに加えて、国境を越える問題に対処するための国際協力体制が整っていることが求められる。

4　人間中心のAI社会原則

我々は、「AI-Readyな社会」を実現し、AIの適切で積極的な社会実装を推進するためには、各ステークホルダーが留意すべき基本原則を定めることが重要と考える。

我々は、この基本原則について、AIが社会に受け入れられ適正に利用されるため、社会（特に、国などの立法・行政機関）が留意すべき「AI社会原則」[6]と、AIの研究開発と社会実装に従事する開発・事業者側が留意すべき

「AI開発利用原則」に体系化する。第2章に掲げた3つの基本理念を備えた社会を実現するために必要となるAI社会原則並びに開発者及び事業者が考慮すべきAI開発利用原則は、以下のとおりである。

4.1. AI社会原則

AI社会原則は、「AI-Readyな社会」において、国や自治体をはじめとする我が国社会全体、さらには多国間の枠組みで実現されるべき社会的枠組みに関する原則である。

(1) 人間中心の原則

AIの利用は、憲法及び国際的な規範の保障する基本的人権を侵すものであってはならない。

AIは、人々の能力を拡張し、多様な人々の多様な幸せの追求を可能とするために開発され、社会に展開され、活用されるべきである。AIが活用される社会において、人々がAIに過度に依存したり、AIを悪用して人の意思決定を操作したりすることのないよう、我々は、リテラシー教育や適正な利用の促進などのための適切な仕組みを導入することが望ましい。

- ▶ AIは、人間の労働の一部を代替するのみならず、高度な道具として人間を補助することにより、人間の能力や創造性を拡大することができる。
- ▶ AIの利用にあたっては、人が自らどのように利用するかの判断と決定を行うことが求められる。AIの利用がもたらす結果については、問題の特性に応じて、AIの開発・提供・利用に関わった種々のステークホルダーが適切に分担して責任を負うべきである。
- ▶ 各ステークホルダーは、AIの普及の過程で、いわゆる「情報弱者」や「技術弱者」を生じさせず、AIの恩恵をすべての人が享受できるよう、使いやすいシステムの実現に配慮すべきである。

6) 欧州委員会「信頼できるAIのための倫理ガイドライン（案）」においては、ハイレベル専門家会合においても合意に達していない重大な懸念事項（Critical Concerns raised by AI）として、「同意のない個人の特定」、「隠されたAIシステム」、「同意のない一般市民の評価」、「自律型致死兵器システム」、「将来にわたっての潜在的な懸念」が挙げられている。これらの事項については、我が国においても、今後必要に応じて検討すべき課題と考えられる。

(2) 教育・リテラシーの原則

AIを前提とした社会において、我々は、人々の間に格差や分断が生じたり、弱者が生まれたりすることは望まない。したがって、AIに関わる政策決定者や経営者は、ＡＩの複雑性や、意図的な悪用もありえることを勘案して、AIの正確な理解と、社会的に正しい利用ができる知識と倫理を持っていなければならない。AIの利用者側は、AIが従来のツールよりはるかに複雑な動きをするため、その概要を理解し、正しく利用できる素養を身につけていることが望まれる。一方、AIの開発者側は、AI技術の基礎を習得していることが当然必要であるが、それに加えて、社会で役立つAIの開発の観点から、AIが社会においてどのように使われるかに関するビジネスモデル及び規範意識を含む社会科学や倫理等、人文科学に関する素養を習得していることが重要になる。

このような観点から、我々は、以下のような原則に沿う教育・リテラシーを育む教育環境が全ての人に平等に提供されなければならないと考える。

- ▶ 人々の格差や弱者を生み出さないために、幼児教育や初等中等教育において幅広くリテラシー等の教育の機会が提供されるほか、社会人や高齢者の学び直しの機会の提供が求められる。
- ▶ AIを活用するためのリテラシー教育やスキルとしては、誰でもAI、数理、データサイエンスの素養を身につけられる教育システムとなっているべきであり、全ての人が文理の境界を超えて学ぶ必要がある。リテラシー教育には、データにバイアスが含まれることや使い方によってはバイアスを生じさせる可能性があることなどのAI・データの特性があること、AI・データの持つ公平性・公正性、プライバシー保護に関わる課題があることを認識できるような、セキュリティやAI技術の限界に関する内容を備えることも必要である。
- ▶ AIが広く浸透した社会において、教育環境は、一方的かつ均一的に教える教育の在り方から、個々人の持つ関心や力を活かす在り方へと変化すると考えられる。そのため、社会は、これまでの教育環境における成功体験に拘ることなく、常に最適な形へと柔軟に変化し続ける意識を全体として共有する。教育において、落伍者を出さないためのインタラクティブな教育環境や学ぶもの同士が連携できる環境がAIを活用して構築されることが望ましい。
- ▶ このような教育環境の整備に向けて、行政や学校（教員）に負担を押し付けるのではなく、民間企業や市民も主体性をもって取り組んでいくこ

とが望ましい。

(3) プライバシー確保の原則

全てのＡＩが、パーソナルデータ利用に関するリスクを高めるわけではないが、AIを前提とした社会においては、個人の行動などに関するデータから、政治的立場、経済状況、趣味・嗜好等が高精度で推定できることがある。これは、重要性・要配慮性に応じて、単なる個人情報を扱う以上の慎重さが求められる場合があることを意味する。パーソナルデータが本人の望まない形で流通したり、利用されたりすることによって、個人が不利益を受けることのないよう、各ステークホルダーは、以下の考え方に基づいて、パーソナルデータを扱わなければならない。

- ▶ パーソナルデータを利用したAI及びそのAIを活用したサービス・ソリューションにおいては、政府における利用を含め、個人の自由、尊厳、平等が侵害されないようにすべきである。
- ▶ AIの使用が個人に害を及ぼすリスクを高める可能性がある場合には、そのような状況に対処するための技術的仕組みや非技術的枠組みを整備すべきである。特に、パーソナルデータを利用するAIは、当該データのプライバシーにかかわる部分については、正確性・正当性の確保及び本人が実質的な関与ができる仕組みを持つべきである。これによって、AIの利用に際し、人々が安心してパーソナルデータを提供し、提供したデータから有効に便益を得られることになる。
- ▶ パーソナルデータは、その重要性・要配慮性に応じて適切な保護がなされなければならない。パーソナルデータには、それが不当に利用されることによって、個人の権利・利益が大きく影響を受ける可能性が高いもの（典型的には思想信条・病歴・犯歴等）から、社会生活のなかで半ば公知となっているものまで多様なものが含まれていることから、その利活用と保護のバランスについては、文化的背景や社会の共通理解をもとにきめ細やかに検討される必要がある。

(4) セキュリティ確保の原則

AIを積極的に利用することで多くの社会システムが自動化され、安全性が向上する。一方、少なくとも現在想定できる技術の範囲では、希少事象や意図的な攻撃に対してAIが常に適切に対応することは不可能であり、セキュリテ

ィに対する新たなリスクも生じる。社会は、常にベネフィットとリスクのバランスに留意し、全体として社会の安全性及び持続可能性が向上するように務めなければならない。

- 社会は、AIの利用におけるリスクの正しい評価やそのリスクを低減するための研究等、AIに関わる層の厚い研究開発（当面の対策から、深い本質的な理解まで）を推進し、サイバーセキュリティの確保を含むリスク管理のための取組を進めなければならない。
- 社会は、常にAIの利用における持続可能性に留意すべきである。社会は、特に、単一あるいは少数の特定AIに一義的に依存してはならない。

(5) 公正競争確保の原則

新たなビジネス、サービスを創出し、持続的な経済成長の維持と社会課題の解決策が提示されるよう、公正な競争環境が維持されなければならない。

- 特定の国にAIに関する資源が集中した場合においても、その支配的な地位を利用した不当なデータの収集や主権の侵害が行われる社会であってはならない。
- 特定の企業にAIに関する資源が集中した場合においても、その支配的な地位を利用した不当なデータの収集や不公正な競争が行われる社会であってはならない。
- AIの利用によって、富や社会に対する影響力が一部のステークホルダーに不当過剰に偏る社会であってはならない。

(6) 公平性、説明責任及び透明性の原則

「AI-Readyな社会」においては、AIの利用によって、人々が、その人の持つ背景によって不当な差別を受けたり、人間の尊厳に照らして不当な扱いを受けたりすることがないように、公平性及び透明性のある意思決定とその結果に対する説明責任（アカウンタビリティ）が適切に確保されると共に、技術に対する信頼性（Trust）が担保される必要がある。

- AIの設計思想の下において、人々がその人種、性別、国籍、年齢、政治的信念、宗教等の多様なバックグラウンドを理由に不当な差別をされることなく、全ての人々が公平に扱われなければならない。

- AIを利用しているという事実、AIに利用されるデータの取得方法や使用方法、AIの動作結果の適切性を担保する仕組みなど、用途や状況に応じた適切な説明が得られなければならない。
- 人々がAIの提案を理解して判断するために、AIの利用・採用・運用について、必要に応じて開かれた対話の場が適切に持たれなければならない。
- 上記の観点を担保し、AIを安心して社会で利活用するため、AIとそれを支えるデータないしアルゴリズムの信頼性（Trust）を確保する仕組みが構築されなければならない。

(7) イノベーションの原則

- Society 5.0を実現し、AIの発展によって、人も併せて進化していくような継続的なイノベーションを目指すため、国境や産学官民、人種、性別、国籍、年齢、政治的信念、宗教等の垣根を越えて、幅広い知識、視点、発想等に基づき、人材・研究の両面から、徹底的な国際化・多様化と産学官民連携を推進するべきである。
- 大学・研究機関・企業の間の対等な協業・連携や柔軟な人材の移動を促さなければならない。
- AIを効率的かつ安心して社会実装するため、AIに係る品質や信頼性の確認に係る手法、AIで活用されるデータの効率的な収集・整備手法、AIの開発・テスト・運用の方法論等のAI工学を確立するとともに、倫理的側面、経済的側面など幅広い学問の確立及び発展が推進されなければならない。
- AI技術の健全な発展のため、プライバシーやセキュリティの確保を前提としつつ、あらゆる分野のデータが独占されることなく、国境を越えて有効利用できる環境が整備される必要がある。また、AIの研究促進のため、国際的な連携を促進しAIを加速するコンピュータ資源や高速ネットワークが共有して活用されるような研究開発環境が整備されるべきである。
- 政府は、AI技術の社会実装を促進するため、あらゆる分野で阻害要因となっている規制の改革等を進めなければならない。

4.2. AI開発利用原則

我々は、開発者及び事業者において、基本理念及び上記のAI社会原則を踏

まえたAI開発利用原則を定め、遵守するべきと考える。

AI開発利用原則については、現在、多くの国、団体、企業等において議論されていることから、我々は早急にオープンな議論を通じて国際的なコンセンサスを醸成し、非規制的で非拘束的な枠組みとして国際的に共有されることが重要であると考える。

5　おわりに

「AI-Readyな社会」を世界に先駆けて構築していくため、我が国は、本原則を政府、関係企業、団体等で共有し、政策等に反映させるべきである。

また、国際的な議論の場において、我が国は、本原則を世界各国と共有した上で、国際的な議論のリーダーシップをとり、コンセンサスの形成を目指すべきであり、それによってSDGsの実現を支えるSociety5.0の社会像を世界に示し、国際社会の協調的かつ創造的な新たな発展に寄与すべきである。

なお、本原則は、今後、AI関連技術の進展、社会の変化、世界の情勢等に応じて、今後柔軟に進化・発展させるものである。

【著者】

福岡　真之介（ふくおか　しんのすけ）

西村あさひ法律事務所パートナー弁護士。ニューヨーク州弁護士。

1996 年　東京大学法学部卒

1998 年　司法修習終了（第 50 期）

1998 年～ 2001 年　中島経営法律事務所

2001 年～現在　西村あさひ法律事務所

2006 年　デューク大学ロースクール卒業（LL.M.）

2006 ～ 2007 年　シュルティ・ロス・アンド・ゼイベル法律事務所

2007 ～ 2008 年　ブレーク・ドーソン法律事務所（現アシャースト）

2018 ～ 2019 年　経済産業省「AI・データの利用に関する契約ガイドライン検討会」委員

2018 ～ 2019 年　内閣府「人間中心の AI 社会原則検討会議」構成員

2020 年～　経済産業省「AI 社会実装アーキテクチャ検討会及び AI 社会実装ガイド・ワーキンググループ」委員など。

【主著】

『データの法律と契約〔第 2 版〕』（共著、商事法務、2021 年）、『AI の法律』（共編著、商事法務、2021 年）、『AI 開発のための法律知識と契約書作成のポイント』（清文社、2020 年）など。

AI・データ倫理の教科書

2022（令和 4）年 6 月 15 日　初版 1 刷発行

著　者　福岡 真之介

発行者　鯉渕 友南

発行所　株式会社 弘 文 堂　101-0062　東京都千代田区神田駿河台 1 の 7

TEL 03(3294)4801　振替 00120-6-53909

https://www.koubundou.co.jp

装　丁　宇佐美純子

組　版　堀 江 制 作

印　刷　三　陽　社

製　本　井上製本所

ISBN 978-4-335-35905-7